Os 5 tipos de riqueza

Os 5 tipos de riqueza

Um guia transformador para conquistar sua vida dos sonhos

Tradução
Antenor Savoldi Jr.

Sahil Bloom

Copyright © 2025, SBloom Advisory Inc.

Nenhum livro substitui a experiência diagnóstica e o aconselhamento médico de um especialista confiável. Por favor, consulte seu médico antes de tomar qualquer decisão que afete sua saúde, sobretudo se você sofre de algum problema médico ou apresenta quaisquer sintomas que possam exigir tratamento.

Alguns nomes foram substituídos para manter o anonimato dos citados.

Imagens © Sahil Bloom.

TÍTULO ORIGINAL
The 5 Types of Wealth

PREPARAÇÃO
Theo Araújo

REVISÃO
Mariana Gonçalves

DIAGRAMAÇÃO
Henrique Diniz

DESIGN DE CAPA
Lucas Heinrich

CIP-BRASIL. CATALOGAÇÃO NA PUBLICAÇÃO
SINDICATO NACIONAL DOS EDITORES DE LIVROS, RJ

B616c

    Bloom, Sahil, 1989-
        Os 5 tipos de riqueza : um guia transformador para conquistar sua vida dos sonhos / Sahil Bloom ; tradução Antenor Savoldi Jr. - 1. ed. - Rio de Janeiro : Intrínseca, 2025.
        400 p. ; 21 cm.

    Tradução de: The 5 types of wealth : a transformative guide to design your dream life
    Inclui índice
    ISBN 978-85-510-1311-3

    1. Autorrealização. 2. Riqueza. 3. Sucesso. 4. Técnicas de autoajuda. I. Savoldi Jr., Antenor. II. Título.

25-97710.0	CDD: 158.1
	CDU: 159.947.5

Meri Gleice Rodrigues de Souza - Bibliotecária - CRB-7/6439

[2025]
Todos os direitos desta edição reservados à
EDITORA INTRÍNSECA LTDA.
Av. das Américas, 500, bloco 12, sala 303
22640-904 — Barra da Tijuca
Rio de Janeiro — RJ
Tel./Fax: (21) 3206-7400
www.intrinseca.com.br

*Para minha esposa, Elizabeth, e meu filho, Roman.
Com vocês dois ao meu lado, sempre me sinto o mais rico dos homens.*

SUMÁRIO

Prólogo: A jornada de uma vida — 9

Criando sua vida dos sonhos

1. Mil anos de sabedoria: Que conselho você daria ao seu eu mais jovem? — 21
2. Os 5 tipos de riqueza — 26
3. O placar da riqueza — 34
4. A navalha da vida: Mantendo o planeta Terra na janela — 38
5. Seu verdadeiro norte: Escalando a montanha certa — 47

Riqueza de tempo

6. A grande questão: Quanto tempo você ainda tem com seus entes queridos? — 63
7. Uma breve história do tempo — 71
8. Os três pilares da riqueza de tempo — 82
9. O guia da riqueza de tempo: Sistemas para o sucesso — 91
10. Resumo: riqueza de tempo — 130

Riqueza social

11. A grande questão: Quem estará sentado na primeira fileira do seu funeral? — 135
12. A peculiar espécie social — 140
13. Os dias são longos, mas os anos são curtos: Pais, filhos e tempo perdido — 149
14. Os três pilares da riqueza social — 153

15. O guia da riqueza social: Sistemas para o sucesso 165
16. Resumo: riqueza social 205

Riqueza mental

17. A grande questão: O que seu eu de 10 anos lhe diria hoje? 209
18. Uma história tão antiga quanto o tempo 214
19. Os três pilares da riqueza mental 220
20. O guia da riqueza mental: Sistemas para o sucesso 232
21. Resumo: riqueza mental 261

Riqueza física

22. A grande questão: Você vai dançar na sua festa de 80 anos? 265
23. A história do nosso mundo menor 272
24. Os três pilares da riqueza física 279
25. O guia da riqueza física: Sistemas para o sucesso 292
26. Resumo: riqueza física 311

Riqueza financeira

27. A grande questão: O que é suficiente para você? 315
28. O parque de diversões financeiro 321
29. Os três pilares da riqueza financeira 329
30. O guia da riqueza financeira: Sistemas para o sucesso 339
31. Resumo: riqueza financeira 364

Conclusão: O salto de fé 367
Agradecimentos 371
Notas 375
Índice remissivo 383

PRÓLOGO

A jornada de uma vida

"VOCÊ VAI VER SEU PAI E SUA mãe mais quinze vezes antes de eles morrerem."

Esta é a história de como essas palavras simples mudaram minha vida — e como elas podem mudar a sua.

Em uma noite quente na Califórnia, em maio de 2021, me sentei para tomar uma bebida com um velho amigo. À mesa, ele perguntou como eu estava. No começo, dei a ele a resposta padrão. "Estou bem. Bem ocupado!" Falei isso com toda a ironia não intencional dos dias de hoje, na qual estar ocupado é um distintivo de honra, como se estar *mais estressado* fosse algo do que se orgulhar. Quando perguntei o mesmo, em vez de me dar a típica resposta de superioridade dos ocupados, ele respondeu que estava "reservando tempo para as coisas importantes", já que seu pai havia ficado doente no ano anterior. A inesperada vulnerabilidade de suas palavras me levou a um caminho totalmente diferente das conversas que marcam esses "reencontros". Ele havia aberto uma nova possibilidade, e, em vez de resistir, eu o segui e acrescentei que morar na Califórnia estava acabando comigo, por estar tão longe dos meus pais, já idosos, na Costa Leste.

Essa rara honestidade sobre meus sentimentos levou à conversa que alterou o curso da minha vida:

AMIGO: Com que frequência você os vê?
EU: Talvez uma vez por ano, hoje em dia.
AMIGO: E quantos anos eles têm?
EU: Sessenta e poucos.

AMIGO: Ok, então você vai ver seu pai e sua mãe mais quinze vezes antes de eles morrerem.

Foi um soco no estômago. Tive que respirar fundo para evitar dar uma resposta atravessada e automática. Ele era um velho amigo, que conhecia bem o meu pai e a minha mãe. Não estava sendo insensível; era apenas... lógica. A expectativa média de vida é de cerca de 80 anos; meus pais tinham 60 e poucos anos, e eu os via uma vez por ano. Segundo a matemática, eu os veria mais quinze vezes antes de partirem. Esse cálculo acabou comigo. E foi o que *mudou a minha vida*.

JOGANDO O JOGO ERRADO

Nasci de uma improvável colisão de dois mundos — rejeitar as convenções está no meu DNA. Em 1978, minha mãe, Lakshmi Reddy, nascida e criada em Bangalore, na Índia, pegou um avião para estudar no Mount Holyoke College, em South Hadley, Massachusetts. Seus pais estavam, com razão, preocupados com a possibilidade de ela nunca mais voltar para casa. Seus amigos disseram que ela conheceria um norte-americano, se apaixonaria e construiria uma vida naquela terra distante. Eles estavam certos.

Meu pai, nascido e criado em uma família judia no Bronx, Nova York, teve uma vida planejada por seu pai autoritário, que envolvia se casar com uma garota judia e garantir uma carreira acadêmica estável. Para a minha sorte, o destino (se você acredita nele) tinha planos diferentes.

Numa reviravolta típica de produções cinematográficas, seus caminhos se cruzaram em 1980, numa biblioteca da Universidade de Princeton, onde a minha mãe trabalhava para bancar o mestrado e o meu pai estudava, na fase final da dissertação. Com a preocupação dos pais a 14 mil quilômetros de distância, minha mãe criou coragem para convidá-lo para um encontro. Enquanto saboreavam um sorvete, meu pai, que não era de colocar panos quentes sobre as coisas, disse a ela: "Minha família nunca vai nos aceitar." Minha mãe, empolgada demais com o uso da palavra "nos", não absorveu a mensagem.

Infelizmente, ele estava certo; por uma série de razões que hoje parecem incompreensíveis, aquele namoro não foi aceito. A briga ficou tão feia que ele acabou sendo forçado a escolher entre sua família e minha mãe. Nunca conheci os pais do meu pai, e ele nunca mais os viu, mas o legado de sua decisão — escolher o amor verdadeiro acima de tudo — serviu de cenário para o mundo em que nasci.

Minha infância e minha juventude foram uma marcha constante e monótona rumo a uma definição clássica de *sucesso*. Fui bem na faculdade — talvez não para minha perspicaz mãe indiana, que pergunta até hoje: "Por que não tentou a faculdade de medicina?" —, mas minha paixão sempre foi o campo de beisebol. Com alguma habilidade natural e muito trabalho duro, consegui uma bolsa de estudos para ser arremessador na Universidade de Stanford. Nunca vou esquecer a expressão no rosto da minha mãe quando lhe dei a notícia: a descrença de que seu filho, que não ia bem na escola, que apenas brincava e nunca estudava, havia sido aceito em Stanford.

Voei para a Califórnia com o sonho de uma carreira cheia de glória no beisebol profissional, mas, quando uma lesão no ombro no primeiro ano atrapalhou essas aspirações, fui forçado a focar os estudos e pensar em um plano B. O problema era que eu não tinha ideia do que queria fazer.

Para tentar desvendar esse enigma, fiz o que pensei que qualquer jovem ambicioso faria: procurei as pessoas mais ricas que conhecia e busquei descobrir como era o trabalho delas e como eu poderia seguir a carreira. Lembro-me bem de uma conversa elucidadora com um amigo da família que fez fortuna no mundo dos investimentos. Ele sugeriu que eu começasse em uma empresa de investimentos logo após acabar os estudos, e seu argumento era simples: "Você vai ganhar 100 mil dólares por ano, e depois 500 mil, e, quando tiver 30 anos, estará ganhando mais dinheiro do que será capaz de gastar." Isso me soou muito bom, com base em um pressuposto simples e fundamental: o dinheiro é o agente ativo para o sucesso e a felicidade.

Para ficar registrado, não tenho certeza de quando aderi a essa ideia. Meu pai era um acadêmico e minha mãe era proprietária de uma pequena empresa — sempre tivemos o suficiente, mas não éramos ricos, sobretudo levando em consideração o critério de "ganhar mais dinheiro do que se é capaz de gastar". Quando eu era criança, tive um amigo muito rico.

Ele tinha uma casa incrível, todos os brinquedos recém-lançados e equipamentos esportivos de ponta. Eu tinha inveja da vida dele. Nunca questionei se tudo isso de fato o fazia feliz — se ele trocaria o jantar que comeu *sozinho*, preparado por um chef, por uma refeição para viagem em uma mesa *cercada de amor*. Comecei a fazer faculdade com grandes empreendedores que muitas vezes mediam o status social por quem recebia a oferta mais alta do Goldman Sachs ou da McKinsey, então posso afirmar que aquele forte pressuposto sobre a natureza do sucesso e da felicidade estava bem assimilado quando eu fiquei pronto para entrar no mundo real.

Mark Twain é bastante citado por ter dito: "Não é o que você não sabe que vai colocá-lo em apuros, é aquilo que você acha que sabe com certeza, mas que, na verdade, não sabe." Bem, quando segui o conselho do amigo da minha família e aceitei um emprego na Califórnia, onde já ganharia seis dígitos no meu primeiro ano, eu *tinha certeza* de que esse era o começo de uma vida ótima — que, se eu me dedicasse, acabaria alcançando aquele futuro sem estresses, cheio de dinheiro e felicidade.

O que eu tinha certeza de que sabia *estava errado*, só não tinha percebido ainda.

Quando completei 30 anos, já havia alcançado todos os indicadores do que acreditava ser o sucesso. Eu tinha um trabalho bem remunerado, um grande cargo, uma casa, um carro — estava tudo lá. No entanto, bem no fundo, eu estava infeliz. Comecei a pensar que tinha algo de errado comigo. Passei anos baixando a cabeça, fazendo hora extra, acreditando que a terra dos sonhos do sucesso estava logo ali, ao meu alcance. A cada passo ao longo do caminho, eu dizia a mim mesmo que faltava apenas um bônus, uma promoção ou uma garrafa de vinho cara para chegar àquele lugar.

Então, certo dia, percebi que havia conseguido tudo isso, e eu só conseguia pensar: *Isso é tudo?*

A "falácia da chegada" é a falsa suposição de que alcançar alguma conquista ou algum objetivo vai nos fazer felizes para todo o sempre. Pensamos de forma equivocada que, enfim, vamos experimentar a sensação de ter *chegado lá* quando alcançarmos o que quer que tenhamos definido como nosso destino. Eu tinha 30 anos e ganhava milhões de dólares. Havia *chegado lá*. Contudo, não havia nenhuma alegria nem senso de realização. Em vez disso, eu sentia a conhecida apreensão de precisar de mais, de nunca ter o suficiente.

Aposto que não sou a única pessoa que passou por isso. Quantas vezes seu sonho da juventude se tornou motivo de reclamações após você ter conseguido realizá-lo? A casa que você desejava se torna a casa sobre a qual você reclama, por ser pequena demais ou precisar de reparos. O carro pelo qual você era obcecado se torna o veículo que você mal pode esperar para trocar, aquele que vive na oficina. O anel de noivado que fez seus olhos brilharem se torna a joia que você precisa substituir por causa de suas imperfeições.

Pior ainda, a busca incessante por cada vez mais me impedia de ver a beleza do que eu tinha bem diante de mim. Em uma fábula registrada nas primeiras obras de Platão, enquanto um filósofo chamado Tales de Mileto caminha, olhando obcecado para as estrelas, acaba caindo em um poço que não vira aos seus pés. Jean de la Fontaine conclui em sua adaptação poética:

> *Quantas pessoas, no campo e na cidade,*
> *Negligenciam a questão principal;*
> *E deixam, por falta de reparos,*
> *Uma casa de verdade desmoronar,*
> *Para construir um castelo no ar?*[1]

Eu perseguia esse *castelo no ar*, alheio à realidade que estava fazendo minha *casa de verdade* desmoronar: minha saúde havia se deteriorado pela minha falta de sono e atividade física, meus relacionamentos sofriam com minha falta de energia e, como o frio cálculo do meu amigo havia deixado evidente, meu tempo com aqueles que eu mais amava era curto demais, e estava chegando ao fim em um ritmo bem rápido.

A busca exclusiva por dinheiro tirava lenta e metodicamente a minha possibilidade de ter uma vida plena.

Sentado lá naquela noite quente de maio, ainda bebendo depois que meu amigo foi embora, eu sabia que algo precisava mudar. Eu havia priorizado *uma coisa* em detrimento de *tudo*.

Quem olhava de fora tinha a sensação de que eu estava ganhando, mas, se aquilo era vencer, comecei a me perguntar se não *estava no jogo errado*.

O PROBLEMA DO PLACAR

As maiores descobertas da vida não vêm de encontrar as respostas certas, e sim de fazer as perguntas certas. Se eu estava no jogo errado, qual era o certo? A partir dessa questão, a minha jornada começou. Eu precisava definir *o jogo certo*, aquele que de fato me proporcionaria a vida que eu desejava. Li centenas de livros, dezenas de milhares de páginas — tudo o que pudesse me ajudar a entender o labirinto em que me encontrava: clássicos e sucessos atuais de autoajuda. Biografias de grandes homens e mulheres que marcaram a história. Textos religiosos, épicos de diversas culturas e contos lendários seguindo a jornada do herói.

No entanto, descobri que a leitura só pode levar você até certo ponto: para compreender algo profundamente humano, é necessário mergulhar na experiência humana.

Conversei com pessoas de todas as bagagens de vida possíveis. Eu as procurei. Viajei de avião para encontrá-las. Eu me sentei com elas. Pude ouvi-las. De recém-formados na faculdade a CEOs de empresas que figuravam na *Fortune 100*. De pais e mães que ficam em casa àqueles que trabalham em vários empregos para sobreviver. De atletas profissionais que vivem de malas prontas aos que aceitam empregos temporários e aos nômades digitais. De mentores de vida e guias espirituais aos operários e mecânicos de automóveis. Tornei-me um estudante da experiência humana.

Passei horas com um homem que estava sofrendo com a recente perda da esposa, criando uma filha sozinho enquanto lidava com o próprio luto; ele compartilhou sua profunda compreensão da imensidão do amor. Fiquei próximo de um jovem de 28 anos que, prestes a começar o emprego dos seus sonhos, foi diagnosticado com um tumor cerebral inoperável que atrapalhou seus planos e o forçou a redefinir as prioridades. Conversei com uma mãe de primeira viagem que aprendia o difícil equilíbrio entre carreira e ambições maternas, seu cargo e suas responsabilidades de CEO pesando sobre o desejo de ser uma figura de fato presente na vida do filho. Entrevistei um homem que tinha acabado de cumprir uma pena de 25 anos e fiquei fascinado pelas suas ideias sobre a natureza dinâmica e flutuante do tempo e por como sua busca por um propósito espiritual de ordem superior lhe proporcionou equilíbrio para suportar as dificuldades. Conheci um barbeiro de 46 anos que sorriu ao me dizer: "Consigo pagar minhas contas e tirar férias com minhas filhas duas vezes por ano. Se você me perguntar, diria que sou um homem rico." Compartilhei uma refeição com uma mulher de 90 anos que pouco tempo antes decidira começar a pintar e deu um sorriso largo ao me dizer que a criatividade e sua comunidade eram vitais para ela. Falei com inúmeros jovens que estavam decidindo como enfrentar seus primeiros anos de carreira e lidar com a tensão das expectativas familiares e sociais em relação ao seu senso pessoal de significado. Eu me sentei com um pai que passara pela perda trágica de seus filhos gêmeos, mas que, em meio à tristeza imensurável, encontrou conforto e até alegria em caminhadas diárias pela natureza.

Em cada conversa, fiz um lindo exercício de visualização que me foi recomendado por um mentor. Feche os olhos e imagine como seria o seu dia ideal aos 80 anos (ou 100 anos, no caso de quem já tem 90!). Imagine tudo com riqueza de detalhes. O que está fazendo? Quem está com você? Onde está? Como está se sentindo? O exercício força você a já começar essa jornada com o seu futuro ideal em mente — ele estabelece sua definição de uma vida bem-sucedida, o que pode auxiliar na tomada de decisões no presente, visando alcançar seu objetivo.

Por esse exercício, e pelas centenas de livros e pelos milhares de horas de conversas repletas de sorrisos, lágrimas, risadas e silêncio, cheguei a uma poderosa conclusão: todos queremos a mesma coisa — e ela tem muito pouco a ver com dinheiro.

Do jovem empresário ao idoso aposentado, da mãe de primeira viagem à que está na fase do ninho vazio, do advogado rico ao professor de classe média, o futuro ideal parece ter os mesmos objetivos: tempo, pessoas, propósito, saúde.

Sem exceção, toda pessoa que orientei durante o exercício tinha alguma combinação desses pilares em seu futuro ideal. Passar tempo rodeado de entes queridos, envolvido em atividades que criam propósito e crescimento e preservando a mente, o corpo e o espírito saudáveis.

O dinheiro era um facilitador para esses objetivos, mas não um fim em si. Com essa percepção, enfim percebi: eu não estava no *jogo errado*, e sim *jogando da maneira errada*. O placar era o problema.

Nosso placar está equivocado. Ele nos empurra a uma medida limitada de riqueza, sucesso, felicidade e realização, definida por completo pelo dinheiro. E o que você mede importa. Uma famosa fala que costuma ser atribuída a Peter Drucker, o guru da gestão nascido na Áustria, postula: "Aquilo que é medido é gerenciado." A afirmação implica que as métricas que utilizamos são as que priorizamos. Em outras palavras, o placar é importante porque determina nossas ações — a forma como jogamos.

Um placar equivocado pode indicar que você está vencendo a batalha, mas há problemas por vir:

- Seu tempo escorre pelos dedos;
- Seus relacionamentos apresentam desgaste;
- Seu propósito e crescimento definham;
- Sua vitalidade se esvai.

Placar equivocado, ações equivocadas. Se levarmos em consideração apenas o dinheiro, todas as nossas ações vão girar em torno dele. Vamos encarar o jogo da maneira *errada*.

Se mudarmos o placar para mensurar nossa riqueza de maneira mais abrangente, nossas ações vão seguir o mesmo caminho. Vamos jogar do jeito *certo*. Placar correto, ações corretas.

Com isso em mente, dei início à minha jornada para desenvolver uma ferramenta com a qual poderíamos mensurar nossa vida, baseada nos pilares atemporais que apareceram repetidas vezes em minhas leituras, conversas e experiências: tempo, pessoas, propósito e saúde. Não era suficiente saber que esses pilares importavam; eu precisava saber como mensurá-los — uma forma de acompanhar meu progresso e avaliar o impacto de minhas ações diárias para construí-los. Este livro é o resultado dessa jornada.

Seja lá quem você for e em que fase da vida esteja, este livro é para você.

Os recém-formados na luta para aprender como priorizar a carreira em relação aos demais aspectos da vida. As mães de primeira viagem que lutam para equilibrar as ambições profissionais com o desejo de estar presente nos primeiros anos da criança. Os aposentados preocupados em como passar a última fase da vida. Os executivos experientes que começam a questionar se os sacrifícios valem a pena. Os imigrantes que lidam com as oportunidades de carreira em um novo país e longe da família. Os jovens pais e as jovens mães em seus primeiros anos de carreira à medida que os filhos e as filhas crescem. As estrelas corporativas em ascensão que sentem a tensão para equilibrar as horas extras necessárias e o desejo de conhecer um parceiro de vida. Pais e mães de meia-idade que lidam com o ninho vazio ponderando como atravessar essa etapa da vida juntos.

Embora a lente através da qual você lerá as histórias, questões e estruturas deste livro seja única, as ferramentas são universais.

Os 5 tipos de riqueza apresenta uma nova maneira de mensurar o que é certo, tomar melhores decisões e planejar sua jornada para a riqueza, o sucesso, a felicidade e a realização. É importante ressaltar que ele também fornece um guia potente para princípios, ideias, sistemas e estruturas que permitirá a você alcançar essas metas.

Será uma grande jornada, mas você pode começá-la hoje e transformar sua vida mais rápido do que já imaginou.

Em uma semana, você vai tomar as rédeas da vida. Em um mês, vai ver e sentir o impacto da mudança. Em um ano, tudo será diferente.

Toda a sua vida pode mudar em um ano. Não dez, nem cinco, nem três. Um. Um ano fazendo as perguntas necessárias. Um ano priorizando o certo. Um ano de esforço diário, com foco nas melhores ações.

Confie em mim, eu passei por isso.

Em maio de 2021, estava infeliz, com um placar equivocado e prioridades que aos poucos me guiavam a um ponto sem volta.

Em uma semana, botei a mão na massa. Minha esposa e eu tivemos conversas profundas e dolorosas sobre como queríamos mensurar nossa vida e alinhamos as prioridades e os valores que guiariam nosso futuro.

Em um mês, senti a diferença. Tomei a difícil e importante decisão de embarcar em uma nova jornada profissional baseada no propósito de causar um impacto positivo na minha vida. Voltei a priorizar a saúde, com foco naqueles enfadonhos princípios de exercícios físicos, alimentação e sono. Mais importante ainda, minha esposa e eu vendemos nossa casa na Califórnia e nos mudamos para a Costa Leste, para ficar mais perto de nossas famílias, uma decisão que transformou a frase "Você vai ver seus pais mais quinze vezes antes de eles morrerem" em uma mera lembrança de uma vida passada.

Em um ano, minha vida mudou. Meu novo empreendimento em geração de energia prosperava, e eu tinha a liberdade de fazer várias caminhadas diárias, manter uma rotina saudável e me concentrar nos projetos e nas pessoas que me faziam feliz. E, depois das dificuldades para engravidar na Califórnia, logo depois de chegar em nossa nova casa em Nova York, fomos abençoados com a notícia de que minha esposa estava grávida. Ela deu à luz nosso filho, Roman, em 16 de maio de 2022. Quando voltamos do hospital, os avós de Roman aplaudiam da garagem, e toda a nossa família estava lá para recebê-lo — para nos receber em casa.

Em uma tarde quente de sexta-feira naquele mês, eu estava passeando com Roman quando um senhor se aproximou de nós. Ele disse: "Eu me lembro de ficar aqui com a minha filha recém-nascida. Bem, hoje ela tem 45 anos. Passa rápido! Valorize isso." Aquilo me acertou em cheio. Na manhã seguinte, acordei e levei meu filho para a cama. Minha esposa ainda estava dormindo com toda a tranquilidade. Era cedo, e os primeiros raios de sol da primavera atravessavam a janela. Olhei para o meu filho, cujos olhos estavam fechados, um sorrisinho satisfeito. Naquele momento, percebi: eu havia chegado lá, e, pela primeira vez na vida, não havia mais nada que eu desejasse.

Aquilo *era suficiente*.

Nunca deixe a busca incessante por *mais* distraí-lo da beleza do que já é *suficiente*.

Meu nome, Sahil, significa "o fim da jornada". Para mim, este livro marca o fim da minha primeira jornada, o que só foi possível porque mudei meus objetivos de vida por completo. Nas páginas a seguir, vou mostrar como você pode fazer o mesmo. É a jornada de uma vida. Espero que aprecie.

Criando sua vida dos sonhos

1.

Mil anos de sabedoria

Que conselho você daria ao seu eu mais jovem?

NO FIM DE 2022, FIZ ESSA pergunta a uma dúzia de pessoas com idades entre 80 e 90 anos como parte do meu ritual de aniversário. Todos os anos, conduzo um exercício novo e (espero) interessante com a finalidade de refletir e crescer. Nos últimos anos, escrevi cartas expressando minha gratidão a todos os meus familiares e amigos, fiz uma caminhada de doze horas em silêncio e tentei minha versão do desafio do *misogi* (um ritual japonês em que se faz algo tão desafiador em um dia que os benefícios perduram pelo restante do ano). Em 2022, no entanto, foi diferente.

O nascimento do meu filho em maio mudou por completo o modo como eu lidava com o elemento mais fundamental da vida: o tempo. Observar a passagem do tempo — tanto nas mudanças diárias do meu filho quanto na justaposição de sua vida, que estava só começando, com a etapa bem mais avançada do meu pai e da minha mãe, que de repente ficou tão evidente — me deixou em conflito com a própria natureza dele.

Decidi explorar a sabedoria que o tempo tem a oferecer por meio de conversas com aqueles que já vivenciaram muito mais dele. Meu eu mais jovem e ingênuo buscou conselhos das pessoas mais ricas que conhecia ao traçar o curso da própria vida. Meu eu mais velho e (um pouco) mais elucidado buscaria conselhos das pessoas mais sábias que conhecia para fazer o mesmo. Eu me perguntei como as pessoas mais velhas refletiriam sobre o que aprenderam. Quais eram seus arrependimentos? Em que momento se desviaram do caminho? O que lhes trouxe alegria e realização duradouras? Quais desvios provaram ser melhores que a rota original? Do que tinham certeza e depois se mostrou um equívoco? O que sabiam aos 90 anos que desejariam ter sabido aos 30? Tive essas conversas com um grupo diversificado e fascinante. Uma videochamada com minha avó de 94 anos que morava na Índia, nascida princesa em um pequeno reino antes de sua família ser subjugada aos colonos britânicos, ofereceu este belo ponto de vista: "Nunca tema a tristeza, pois ela tende a andar lado a lado com o amor." Um e-mail de um amigo da família de 98 anos que havia sido roteirista de Hollywood proporcionou uma de minhas reflexões favoritas: "Nunca erga a voz, exceto durante uma partida com bola." Sua esposa de 88 anos, uma ex-estrela de novelas que ele conheceu no set e por quem se apaixonou com todo o seu ser, acrescentou: "Encontre amigos queridos e os valorize, pois a riqueza do ser humano está em amar e ser amado." Em uma mensagem de texto, o pai de 80 anos de um amigo próximo lamentou a deterioração de seu corpo ao longo da vida: "Trate seu corpo como um templo no qual você viverá por mais setenta anos." E enfatizou: "Se tiver algum probleminha, resolva. Questões menores se tornam grandes conforme o tempo passa. O mesmo vale para o amor, as amizades, a saúde e a família." Um homem de 92 anos que perdera sua amada esposa havia pouco após setenta anos de casamento disse algo que fez nós dois chorarmos, sobre sua ode poética à sua rotina noturna: "Diga ao seu parceiro que você o ama todas as noites antes de dormir, pois, algum dia, você vai se deparar com o outro lado da cama vazio e vai desejar poder falar isso." Minha última conversa foi com a tia-avó de 94 anos de um dos meus amigos mais queridos, e ela concluiu com esta bela perspectiva de vida: "Na dúvida, ame. O mundo sempre pode se valer de mais amor."

As respostas variaram de brincalhonas e espirituosas ("Dance nos casamentos até seus pés começarem a doer") a extremamente comoventes ("Nunca deixe uma boa amizade se desgastar"). Algumas eram chavões comuns repetidos ao longo do tempo ("Jamais se esqueça: você superou todos os dias difíceis até agora"); outras eram originais e carregavam reflexões ("O arrependimento pela falta de atitude é sempre mais doloroso do que o arrependimento pela ação"). A sabedoria que reuni foi o produto de 1.042 anos de experiência.

Não guiei as conversas — simplesmente fiz a pergunta e permiti que cada pessoa seguisse para onde bem entendesse. Elas trataram de uma variedade de coisas: cultivar relacionamentos duradouros, se divertir, investir no futuro bem-estar físico e mental, criar crianças felizes e muito mais. De certo, havia um valor imenso no que ouvi, mas talvez ainda mais no que não ouvi. Entre todos os conselhos, ideias e sabedorias compartilhados, algo ficou de fora. Ninguém mencionou dinheiro.

SEMPRE VAI HAVER UM BARCO MAIOR

Antes de prosseguirmos, quero salientar um ponto importante: este livro não busca afirmar que o dinheiro *não importa*, que você deveria desistir de suas posses mundanas, ir viver como monge no Himalaia e passar dezesseis horas por dia em meditação silenciosa. Se quiser fazer isso, ótimo, mas não vou me juntar a você!

O dinheiro *é importante* — só não deve ser o *único elemento que importa*. Três insights principais resumem o escopo da pesquisa sobre dinheiro e felicidade:

1. O dinheiro melhora a felicidade geral nos níveis de renda mais baixos, reduzindo preocupações fundamentais e estresse. Nesses níveis mais baixos, o dinheiro *pode* comprar a felicidade

2. Se você tem uma renda acima desses níveis e está *infeliz*, é improvável que a mudança necessária seja acumular mais.

3. Se tem uma renda acima desses níveis e é *feliz*, é improvável que mais dinheiro lhe traga mais felicidade.

O segundo e o terceiro insights apontam para a mesma conclusão fundamental: depois de atingir um nível básico de bem-estar financeiro, é improvável que mais dinheiro contribua para a sua felicidade em termos significativos. Em outras palavras, o placar padrão — centrado no dinheiro — pode ser um recurso útil nos primeiros dias da sua jornada, mas se torna um empecilho quando se continua apegado a ele. Arthur Brooks, autor best-seller, professor da Harvard Business School e uma das principais autoridades em ciência da felicidade, concorda: "Quando se trata de dinheiro e felicidade, há uma falha no nosso código psicológico."[1] Ele argumenta que essa falha é motivada pela nossa extrapolação equivocada dos ganhos de felicidade no início da vida decorrentes de aumentos de rendimento — experimentamos alguns dos impactos positivos do dinheiro no nosso bem-estar enquanto crianças e jovens adultos e depois passamos o restante da vida "[salivando] na expectativa de sentimentos positivos quando recebemos dinheiro".

Essa falha nos mantém em uma esteira metafórica, sempre correndo, nunca chegando a lugar algum, perseguindo a felicidade que o dinheiro um dia proporcionou.

Em um artigo de 2018 publicado por Michael Norton, professor da Harvard Business School, pesquisadores perguntaram a um grupo de milionários (1) quão felizes eles estavam em uma escala de 1 a 10 e (2) de quanto ainda precisariam para chegar a 10 na escala. Em relação aos resultados, Norton comentou: "Em todo o espectro rendimento-riqueza, basicamente todo mundo diz [que precisaria] de duas a três vezes mais."[2]

Decidi testar essa noção com um grupo de pessoas bem-sucedidas em termos financeiros que eu conhecia e pedi para que respondessem às mesmas duas perguntas. A consistência das respostas foi surpreendente: um fundador de uma empresa de aplicativos de tecnologia avaliada em 30 milhões de dólares disse que precisaria de duas vezes mais dinheiro para alcançar a felicidade plena; um empresário de software com patrimônio de 100 milhões respondeu que precisaria de cinco vezes mais; uma investidora de risco que possuía 3 milhões afirmou que precisaria de três vezes mais. Com a exceção de um investidor consciente, detentor de um patrimônio de 25 milhões, que respondeu "Para ser sincero, estou feliz com o que tenho" (embora ele tenha acrescentado: "Mas, se eu tivesse duas vezes mais dinheiro, é provável que viajaria mais de jatinho, o que seria bom"), todo mundo acima e abaixo no espectro patrimonial afirmou que duas a cinco vezes mais dinheiro era tudo de que precisavam para serem felizes.

Jamais vou me esquecer de uma conversa com um amigo que pouco antes havia vendido sua empresa de manufatura e ganhado 100 milhões de dólares. Perguntei se ele estava mais feliz do que antes, visto que era mais rico do que a maioria das pessoas sequer poderia imaginar, e esperei uma resposta do tipo: "Lógico!" Contudo, sua resposta me surpreendeu. Ele me contou que, depois de fechar o negócio, levou um grupo de amigos e familiares a uma viagem de uma semana em um iate alugado para comemorar. Ele estava animado com o momento em que todos embarcariam no lindo barco, que ele pagou com o dinheiro suado da venda. Entretanto, quando todos chegaram, algo peculiar aconteceu. Um de seus amigos olhou para o próximo ancoradouro, onde um iate ainda maior e mais luxuoso estava atracado, e comentou: "Uau, eu me pergunto quem está naquele ali!" A felicidade e a satisfação que meu amigo sentiu naquele momento logo desapareceram diante da comparação.

Sempre vai haver um barco maior.

Com base na notável omissão do tópico "dinheiro" por parte dos mais velhos e sábios, na pesquisa científica sobre dinheiro e felicidade e nos relatos anedóticos de pessoas bem-sucedidas em termos financeiros, podemos chegar à conclusão da lição mais importante, que está no âmago deste livro: Sua vida de riquezas pode ser *viabilizada* pelo dinheiro, mas, no fim das contas, ela será *definida* por todo o restante.

2.

Os 5 tipos de riqueza

> "Se você não mudar de direção,
> pode acabar chegando aonde está indo."
> — LAO TZU

NO SÉCULO III A.C., o rei Pirro de Épiro ascendeu ao poder como o líder pouco conhecido de um território em expansão na Grécia. Primo de segundo grau de Alexandre, o Grande, ele desenvolveu a reputação de líder militar forte e estratégico. Por volta de 280 a.C., ele travou guerras bem-sucedidas em toda a península e consolidou seu poder em grande parte da região.

Contudo, sua sorte militar mudaria em breve.

Em 280 a.C., o rei Pirro recebeu um pedido de apoio de Taranto, cidade-estado do sul da Itália, que estava em guerra com a República Romana. Embora Taranto não fosse aliada, o rei Pirro reconheceu a ameaça que uma república romana em expansão representaria ao seu poder. Valendo-se da ideia de que "o inimigo do meu inimigo é meu amigo", ele navegou para o sul da Itália com seu grande e bem treinado exército, pronto para derrotar os invasores romanos. A batalha, travada em uma planície próxima à cidade de Heracleia, foi de início bastante desigual, em um cenário em que as forças do rei Pirro sobrecarregaram o desorganizado exército romano, cujos generais nitidamente esperavam superar sem dificuldades sua pequena rival Taranto.

No entanto, os romanos se uniram e reagiram com violência, dando início a um banho de sangue no território que duraria dias a fio. Ao fim da batalha, o rei Pirro conseguiu declarar vitória, mas a um custo excepcionalmente alto: a perda de muitos de seus melhores soldados, incluindo seu principal general.

Apesar das perdas, o rei Pirro percebeu a oportunidade de estender a influência do seu reino ao sul da Itália e decidiu avançar e enfrentar o inimigo romano de novo, perto da cidade de Asculum.

Pela segunda vez, o rei Pirro conseguiu declarar a vitória, mas apenas após dias de dolorosos combates que deixaram seu exército dizimado tanto em termos físicos quanto psicológicos. Ao fim da batalha, diz-se que o rei Pirro exclamou: "Outra vitória como esta e estaremos acabados!" Forçado pelo custo dessas batalhas "vitoriosas", o rei Pirro de Épiro se retirou da Itália e voltou para casa, onde travaria algumas batalhas menos relevantes antes de morrer em conflito na relativa obscuridade cinco anos depois.

Contudo, nem tudo foi ruim para o rei Pirro, cujo desejo de deixar um legado o levou àquelas batalhas malogradas contra os romanos. Seu nome de fato ecoa, embora talvez não da maneira que ele gostaria.

O termo "vitória de Pirro" agora se refere a uma vitória conquistada a um custo tão alto para o vencedor que chega a parecer uma derrota. A vitória que traz danos irreparáveis ao ganhador. Ele vence a batalha, mas perde a guerra.

Esta não é apenas uma lição de história aleatória. É importante: uma vitória de Pirro é o que você precisa evitar em sua vida. E, infelizmente, ela pode ser o seu destino caso não mude o rumo.

Você está trilhando um caminho perigoso por causa de um erro simples: está levando em consideração o elemento errado. Dinheiro.

Quando algo se torna uma meta explícita e declarada, os humanos vão priorizá-lo, independentemente das consequências. Você deixa todo o restante de lado e se concentra em um único objetivo, sem importar os custos que vai pagar em outras áreas. Cada nova promoção, aumento salarial e bônus parece uma vitória, pois você ignora as dolorosas perdas de uma guerra que escorrega por entre seus dedos de maneira gradual. O dinheiro se tornou não apenas a medida como também o objetivo final.

A guerra que você trava é por felicidade, realização, relacionamentos amorosos, propósito, crescimento e saúde. Se todas as suas batalhas são exclusivamente por dinheiro, você pode até vencê-las, mas *vai* perder a guerra.

Os sinais de alerta ao longo da guerra não envolvem perda de vidas e de membros como no caso do rei Pirro, mas também não são bons:

- você atinge outra meta de lucro trimestral, mas perde mais um jantar de bodas;
- você ganha um bônus recorde, mas não consegue assistir a nenhum dos jogos de seu filho ou sua filha;
- você atende a todas as ligações de trabalho, mas não tem tempo para rever um velho amigo;
- você permanece em seu emprego por uma questão de segurança, mas deixa seu propósito maior definhar e morrer;
- você oferece cinco jantares a clientes toda semana, mas não consegue subir escadas sem perder o fôlego;
- você nunca deixa escapar uma oportunidade de ganhar dinheiro, mas não se importa em perder a tranquilidade.

Se seguir assim, focando apenas a parte financeira, uma vitória de Pirro será o seu destino.

SEU NOVO PLACAR

Seu novo placar são os 5 tipos de riqueza:

1. Riqueza de tempo
2. Riqueza social
3. Riqueza mental
4. Riqueza física
5. Riqueza financeira

Enquanto o velho placar padrão foi baseado apenas na riqueza financeira, esse novo é fundamentado nos diversos pilares que definem uma existência de fato rica. Com os 5 tipos de riqueza, você não está mais esperando para chegar lá, porque a felicidade e a realização — que antes eram um destino — estão incorporadas à própria jornada. Não é preciso esperar: você pode sentir que alcançou seus objetivos todos os dias. Esse novo placar é muito superior ao antigo, sobretudo em três domínios:

1. MEDIÇÃO: incorpora todos os pilares de uma existência feliz e gratificante em sua pontuação, que prepara o cenário para as ações apropriadas. Meça os elementos certos, e você escolherá as ações certas. Prepare-se para a guerra e você nunca a perderá de vista em meio ao caos das batalhas.

2. DECISÃO: fornece uma lente dinâmica por meio da qual se avaliam pequenas e grandes decisões. Em vez de se dedicar estritamente à riqueza financeira, você pode avaliar uma decisão com base no seu impacto em todos os 5 tipos de riqueza. Uma decisão assustadora no antigo placar (uma decisão que terá um impacto negativo na riqueza financeira) pode se revelar empolgante no novo placar (porque vai ter um impacto positivo em vários outros tipos de riqueza).

3. PLANEJAMENTO: fornece um modelo para um planejamento de vida proativo, que considera suas mudanças de prioridades ao longo dos anos e permite que você se concentre em batalhas específicas sem sacrificar sua vitória na guerra no longo prazo. Isso acarreta lucidez à medida que você avalia as trocas que está disposto (ou não) a fazer para priorizar certas áreas.

Cada um dos 5 tipos de riqueza é importante por si só, mas as relações entre eles — a interação e a priorização — são cruciais para a construção de uma existência gratificante:

A RIQUEZA DE TEMPO é a liberdade de escolher como, com quem e onde gastar o seu tempo e quando negociá-lo por outra coisa. É caracterizada por uma apreciação e compreensão profunda da natureza preciosa do tempo como um ativo — seu valor e sua importância. É a capacidade de direcionar sua atenção e se concentrar nas atividades mais importantes. É o controle sobre o seu tempo, a capacidade de estabelecer suas prioridades — definir os termos nos quais você aceita ou recusa as oportunidades. Se tem uma vida desprovida de riqueza de tempo, você está preso em um ciclo perpétuo de ocupação, correndo cada vez mais rápido, mas sem nunca progredir, com pouco controle sobre como e com quem o tempo é gasto.

A RIQUEZA SOCIAL é a conexão com outros indivíduos na sua vida pessoal e profissional — a profundidade e a amplitude de sua conexão com as pessoas ao redor. É a rede em que você pode confiar para obter amor e amizade, mas também para receber ajuda em tempos de necessidade. Ela fornece a dimensão que permite apreciar os outros tipos de riqueza. De que serve a liberdade de controlar seu tempo se você não tem alguém especial com quem gastá-lo? Que alegrias a vitalidade do corpo vai trazer se você não pode desfrutar de atividades físicas com as pessoas que ama? Que satisfação o dinheiro pode fornecer se não houver ninguém de quem cuidar? A riqueza social é definida por alguns relacionamentos profundos, significativos e saudáveis e uma variedade gratificante de laços superficiais em toda a sua comunidade. Se tem uma vida desprovida de riqueza social, você se concentra apenas no status social adquirido, sem relacionamentos importantes e de peso capazes de proporcionar satisfação e alegria duradouras.

A RIQUEZA MENTAL é a conexão com um objetivo e um significado superiores que fornecem motivação e guiam sua tomada de decisão tanto de curto quanto de longo prazos. Ela está fundamentada na busca do crescimento que abraça o potencial dinâmico de sua inteligência, capacidade e caráter e um envolvimento no aprendizado e no desenvolvimento ao longo da vida. É a saúde do relacionamento com a mente, a capacidade de criar espaço para lutar com as grandes e incompreensíveis questões da vida e a manutenção de rituais que apoiam a quietude, o equilíbrio, o discernimento e a regeneração. Se tem uma vida desprovida de riqueza mental, você vive uma vida de inércia, crenças autolimitantes, estagnação, atividades de pouco propósito e estresse perpétuo.

A RIQUEZA FÍSICA é sua saúde, boa forma e vitalidade. Dada a sua base no mundo natural, é o tipo de riqueza mais entrópico, o que significa que é a mais suscetível à decadência natural, a fatores fora do nosso controle e à pura sorte (positiva ou negativa) entre os demais tipos. A riqueza física é definida pelo foco nas ações possíveis em torno do movimento, da nutrição e da recuperação e pela criação de hábitos consistentes para promover o vigor físico. Se leva uma vida desprovida de riqueza física, você não tem disciplina para manter esses hábitos e fica à mercê da deterioração física natural que lhe rouba a capacidade de aproveitar o mundo, sobretudo na segunda metade da vida.

A RIQUEZA FINANCEIRA, em geral, é definida pela equação ativos financeiros menos passivos financeiros, um valor que costuma ser conhecido como "patrimônio líquido". No seu novo placar, há uma nuance adicional: os seus passivos incluem as suas expectativas sobre o que você precisa, a sua definição do que é *suficiente*. Se as suas expectativas aumentarem mais rápido que os seus ativos, você nunca vai conquistar uma vida de verdadeira riqueza financeira, porque sempre vai precisar de mais. A riqueza financeira se baseia no aumento da receita, no gerenciamento de despesas e no investimento da diferença em ativos de longo prazo que se acumulam em níveis significativos ao longo do tempo. Se você tem uma vida desprovida de riqueza financeira, você vive em uma esteira de custos e receitas que se anulam, em uma busca interminável por *mais*.

Com esses 5 tipos de riqueza, você tem um novo placar — que vai lhe permitir vencer tanto a batalha quanto a guerra.

AS FASES DA SUA VIDA

"Quando você começa a andar pelo caminho, o caminho aparece."
— RUMI

Este livro foi pensado para ajudá-lo a prosperar em *cada uma* das fases de sua vida. No entanto, prosperar não significa que você precisa alcançar algum estado de felicidade utópico e um equilíbrio perfeito. A prosperidade está associada à informação e à ação — entender o papel de cada tipo de riqueza, considerar o que as impulsiona e agir da maneira certa de acordo com seus valores e objetivos de longo prazo.

Prosperar não é um estágio final — é uma jornada contínua. Sua vida não segue uma linha reta e constante no tempo. Ela oscila e tem *fases* naturais, cada uma definida por diferentes desejos, necessidades, prioridades e desafios. Cada fase deve ser acolhida para o bem e para o mal. Quando aceitamos a atual, com todas as suas imperfeições e oportunidades, e quando pensamos no equilíbrio entre as janelas de tempo das diversas fases, encontramos uma forma de prosperar.

A abordagem ideal para a fase na qual você lança seus alicerces aos 20 anos pode não ser adequada para a época de acumulação nos seus 30, para a de construir uma família aos 40, para a de encontrar propósitos aos 50, ou para a de aposentadoria depois dos 60 anos. Da mesma forma, a abordagem ideal para as fases seguintes pode não funcionar para as anteriores. Não existe um guia para essa jornada. As fases de cada pessoa são únicas. A definição de *equilíbrio* de cada um é única. Não existem cronogramas fixos pelos quais você muda, falha, aprende, cresce e se adapta. Não há requisitos; não há certo ou errado.

Você pode ter uma fase de crescimento profissional, uma de divórcio, uma de readaptação após uma tragédia familiar, uma de saúde interior, ou uma para um novo amor. Esses 5 tipos de riqueza vão orientar você ao longo de todas as etapas, pelos pontos mais altos da vida e seus pontos baixos mais desafiadores — uma ideia durável que agrega valor tanto ao nível micro e detalhado da batalha da fase atual quanto ao macro e ampliado da batalha ao longo de várias fases.

Quando você experimenta uma dor, um período em que atingiu o fundo do poço, uma tragédia, um fim, há uma luz que brilha nessa escuridão. A luz é a revelação que ofusca — o instante de compreensão — quando você vê o outro lado. É a luz que vi quando meu velho amigo me disse que eu veria meu pai e minha mãe apenas mais quinze vezes antes de eles morrerem. É a luz que um idoso vê quando se arrepende de nunca ter insistido em sua paixão na vida. É a luz que figuras parentais veem quando do suas crianças não querem mais alguém por perto na hora de dormir. É a luz que uma mulher prestes a morrer vê ao perceber que seus filhos e suas filhas são as únicas pessoas que se lembram das noites que ela passava no escritório.

É a luz que você espera nunca ver, aquela que em algum momento você verá, aquela que precisa ver agora. Você sabe que ela existe — até sabe como é. Você ouve as histórias, concorda com as conclusões e continua vivendo da mesma maneira.

No entanto, ignorar a luz é viver no escuro.

Você precisa tomar uma atitude em relação à luz, abraçar o que ela pode trazer à sua vida.

É disto que se trata *Os 5 tipos de riqueza*: uma nova maneira de mensurar sua vida, porque, quando você leva em consideração o que é certo, toma as decisões certas e alcança os melhores resultados.

A jornada está apenas começando. Deixe a luz do outro lado iluminar o caminho.

Agora siga adiante.

3.

O placar da riqueza

SUA PONTUAÇÃO DE RIQUEZA É O SEU desempenho no novo tipo de placar. Todos devem responder ao teste para estabelecer uma pontuação básica de riqueza antes de continuar a leitura. Essa referência será a base para você mensurar seu progresso à medida que elabora e equilibra sua vida nas próximas fases. Você pode e deve voltar a esta avaliação no futuro para acompanhar seu progresso, da mesma forma que já deve ter monitorado seu patrimônio líquido financeiro com o auxílio de uma ferramenta on-line.

Para definir o seu placar de riqueza, é possível fazer um teste simples. Existem cinco declarações para cada tipo de riqueza; para cada afirmação, responda com 0 (discordo totalmente), 1 (discordo), 2 (neutro), 3 (concordo) ou 4 (concordo totalmente), e, em seguida, adicione sua pontuação para cada seção e o total.

A pontuação máxima para cada tipo de riqueza é 20 (você concorda plenamente com cada uma das cinco afirmações), e a pontuação máxima geral é 100.

QUIZ DA RIQUEZA

RIQUEZA DE TEMPO

1. Tenho uma profunda consciência da natureza finita e impermanente do meu tempo e de sua importância como meu ativo mais precioso.

2. Compreendo quais são as duas a três principais prioridades em minha vida pessoal e profissional.

3. Sou capaz de direcionar a atenção e me concentrar nas prioridades que identifiquei.

4. Quase nunca me sinto muito ocupado ou disperso para dedicar tempo às minhas maiores prioridades.

5. Estou no controle da minha agenda e das minhas prioridades.

RIQUEZA SOCIAL

1. Tenho relacionamentos profundos e repletos de amor, que servem como rede de apoio.

2. Sou capaz de ser o companheiro, figura parental, membro da família e amigo que eu gostaria de ter.

3. Tenho uma rede de relacionamentos mais informais com os quais posso aprender e construir algo.

4. Tenho um profundo sentimento de ligação a uma comunidade (local, regional, nacional, espiritual etc.) ou a algo maior do que eu.

5. Não tento alcançar status social, respeito ou admiração por meio de bens materiais.

RIQUEZA MENTAL

1. Incorporo uma curiosidade infantil com certa frequência.

2. Tenho um objetivo definido que oferece sentido diário e alinha minhas tomadas de decisão de curto e longo prazo.

3. Busco crescimento e procuro alcançar todo o meu potencial.

4. Tenho uma crença fundamental de que sou capaz de mudar, desenvolver e me adaptar de maneira contínua.

5. Tenho rituais regulares que me permitem criar espaço para pensar, respirar, lidar com questões e recarregar as energias.

RIQUEZA FÍSICA

1. Sinto-me forte, saudável e com vitalidade para a minha idade.
2. Movimento meu corpo com regularidade através de uma rotina estruturada e tenho um estilo de vida ativo.
3. Consumo sobretudo alimentos integrais e não processados.
4. Durmo sete horas ou mais por noite com regularidade e me sinto descansado e recuperado.
5. Tenho um plano definido para permitir que eu tenha um físico próspero nos meus anos derradeiros.

RIQUEZA FINANCEIRA

1. Tenho uma definição objetiva do que significa ter o *suficiente* do ponto de vista financeiro.
2. Tenho uma renda que cresce em uma constante acompanhando minhas habilidades e meus conhecimentos.
3. Gerencio minhas despesas mensais para que fiquem abaixo da minha renda.
4. Tenho um processo definido para investir a renda mensal excedente com rendimentos compostos no longo prazo.
5. Uso minha riqueza financeira como uma ferramenta para construir outros tipos de riqueza.

VISUALIZANDO SEU PLACAR DA RIQUEZA

Com base nos resultados do seu teste, preencha o modelo abaixo para visualizar de uma perspectiva única a sua base de referência. Esse movimento vai trazer maior compreensão dos pontos fortes e fracos no seu ponto de partida e permitir que você crie objetivos para elaborar uma vida de riqueza mais abrangente.

O PLACAR DA RIQUEZA

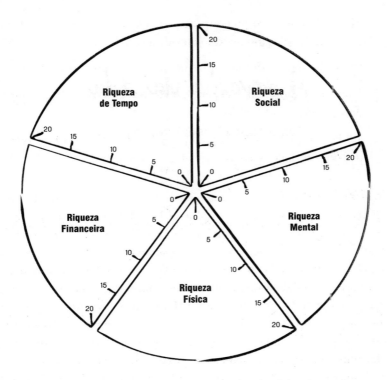

Você também pode fazer e compartilhar a avaliação on-line no site (em inglês) the5typesofwealth.com/quiz/.

4.

A navalha da vida

Mantendo o planeta Terra na janela

EM 11 DE ABRIL DE 1970, o foguete da missão Apollo 13 foi lançado do Centro Espacial John F. Kennedy, em Merritt Island, Flórida. Era para ser o terceiro pouso humano na superfície da Lua, mas o plano foi frustrado apenas três dias após o início da missão, quando um curto-circuito levou à explosão de um tanque de oxigênio que causou graves danos à nave, o que pôs em risco sua capacidade de completar a viagem de ida e volta à Terra. Os três astronautas — Jim Lovell, Fred Haise e Jack Swigert — foram forçados a usar o pequeno módulo lunar como um barco salva-vidas espacial improvisado e viveram durante vários dias sob temperaturas quase congelantes, conservando energia para o esperado regresso ao lar.

Toda a saga foi detalhada em *Apollo 13*, o docudrama de Ron Howard, vencedor do Oscar em 1995. Na cena culminante do filme, os três astronautas enfrentam um desafio de vida ou morte. À medida que se aproximam do ponto de reentrada na atmosfera, os operadores da missão lhes dizem que alcançar o ângulo apropriado é essencial — se ele fosse muito aberto, a nave saltaria para o espaço como uma pedra lançada em um lago; se ele fosse muito fechado, a nave incendiaria como um pedaço de graveto seco no fogo. Para evitar qualquer um desses dois destinos, eles precisam acionar os motores e fazer uma correção para entrar no curso ideal e garantir a sobrevivência.

O problema: dado o estado da nave danificada, a correção deveria ser manual, sem o benefício dos computadores de bordo em geral utilizados para uma manobra como essa. Sem que os computadores gerenciem a série de equações matemáticas e físicas complexas que controlam a orientação e o alinhamento no espaço, a mudança seria arriscada, na melhor das hipóteses, e trágica, na pior delas.

Em dado momento caótico, o comandante Jim Lovell (interpretado por Tom Hanks) propõe uma solução: "Então, Houston, tudo o que precisamos para manter a orientação é um ponto fixo no espaço. Certo?" Ele recebe uma rápida resposta afirmativa do centro de comando da missão. Enquanto segura os controles e olha por uma pequena janela triangular à sua esquerda, Lovell move a nave espacial de maneira gradual, e um familiar planeta azul aparece. "Bem, Houston, nós temos um", diz ele, olhando atentamente para a Terra no centro do pequeno triângulo. "Se pudermos manter a Terra na janela e voar no manual, a mira cruzada fica bem no seu terminador. Tudo o que preciso saber é de quanto tempo precisamos para acionar o motor."

A estratégia ousada funciona, os astronautas executam o arriscado acionamento manual e reentram na atmosfera com sucesso. Eles caem no oceano com segurança em um dos finais mais emocionantes e dramáticos de todos os tempos no cinema. Foi uma cena histórica de sobrevivência e triunfo que impressionou o público em todo o mundo, mas o verdadeiro insight não tem nada a ver com o filme, o espaço, a ciência ou mesmo com o Tom Hanks.

O verdadeiro insight tem tudo a ver com o planeta Terra e aquela pequena janela triangular.

A NAVALHA DA VIDA

Na filosofia, o termo "navalha" denota qualquer princípio que permite remover com muita rapidez explicações improváveis ou evitar etapas desnecessárias. Inclusive em termos metafóricos. Hoje, o termo é aplicado em larga escala como uma regra prática que simplifica a tomada de decisões.

Existem muitas navalhas conhecidas:

- A navalha de Occam, batizada em homenagem a Guilherme de Occam, filósofo do século XIV, tem como princípio que, ao avaliar explicações para algo, aquela com menos suposições necessárias costuma ser a correta. A explicação mais simples é a melhor. O simples é belo.

- A navalha de Hanlon, um adágio cheio de ironia, determina que nunca se deve atribuir à malícia aquilo que pode ser explicado pela estupidez. É mais bem aplicado à política, aos relacionamentos e aos discursos on-line em geral.

- A navalha de Hitchens, criada e batizada em homenagem ao falecido autor Christopher Hitchens, postula que qualquer afirmação sem provas pode ser refutada sem provas. Uma regra útil, que vai evitar que você perca tempo com discussões inúteis.

Manter o planeta Terra na janela foi, num sentido abstrato, uma navalha para os astronautas da *Apollo 13*. No caos do momento, em meio a um desafio impossível com centenas de variáveis que poderiam mandá-los para a cova, os astronautas identificaram um ponto de foco único e de uma beleza simples, uma regra prática que lhes permitiu eliminar ações desnecessárias e simplificar o complexo processo de correção manual.

Essa história oferece uma metáfora poderosa para a sua vida.

É inevitável que você encontre oportunidades, caos, desafios e complexidades que irão testá-lo:

- um novo emprego que o faz pensar em deixar a empresa que você ama;
- a morte de um familiar ou amigo querido;
- uma perda de emprego que compromete sua situação financeira;
- problemas de saúde que afetam os mais próximos a você;
- dificuldades de se relacionar com alguém que antes parecia ser seu porto seguro;
- uma decisão crítica que parece muito complicada e difícil de tomar.

É fácil permitir que suas prioridades sejam vítimas desses acontecimentos, bem como se perder no caos. Em momentos assim, você precisa de um ponto de foco — uma regra própria para simplificar sua tomada de decisão, uma heurística fundamental que lhe permita navegar pelas incertezas e pelos desafios da vida com a confiança de um explorador experiente. É necessário manter o planeta Terra na janela.

Você precisa de uma *navalha da vida*.

NUNCA PERCA UM JANTAR DE TERÇA-FEIRA

Em janeiro de 2023, o empresário Marc Randolph, cofundador e primeiro CEO da Netflix, a pioneira das plataformas de streaming, postou uma foto de uma nota curta escrita a mão com a legenda: "Minha definição de sucesso." Na nota, Randolph descreveu um ritual semanal inegociável que havia mantido ao longo de sua carreira ultra-bem-sucedida no setor da tecnologia:

"Por mais de trinta anos, minhas terças-feiras tinham um desfecho obrigatório. Fizesse chuva, fizesse sol, eu saía às 17 horas em ponto e passava a noite com minha [esposa]. Íamos ao cinema, jantávamos ou simplesmente saíamos juntos para olhar as vitrines no centro da cidade."

Falei com Randolph alguns meses depois disso e perguntei sobre a origem da regra do jantar de terça-feira e a importância dela para sua vida. Ele contou que, no início de sua carreira, trabalhava oitenta horas por semana, completamente imerso no mundo das startups. Randolph compartilhou que, quando seu relacionamento começou a definhar, "percebi que eu era o problema, porque esperava que ela aceitasse migalhas, e isso parecia errado para mim". No entanto, em vez de ignorar o problema ou esperar que se resolvesse sozinho, Randolph tomou as rédeas da situação. "Tudo se resume ao que você estabelece como prioridade", disse ele. "Eu precisava reorganizar meu tempo."

O jantar de terça-feira se tornou um ritual inegociável. Mesmo quando estava criando uma das empresas de tecnologia mais revolucionárias da era atual, Randolph não abriu mão da rotina. "Nada atrapalhava aquilo. Se você tinha algo a me dizer na tarde de terça-feira, às 16h55, era melhor dizer a caminho do estacionamento. Se houvesse uma crise, iríamos encerrá-la até às 17 horas."

Contudo, na verdade, a regra do jantar de terça-feira não tinha nada a ver com a refeição em si.

"Tratava-se do simbolismo, dos efeitos que causava em todas as outras áreas da minha vida. O ritual mostra para mim e para todos ao meu redor — minha família, meus parceiros, meus funcionários, meus amigos — quais são minhas prioridades." Era uma demonstração semanal pequena e consistente de respeito e admiração pelo que ele mais valorizava na vida, um forte sinal por meio da ação, e não de palavras. Sua esposa percebe seu compromisso com o relacionamento e o amor, o que fortalece o compromisso dela com o vínculo. Seus filhos testemunham sua dedicação à mãe e à família, o que os deixa seguros em relação ao próprio papel em seu mundo. Seus funcionários se dão conta das suas prioridades e dos seus limites com sua família e são incentivados a estabelecer os próprios limites, o que os torna mais leais e focados durante as horas de trabalho.

Uma ação — um jantar semanal às terças-feiras à noite — com efeitos em cascata que vão muito além.

"Muito tempo atrás resolvi não ser um daqueles empreendedores em sua sétima startup e sua sétima esposa. Na verdade, o que mais me orgulha na vida não são as empresas que comecei, e sim o fato de ter conseguido fundá-las enquanto continuava casado com a mesma mulher; fazer meus filhos crescerem me conhecendo e (até onde sei) gostando de mim; e ser capaz de passar o tempo me dedicando às outras paixões da minha vida. Essa é a minha definição de sucesso."

Mais importante ainda, essa ideia ("Nunca vou perder um jantar de terça-feira") é uma declaração que define a identidade de Marc Randolph. É objetiva, controlável e serve como um lembrete do *tipo de pessoa* que ele é. Quando surge uma situação ou oportunidade, boa ou ruim, ele pode se perguntar: "O que uma pessoa que nunca perde um jantar de terça-feira faria? Como ela lidaria com isso?" É aqui que reside o verdadeiro poder — em uma declaração única e elegante, que mostra como o seu eu ideal se posiciona em relação ao mundo.

"Nunca vou perder um jantar de terça-feira" é a navalha da vida de Marc Randolph, seu ponto de foco que permite evitar distrações, manter a perspectiva e o equilíbrio, tomar decisões alinhadas ao que acredita e, assim, receber efeitos positivos em sua vida. Sem uma navalha, você deixa a vida ao acaso. Como um alpinista preso em uma nevasca, sua visão ficará comprometida em meio a ela, e você vai perder todos os pontos de referência e andar sem rumo, rezando para que a tempestade diminua. Com uma navalha, você verá tudo com lucidez — as tempestades não serão menos turbulentas, mas você estará bem equipado para chegar ao outro lado. Marc Randolph encontrou sua navalha da vida. Agora vamos encontrar a sua.

AFIANDO A SUA NAVALHA DA VIDA

Sua navalha da vida é uma declaração única que vai definir como você se coloca na fase atual da sua vida.
Uma poderosa navalha da vida tem três características principais:

1. CONTROLÁVEL: ela deve estar sob o seu controle.
2. EFEITOS EM CASCATA: ela deve ter efeitos positivos de segunda ordem em outras áreas da vida.
3. DEFINIÇÃO DE IDENTIDADE: ela deve ser um indicativo do tipo de pessoa que você é, da forma como o seu eu ideal se apresenta ao mundo.

Para tornar isso mais real, vejamos um exemplo da minha vida. "Vou treinar os times dos esportes que meu filho pratica" é minha navalha da vida:

1. CONTROLÁVEL: estou no controle para arranjar o tempo necessário para treinar as equipes esportivas do meu filho. Posso fazer o que é necessário para ter liberdade de participar dessas atividades e ser o tipo de pai que deixa o filho animado por tê-lo como treinador.
2. EFEITOS EM CASCATA: ao fazer isso e assumir esse compromisso, vou mostrar ao meu filho o valor que dou à nossa relação. Ele vai se sentir empoderado pelo meu apoio. Minha esposa vai notar minha dedicação ao nosso filho e à nossa família, e isso fortalecerá sua dedicação a nós. Minha equipe e meus parceiros de negócios vão se dar conta da prioridade que dou à minha família e

se sentir incentivados a estabelecer as próprias prioridades individuais, o que os tornará focados e leais.

3. **DEFINIÇÃO DE IDENTIDADE**: sou o tipo de pessoa que treina as equipes esportivas em que meu filho atua. Essa pessoa está presente, em conexão com sua família e comunidade, comprometida com seu propósito como pai e marido. Ela cuida de si e dos outros e recusa as oportunidades que podem infringir essa liberdade ou comprometer essa reputação.

Quando novos desafios surgem, uso minha navalha da vida para me orientar em cada situação:

- Surge uma oportunidade profissional interessante. Ela vai trazer mais dinheiro e prestígio, mas exigirá mais viagens e tempo afastado durante os próximos dois anos. Faço uma pausa e me pergunto: *o que o tipo de pessoa que treina os times esportivos do filho faria neste caso?* A resposta: ela estaria comprometida em priorizar seus relacionamentos mais importantes em detrimento de dinheiro ou prestígio. Isso me ajuda a pensar nas vantagens e desvantagens em relação ao meu tempo e minha liberdade, para que eu possa apresentar minhas condições e assim aceitar ou recusar a oportunidade.

- Uma situação familiar desafiadora irrompe. Seria fácil ignorar ou terceirizar a responsabilidade. Eu me pergunto: *como o tipo de pessoa que treina os times em que o filho joga se apresentaria neste caso?* A resposta: ela enfrentaria a luta, encararia de frente e seria um porto seguro para seus entes queridos. Isso ajuda a deixar minha resposta mais definida e incentivar a resiliência em nossa família.

- Aparece uma oportunidade financeira potencialmente transformadora, mas que pode arruinar sua reputação. Posso ficar tentado pelo dinheiro, mas sei que o tipo de pessoa que treina os times onde o filho joga nunca colocaria em risco o respeito e a admiração dele por dinheiro. Eu recuso a oportunidade.

A simples afirmação "Vou treinar os times dos esportes que meu filho pratica" é uma regra para a vida — minha navalha da vida.

É hora de definir a sua.

O objetivo é completar esta frase: "Sou o tipo de pessoa que [...]." Para fazer isso, escreva as ações e os traços de caráter que representam seu eu ideal. Se você pudesse comparecer ao seu funeral, o que gostaria que todos dissessem sobre suas ações, sobre quem você foi e como viveu? Anote tudo. Em seguida, coloque tudo em perspectiva. Qual ação da lista afetaria as demais?

Para ajudá-lo, aqui estão alguns exemplos de pessoas reais que completaram esse exercício:

- PROFISSIONAL DE INVESTIMENTOS DE 40 E POUCOS ANOS: sou disciplinado. Eu atraso a recompensa. Nunca corro atrás da coisa mais atraente. Acordo cedo e exercito meu corpo e minha mente. Cuido de mim e dos outros. Trabalho duro no que importa para mim e me orgulho de estar presente para as pessoas que contam comigo. "Eu acordo cedo e faço coisas difíceis" é a minha navalha da vida.

- MÃE DONA DE CASA DE 30 E POUCOS ANOS: cuido da minha família. Sou a mãe que gostaria de ter tido quando criança. Sempre tenho energia para meus filhos, por mais cansada que esteja. Estou em uma fase da vida na qual priorizo o crescimento e o desenvolvimento deles. "Eu sempre coloco meus filhos para dormir" é minha navalha da vida.

- CONSULTOR DE 20 E POUCOS ANOS: sou extremamente leal. Sou digno de confiança. Tenho inteligência emocional. Estou sempre disponível para fazer companhia a um amigo que está precisando. Priorizo meus relacionamentos e as pessoas que estão comigo. Nunca decepciono quem conta comigo, tanto na vida profissional como na pessoal. "Eu nunca deixo um amigo chorar sozinho" é minha navalha da vida.

- EMPREENDEDOR DE 30 E POUCOS ANOS: priorizo minha família e minhas amizades acima de tudo. Estou disponível para as pessoas que amo. Sou protetor, solidário e generoso. Sempre vou ao jogo, à apresentação, à reunião de responsáveis e professores ou à consulta médica dos meus filhos. Cuido do meu físico e do meu mental para poder cuidar dos outros. Sou focado e faço as coisas com eficiência para que essas prioridades funcionem. "Eu nunca deixo de ir a um recital" é a minha navalha da vida.

- APOSENTADO DE 60 E POUCOS ANOS: sou um líder atento. Acredito no poder transformador das boas ações. Sempre cuido dos outros como um todo, tanto do meu círculo social como da minha comunidade. Valorizo a reputação, a bondade e o legado acima de todos os prazeres de curto prazo. "Faço uma boa ação por dia (e nunca conto a ninguém a respeito)" é a minha navalha da vida.

Em cada exemplo, a navalha da vida, uma afirmação única, se torna uma regra ampla e definidora de identidade que pode ser levada para a vida inteira e abarca todo o espectro de características e ações. É fácil compreender como a identidade moldada por essa regra pode ser usada para tornar mais evidente a resposta apropriada e alinhada à sua identidade em inúmeras situações da vida.

Faça uma pausa e se concentre no exercício. Dê a si tempo para pensar. Anote algumas opções. Teste cada uma delas em relação às três características principais que a navalha da vida deve ter (Controlável, Efeitos em cascata, Definição de identidade). Restrinja as opções para escolher qual faz sentido. Coloque-a em algum lugar visível — ela deve ser sempre seu primeiro pensamento quando você lida com as oportunidades e os desafios da vida. Quando eles aparecerem, volte à sua frase. *O que o tipo de pessoa que [...] faria nesta situação? Como essa pessoa lidaria com isso?*

Sua navalha da vida pode (e vai) mudar ao longo das fases da sua vida. Ela pode ser muito diferente para você quando estiver solteiro aos 24 anos e quando estiver casado aos 40 — e com certeza será diferente quando você for pai de filhos pequenos, de filhos adultos, ou avô. Revise o exercício a cada poucos anos para avaliar a continuidade de seu valor e sua relevância. Faça ajustes e redefinições de acordo com isso.

Nunca conheci Tom Hanks, mas ele mudou minha vida. Se você identificar sua Terra na janela e a mantiver em mente — a sua navalha da vida —, aposto que ele também vai mudar a sua.

5.

Seu verdadeiro norte

Escalando a montanha certa

"Não há vento favorável para o marinheiro que não sabe para onde ir."
— SÊNECA

NO MEU ANIVERSÁRIO DE 32 ANOS, meus pais me deram uma pequena bússola. Dentro dela havia uma mensagem inscrita:

*Sahil — para que você sempre
saiba onde está seu verdadeiro norte.
Mamãe & Papai.*

Uma foto da bússola que ganhei de presente dos meus pais.

Sua mensagem era mais profunda: a vida é uma questão de direção, e não de velocidade. Quando o nosso velho amigo, o rei Pirro de Épiro, iniciou uma batalha febril contra a República Romana no século III a.c., foi com o desejo de esmagar o seu inimigo o mais rápido possível. Pirro saiu vitorioso da batalha, mas logo percebeu que sua "vitória" o levou à inevitável derrota na guerra. Muitas pessoas estão fadadas a um destino semelhante.

Para evitá-lo, você precisa escolher a direção acertada; precisa manter sua bússola apontada para o seu verdadeiro norte.

METAS E ANTIMETAS: CALIBRANDO A BÚSSOLA

Em cada resumo de seção deste livro, você deverá usar um quadro de definição de metas para calibrar com mais lucidez sua bússola, de acordo com determinado tipo específico de riqueza. Essa bússola trabalha em sinergia com sua navalha da vida: enquanto esta estabelece sua identidade — quem você é e no que acredita —, aquela define para onde você está indo, sua perspectiva para o futuro. Você vai se voltar à sua navalha da vida quando surgirem desafios ou oportunidades, mas sua bússola vai ditar sua direção, conforme você trabalha na vida dos seus sonhos.

O quadro de definição de metas que você vai utilizar possui dois componentes que estão ligados um ao outro:

1. Metas
2. Antimetas

Metas são o que você deseja para a sua jornada. Elas devem incluir as suas grandes e audaciosas ambições de longo prazo e os seus objetivos de médio prazo, que funcionam como "checkpoints". Se a ambição de longo prazo é o pico da montanha, os objetivos a médio prazo são os acampamentos ao longo da subida — não se pode chegar ao topo sem passar por esses pontos intermediários no caminho. Para estabelecer seus objetivos, reflita sobre o que você de fato deseja alcançar em cada área da vida. Pense em algo grande e ambicioso e, em seguida, reflita a partir dessas ambições de longo prazo para estabelecer objetivos de médio prazo que representem dois ou três "pontos de acampamento" lógicos ao longo da subida até o topo.

Antimetas são o que você *não quer que aconteça* na sua jornada para alcançar seus objetivos.

O conceito de antimetas é derivado do empresário Andrew Wilkinson, que atribui a ideia a uma conversa em 2017 com seu parceiro de negócios. "Na verdade, nosso verdadeiro objetivo era muito simples: queríamos aproveitar nosso tempo no trabalho, mas sem os problemas — agendas lotadas, viagens constantes, pouco tempo com os filhos, sono desregulado — que atormentavam muitos de nossos amigos bem-sucedidos."

Andrew e seu colega eram admiradores de longa data do falecido investidor Charlie Munger, famoso pela frase: "Tudo o que quero saber é onde vou morrer, para nunca ir até lá." Essa citação provocou uma reflexão: eles precisavam inverter o problema. Assim como estabeleciam metas para o que queriam que acontecesse, eles precisavam definir as antimetas: *o que queriam evitar*.

Parafraseando Munger, antimetas tratam de saber onde você vai morrer (em termos metafóricos) para nunca ir até lá. Se as metas são o topo da sua montanha, as antimetas são as coisas que você não quer sacrificar ao escalar — como os dedos dos pés, a sanidade e a vida. Você quer chegar ao topo, mas não à custa desses elementos.

Por exemplo, se o seu objetivo no longo prazo é se tornar CEO, suas antimetas podem ser passar mais de dez dias por mês longe da sua família, fazer sua saúde ser afetada pelo estresse e pelas viagens e abrir mão dos seus valores para alcançar metas de lucro. Você deseja atingir sua meta, mas não se isso provocar esses três resultados negativos.

Para estabelecer as antimetas, observe suas metas, mas, em vez de pensar no grande resultado, inverta o problema — vire-o de cabeça para baixo:

- Sua busca por essas metas pode causar quais piores resultados possíveis?
- O que poderia levar aos piores resultados possíveis?
- O que você encararia como uma vitória de Pirro — vencer a batalha, mas perder a guerra?

Utilizando suas respostas para essas perguntas, selecione de uma a três antimetas para cada meta de longo prazo.

Uma vez estabelecidas suas metas e antimetas, sua bússola estará calibrada para seguir a jornada.

SISTEMAS DE ALTA ALAVANCAGEM: CONSTRUINDO O MOTOR

Se as metas e antimetas estabelecem sua direção, os sistemas de alta alavancagem são o motor que o impulsiona rumo ao futuro. Em seu livro best-seller *Hábitos atômicos*, o autor James Clear escreveu a famosa frase: "Você não sobe para atingir o nível de seus objetivos. Desce ao nível de seus sistemas."

Os *sistemas* são as ações diárias que viabilizam seu progresso. As *alavancas* amplificam a saída (output) que resulta de uma única entrada (input) inserida no sistema. Combinando as duas ideias, os sistemas de *alta alavancagem* são as ações diárias que permitem um avanço progressivo amplificado e assimétrico. Para entender isso, vamos recorrer brevemente a uma lendária estrela de futebol e ao investidor mais famoso de todos os tempos.

É 18 de dezembro de 2022, e Lionel Messi caminha devagar pelo campo do Estádio Lusail, localizado na cidade de mesmo nome, a 20 quilômetros de Doha, no Catar. Ele olha em volta, para o nada. Seria fácil imaginar que aquela é uma cena de um treino antes de um jogo ou após a conclusão de uma partida — mas não é. Lionel Messi caminha devagar pelo campo aos 107 minutos do jogo mais importante da sua vida — a final da Copa do Mundo contra a França —, com 90 mil torcedores aos gritos nas arquibancadas e mais de 1 bilhão de pessoas assistindo em todo o mundo.

De repente, ele entra em ação. Como se estivesse possuído, Messi corre em uma diagonal, recebe um passe do companheiro Lautaro Martínez e lança a bola para o outro companheiro, Enzo Fernández, que passa de volta a Martínez. Martínez chuta para o gol, mas uma defesa espetacular do goleiro da França, Hugo Lloris, desvia a bola direto para Messi. Como fez tantas vezes em sua carreira, Messi controla a chegada da bola e chuta para o gol, dando à Argentina a vantagem no placar da prorrogação. Eles venceriam a partida nos pênaltis e consolidariam o argumento que defende que Lionel Messi é o maior jogador de futebol de todos os tempos. A lista inacreditavelmente longa de distinções profissionais de Messi inclui (no momento em que escrevo este livro) um recorde de oito prêmios Bola de Ouro e seis Chuteiras de Ouro Europeias, concedidos ao melhor jogador do ano e ao maior artilheiro, respectivamente; ele também detém o recorde de mais gols na La Liga, na Supercopa da Espanha e na Supercopa Europeia, assim como o maior número de registros oficiais de assistências na história do futebol. Num mundo de esportes dominados por físicos perfeitos que ultrapassam, saltam e superam os seus adversários, Lionel Messi se destaca como alguém diferente. Ele tem apenas 1,70 metro e pesa menos de 70 quilos, e, se você o assistir jogar, muitas vezes ele parece lento, preguiçoso até.

Uma pesquisa no Google por "Lionel Messi preguiçoso" retorna cerca de 500 mil resultados, a maioria deles fazendo a observação sobre sua propensão a caminhar pelo campo de futebol enquanto seus colegas de equipe e adversários correm com fervor em várias direções. É a rotina de caminhada mais comentada no mundo. No período que antecedeu a final da Copa do Mundo de 2022, no Catar, a revista *The New Yorker* publicou um artigo em que afirmava que Messi "muitas vezes pode ser visto fora da jogada, passeando, perambulando e parecendo um pouco desinteressado".

Entretanto, acontece que as caminhadas de Lionel Messi estão longe de ser preguiça — é estratégia. Por mais curioso que seja, é a mesma estratégia utilizada pelo investidor mais bem-sucedido do mundo.

Warren Buffett é conhecido como o Oráculo de Omaha por um motivo. Ao longo de uma carreira de investimentos que se estende por mais de setenta anos, ele obteve retornos anuais compostos de mais de 20%, um feito surpreendente ao longo de tanto tempo. Para colocar esse número em perspectiva, se você tivesse investido 10 mil dólares na Berkshire Hathaway de Buffett em 1965, hoje teria impressionantes 300 milhões de dólares. Num mundo de investimentos dominado por negociações de alta frequência e algoritmos de alta tecnologia concebidos para superar os mercados e a concorrência, Warren Buffett destaca-se como alguém diferente. Ele gerou esses resultados com menos investimentos do que o *day trader* médio. Sobre sua estratégia, ele certa vez brincou: "O truque para investir é apenas se sentar, observar lance a lance e esperar aquele que estiver no lugar certo para você."[3]

Então, o que o jovem astro do futebol e o já conhecido gênio dos investimentos têm em comum? Ambos concentram sua energia em alguns momentos-chave e ignoram o restante. Quando estão ligados, empregam energia em uma explosão concentrada e gloriosa. Quando estão desligados, esperam, economizam energia e se posicionam de maneira lenta e estratégica em locais que vão ser vantajosos em momentos futuros. Eles não trabalham demais — trabalham de forma inteligente.

Lionel Messi e Warren Buffett compreendem o poder dos sistemas de alta alavancagem. Enquanto a maioria das pessoas opera em um ciclo fixo e simétrico de entradas e saídas — com uma unidade de entrada para uma unidade de saída —, Messi e Buffett identificam e concentram energia nas ações e decisões que é provável que vão gerar cem unidades de saída para cada uma de suas unidades de entrada. Eles fundamentalmente quebram a relação fixa existente entre entradas e saídas para criar resultados assimétricos.

Se o maior jogador de futebol e o maior investidor de todos os tempos têm essa característica em comum, devemos prestar atenção. Os guias no fim de cada seção do livro vão oferecer sistemas comprovados de alta alavancagem para cada área. Para estabelecer seus sistemas de alta alavancagem, analise esses guias e selecione as ações que vão criar um desenvolvimento mais significativo rumo à sua perspectiva de futuro.

O INTERRUPTOR DIMMER: EVITANDO A ARMADILHA LIGADO/DESLIGADO

Uma tradicional escola de pensamento teria como princípio que o foco em cada tipo de riqueza existe em um estado binário: ligado ou desligado. Você pode ter, no máximo, dois tipos ligados a qualquer momento, e os outros três precisam estar desativados.

O grande problema nisso é que, se um deles permanecer desligado por muito tempo, nunca mais poderá ser reativado. Se você não nutrir e cultivar seus relacionamentos entre seus 20 e 30 anos, não os terá nos seus 40. Se não investir na sua saúde ao longo dos 40 a 50 anos, não a terá nos seus 60. Se não cuidar de sua mente entre seus 60 a 70 anos, ela não será saudável em seus 80.

Este livro discorda dessa velha escola de pensamento e propõe uma nova: se você tem as metas, as antimetas e os sistemas de alta alavancagem apropriados, seu foco em cada tipo de riqueza pode funcionar como um *interruptor dimmer*, ou seja, um dispositivo que regula a intensidade da luz, em vez de um botão liga/desliga. Essa mudança é importante. Ela permite que você priorize seus valores e objetivos para a atual fase da sua vida, sem desligar qualquer área, algo que leva a uma atrofia que se mostra dolorosa (e difícil) de reverter no futuro.

Pensemos no exemplo de uma história de vida hipotética para colocar essa nova escola de pensamento em foco:

FASE 1: você está no início de sua carreira. Deseja estabelecer uma base financeira sólida e desenvolver habilidades com as quais possa ganhar dinheiro. Riqueza financeira e mental se tornam as metas principais. Suas antimetas são permitir que as riquezas de tempo, social e física atrofiem na busca dessas metas, então você adota alguns sistemas de alta alavancagem para sua manutenção. Durante essa fase, você melhora drasticamente sua riqueza financeira e mental e mantém as demais.

FASE 2: você decidiu iniciar uma família. Deseja priorizar seu relacionamento com os membros dela, mas receia que o progresso profissional e financeiro sofra perdas. As riquezas de tempo e social se tornam as principais metas. Suas antimetas são permitir que as riquezas financeira e mental diminuam após os progressos da primeira fase, então você adota alguns sistemas de alta alavancagem para mantê-las. Durante essa fase, você tem a liberdade e a energia de ser uma figura ativa nos anos de formação de sua família, e, embora possa não acelerar a trajetória de sua carreira, decerto impediu sua deterioração.

FASE 3: sua família demanda menos do seu tempo e da sua energia. Você deseja priorizar seu propósito e cuidar da sua saúde. As riquezas mental e física se tornam as metas principais. Suas antimetas são permitir que as riquezas social e financeira se deteriorem, então você adota alguns sistemas de alta alavancagem para mantê-las. Durante essa fase, você se sente energizado, orientado por um propósito, e sua vitalidade está aprimorada, enquanto seus relacionamentos e suas necessidades financeiras mais importantes estão preservados.

FASE 4: você está aposentado. Conseguiu atravessar a vida de forma planejada, com um equilíbrio dinâmico, ao longo das fases, e está pronto para aproveitar os frutos de seus esforços. Você deseja priorizar seus relacionamentos nesta fase final. A riqueza social se torna a meta principal. Suas antimetas consistem em permitir que as riquezas mental, física e financeira recuem significativamente dos níveis que você construiu com sua abordagem atenciosa nas três fases anteriores, então você adota alguns sistemas de alta alavancagem para a manutenção dessas áreas. Durante esta fase, você encontra grande alegria e satisfação nas conexões humanas e em aprofundar os relacionamentos, enquanto as outras áreas são mantidas nos mesmos níveis. Você parte — seja de maneira literal, seja metafórica — para viver os anos de pôr do sol na sua vida.

O conceito de interruptor dimmer também deve limitar grande parte da equivocada pressão pessoal e social pelo constante progresso em *todas as áreas da vida*. Quando meu filho nasceu, minha esposa, Elizabeth, tinha certeza de seu desejo de estar o mais presente possível durante os primeiros anos de vida dele. Contudo, fazer esse movimento significaria sair do mercado de trabalho, sendo ela uma estilista de moda em rápida ascensão em um setor competitivo. A decisão em si não foi desafiadora — ela sabia o que queria —, mas o peso da percepção externa sobre a decisão a fez hesitar. Ela sentia a pressão cultural por fazer mais, ganhar mais e impressionar mais. Foi o mesmo peso que senti quando deixei meu trabalho com uma ótima remuneração para seguir um caminho diferente. Aguentei os olhares confusos de amigos e colegas, a suposição de que eu estava sofrendo um burnout e um comentário de um mentor, que disse: "Ou isso vai dar certo, ou será a pior decisão da sua vida." Para mim e para minha esposa, a ideia de que aquela era uma fase entre muitas outras — de que poderíamos priorizar certas coisas e manter as outras — trazia grande empoderamento.

Pense na mentalidade dos surfistas a respeito das ondas. Eles aproveitam plenamente *uma onda* e têm a sabedoria e a consciência de que sempre há mais delas chegando. Sabem que não precisam surfar todas que aparecem no caminho. Estão cientes de que paciência e posicionamento adequado são tudo o que importa para quando a próxima onda inevitavelmente chegar. Sabem que a única maneira de viver é entrando no mar, porque não é possível pegar ondas da areia. Você precisa adotar a mentalidade dos surfistas em relação às fases da vida. Haverá épocas de crescimento e de manutenção para cada tipo de riqueza. Aproveite cada fase pela sua beleza, posicione-se para as fases futuras de acordo com os seus valores e metas e sempre entre no mar.

CORREÇÃO DE CURSO: RECALIBRANDO A BÚSSOLA

Pequenos desvios do curso ideal podem ser catastróficos. Você precisa de uma ferramenta para recalibrar seu curso em tempo real — avaliações, correções e ajustes constantes em sua jornada.

Ao fim de cada mês, faça três perguntas:

1. O QUE REALMENTE IMPORTA HOJE EM MINHA VIDA? MINHAS METAS AINDA ESTÃO ALINHADAS A ISSO? Avalie suas metas e verifique se elas ainda servem como seu verdadeiro norte.

2. MEUS ATUAIS SISTEMAS DE ALTA ALAVANCAGEM ESTÃO ALINHADOS AOS MEUS OBJETIVOS? Avalie seus sistemas de alta alavancagem e se eles conseguem criar o impulso apropriado.

3. CORRO O RISCO DE DESRESPEITAR MINHAS ANTIMETAS? Analise seu arredor e suas decisões para avaliar quaisquer mudanças que precisem ser feitas.

O ritual mensal leva trinta minutos e proporciona reflexões e possibilidades de pequenas correções de curso, que são essenciais em sua jornada. Ao fim de cada trimestre, adicione estas quatro perguntas ao seu ritual:

1. **O QUE ESTÁ GERANDO ENERGIA AGORA?** Revise seus calendários do trimestre anterior. Que atividades, pessoas ou projetos geraram energia de forma consistente em sua vida? Você passou tempo suficiente com esses energizadores ou eles foram negligenciados? Recalibre sua bússola para dedicar mais tempo a eles no trimestre por vir.

2. **O QUE ESTÁ DRENANDO ENERGIA AGORA?** Revise seus calendários do trimestre anterior. Que atividades, pessoas ou projetos drenaram energia da sua vida de forma consistente? Você deixou que continuassem drenando sua energia ou se livrou assim que percebeu? Recalibre sua bússola para gastar menos tempo com elas no próximo trimestre.

3. **QUEM É A PEDRA NO MEU SAPATO?** Uma pedra no seu sapato é alguém que impede você de atingir seu potencial. Esse tipo de pessoa cria *obstáculos* em sua vida. São pessoas que menosprezam, rebaixam ou diminuem suas realizações, riem de sua ambição e dizem para você ser mais realista, enchem sua vida de negatividade e pessimismo e fazem você se sentir mal ao ficarem se vangloriando do que possuem. Recalibre sua bússola para diminuir ou cortar toda a energia que você dedica a essas pessoas no próximo trimestre.

4. **O QUE ESTOU EVITANDO POR CAUSA DO MEDO?** Muitas vezes, o que você mais teme é justamente a coisa que mais precisa fazer. Os medos, quando evitados, tornam-se limitadores do nosso progresso. Recalibre sua bússola para parar de evitar seus medos no próximo trimestre.

Ao implementar esse ritual de ajuste com regularidade, você vai manter sua bússola calibrada e seguir no caminho certo.

AS RESPOSTAS ESTÃO DENTRO DE VOCÊ

Em 1º de janeiro de 2014, quando estava me formando na faculdade, escrevi uma carta para meu futuro eu. Selei-a em um envelope, escrevi "Abrir em 1º de janeiro de 2024" e o deixei em meu pequeno cofre. Com o passar dos anos, eu me esqueci da carta e só me lembrei de sua existência quando a encontrei enquanto guardava alguns documentos de família após o nascimento do meu filho. Em 1º de janeiro de 2024, quando estava prestes a entregar a versão final deste livro, abri a carta e quase caí para trás.

E aí, meu velho,
Se você está lendo isso, significa que está vivo, então parabéns, eu acho.
Estou prestes a me formar e começar a vida adulta, seja lá o que isso signifique, então parece um bom momento para definir algumas expectativas para o meu futuro:

1. *Espero que você tenha se casado com Elizabeth. Sério, espero que não tenha estragado tudo. Ela é o melhor que já aconteceu a você.*

2. *Espero que já tenha um filho a essa altura. Não quero filhos hoje em dia, mas imagino que em algum momento possa amadurecer e mudar de ideia. Se você tem filhos, espero que seja um bom pai. Se for tão bom quanto seu pai foi para você, já será ótimo.*

3. *Eu espero mesmo que tenha trabalhado em si mesmo e tenha amadurecido. Você mantém muita coisa escondida aí dentro. É inseguro. Você se compara a todo mundo. Tem tanto medo de falhar que sempre parece escolher o caminho seguro. E tem muita coisa a fazer; não fuja disso.*

4. *Espero que diga ao seu pai e à sua mãe que os ama com mais frequência. Eles não sabem o quanto são importantes para você, e isso é uma pena.*

5. *Espero que more mais perto da família. Você deixou sua mãe muito triste quando aceitou o emprego na Califórnia. Ela sorriu e disse que estava feliz por você, mas era aquele sorriso triste que o pai e a mãe dela deram quando ela foi estudar na América. O sorriso que se dá ao perder o filho para um novo mundo. Não deixe que também seja o seu caso.*

6. *Espero que tenha se aproximado de Sonali. O amor entre irmãos é especial, mas você deixou que sua competitividade às vezes*

atrapalhasse isso. Espero que tenham superado isso e seguido outro caminho. Você tem muito a aprender com ela.

7. Espero que esteja trabalhando em algo significativo. Para ser sincero, não faço ideia do que isso quer dizer, mas imagino que seja algo como curtir uma terça-feira aleatória.

8. Espero que os amigos que você ama e com quem se preocupa estejam saudáveis e prósperos. Sei que é provável que isso seja impossível, então acho que espero que seus amigos saibam que você os ama e se preocupa com eles. No fim, isso é tudo o que importa.

9. E, finalmente, espero que você tenha se divertido um pouco ao longo do caminho.

Por enquanto, isso é tudo. Não faço ideia de como assinar uma carta como esta. Adeus, acho.

— Sahil

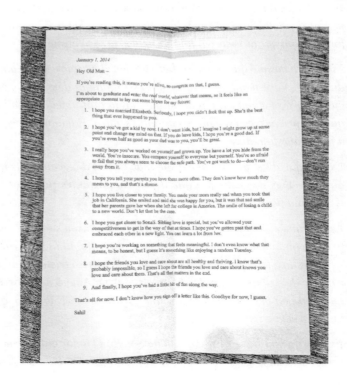

A franqueza do meu eu mais jovem foi algo desconcertante Ao reler a carta, uma conclusão saltou do papel: *As respostas estão em seu interior — você só não encontrou as perguntas certas.*

Eu era tão estúpido, arrogante e inseguro quanto parece no momento que escrevi aquelas palavras em 2014, mas a carta revela uma sabedoria e uma lucidez que eu ainda não tinha posto em prática. Eu *sabia* que havia um caminho melhor pela frente. Só precisava começar a fazer as perguntas certas para encontrá-lo.

Este livro não tem as respostas — você já as tem dentro de você. *Ele vai ajudar você a fazer as perguntas certas.*

Antes de continuar, sente-se e escreva uma carta para o seu futuro eu — para daqui a dez anos, daqui a cinco anos, daqui a três anos, tanto faz. Reflita sobre onde você está agora e onde espera estar ao abrir a carta. Imagine esse futuro com toda a vivacidade.

A carta é o seu verdadeiro norte.

Criar um futuro imaginado está em suas mãos. Você tem as respostas. É hora de começar a fazer as perguntas certas para transformar esse futuro imaginado em realidade.

Riqueza de tempo

6.

A grande questão

Quanto tempo você ainda tem com seus entes queridos?

"Os anos passam tão rápido quanto uma piscadela.
Divirta-se, divirta-se, você tem menos tempo do que imagina."
— GUY LOMBARDO, "Enjoy Yourself (It's Later Than You Think)"

EM MEADOS DE 2019, ALEXIS LOCKHART levava uma vida simples e feliz em Houston, Texas. Mãe de três meninos, de 23, 19 e 11 anos, ela possuía a rara consciência estoica de que o momento que vivia com os filhos era passageiro.

"Desde que eles eram pequenos eu dizia que não se tem filhos por dezoito anos, mas por doze ou treze anos, se você tiver sorte. Depois que eles cruzam essa linha, você se torna motorista, taxista e hoteleira — eles precisam de comida, cama e transporte para eventos com amigos, jogos, atividades escolares e, em breve, empregos e encontros."

Foi essa consciência que levou Alexis a tirar proveito de cada momento do precioso tempo que ela tinha com seus meninos enquanto cresciam. Durante as férias de primavera daquele ano, ela os surpreendeu com uma viagem para esquiar no Colorado, um passeio que ela chamou de "um grande presente", já que seus filhos mais velhos estavam trabalhando ou estudando na época. Ao se lembrar da aventura, Alexis não conteve um sorriso. "Foi uma viagem e tanto. Construímos muitas lembranças."

Algumas semanas depois, seguindo seu mantra de aproveitar cada momento, Lockhart deu uma pequena festa de aniversário para seu filho do meio, Jackson. "Embora ele fosse 'velho demais' para festinhas, fizemos uma comemoração em família com presentes, um bolo de cookies e velas. Nós celebramos *sua existência*." As coisas estavam ótimas. Até que tudo desmoronou.

Em 23 de maio de 2019, o impensável aconteceu: Jackson morreu em um trágico acidente de moto, apenas alguns dias depois de comemorar seu aniversário de 20 anos.

Quando, em abril de 2024, recebi um e-mail de Alexis me contando essa história, fiquei paralisado. Como pai de primeira viagem, nem sequer suportava imaginar a dor que ela sentia com a perda do filho. Conversamos em um momento posterior, e ela me mostrou fotos de seus filhos, então parou em uma foto de Jackson aos 4 anos e deu um largo sorriso. "Não tenho palavras para descrever o quanto ele era feliz quando criança. Ele sempre foi assim."

"Jamais se esqueça", disse ela, "todos que amamos estão em nossa vida por um curto período de tempo. *Eles vão embora em um piscar de olhos.*"

É MAIS TARDE DO QUE VOCÊ IMAGINA

A Pesquisa Americana de Uso de Tempo é uma pesquisa nacional anual que ocorre desde 2003, realizada pelo Departamento de Estatísticas do Trabalho dos Estados Unidos. O objetivo da pesquisa é fornecer informações sobre como as pessoas alocam seu tempo em uma variedade de atividades, incluindo trabalho remunerado, trabalho doméstico, cuidados a terceiros, lazer ativo e passivo, cuidados pessoais e muito mais. É algo único, pois registra respostas em tempo real dos participantes ao longo do dia, o que é o mais próximo possível de um registro de como as pessoas gastam seu tempo — e com quem o gastam — em um dia comum.

Em novembro de 2022, descobri esse conjunto de dados[1] e fui tomado por uma avalanche de emoções.

A descoberta veio no momento certo: meu filho tinha 6 meses, e ser pai provocou grandes mudanças em minha vida. Minha relação com o tempo — para ser mais específico, minha consciência da *passagem do tempo* — havia se transformado de maneira fundamental e passou de uma ignorância ingênua para uma compreensão cheia de ansiedade. Como pai, você aprende a controlar e mensurar o tempo nas semanas e meses da vida dos filhos. Você fica tão acostumado a recitar a idade deles nesses termos que isso se torna algo natural. Esses marcadores criam uma consciência nítida do tempo perdido — dos momentos que *você nunca mais vai ter de volta*.

Para mim, os dados iluminaram ainda mais a dura realidade do caráter efêmero e passageiro do tempo — que a passagem de cada semana e mês nos aproximava do fim de um capítulo da vida ao qual não seríamos capazes de voltar.

Existem janelas específicas — muito mais curtas do que você imagina ou admite — durante as quais certas pessoas e certos relacionamentos ocuparão sua vida. Você pode ter apenas mais um verão com todos os seus irmãos, mais duas viagens com aquele antigo grupo de amigos, mais alguns anos com sua velha e sábia tia, alguns encontros com aquele colega de trabalho a quem ama, ou mais uma longa caminhada com seus pais. Se você não conseguir apreciar ou reconhecer essas janelas, elas logo vão desaparecer.

Aqui estão os seis gráficos dos dados que todos precisam conhecer:

O tempo gasto com seu pai e sua mãe, assim como seus irmãos e suas irmãs, atinge o pico na infância e diminui em níveis drásticos depois que você chega aos 20 anos. Ao sair de casa e construir a própria vida, muitas vezes você não consegue reconhecer que o tempo que resta com sua família é muito limitado. Valorize esses relacionamentos enquanto pode.

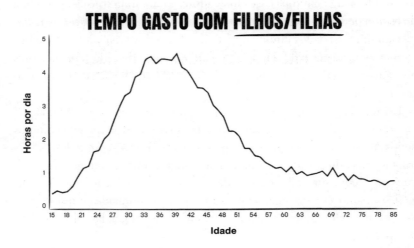

O tempo gasto com seus filhos/suas filhas atinge o pico nos primeiros anos de vida e diminui de maneira acentuada depois disso. Há um período devastadoramente curto no qual você é o mundo inteiro da criança. Não pisque, ou você pode perder esse momento.

O tempo gasto com seus amigos atinge o pico quando você tem 18 anos e depois diminui de maneira acentuada, mudando muito pouco ao longo da vida. Na sua juventude, você passa bastante tempo com muitos mais. Ao chegar na idade adulta, passa um pouco de tempo com alguns mais íntimos. Abrace a variedade das amizades que acompanham a juventude e priorize a profundidade das amizades que devem vir com a idade.

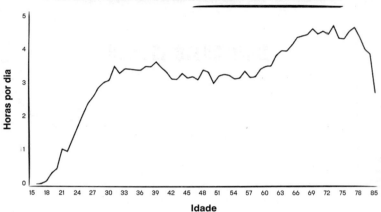

O tempo gasto com o seu parceiro ou sua parceira tende a aumentar até o fim da vida. A pessoa com quem você escolhe enfrentar os altos e baixos da vida terá maior impacto na sua felicidade e realização. Escolha com sabedoria.

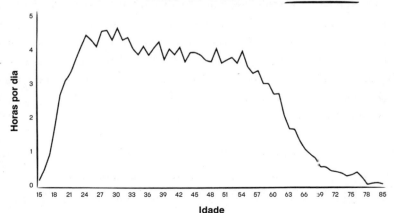

O tempo gasto com colegas de trabalho permanece estável durante os anos que se costuma trabalhar, dos 20 aos 60 anos, e diminui de maneira acentuada a partir de então. O trabalho vai afastá-lo de sua família e entes queridos ao longo de sua vida. Se você tiver o luxo de escolher, certifique-se de escolher um trabalho — assim como os colegas — que você considere significativo e importante. Procure ter colegas que o energizem.

O tempo gasto sozinho aumenta numa constante ao longo de sua vida. Quando você é jovem, tende a encarar o tempo sozinho como um sinal de que não se encaixa no mundo. Você passa a temer o tempo na própria companhia, a temer o tédio. No entanto, você precisa aprender a valorizá-lo. Encontre felicidade e alegria no tempo que você tem consigo mesmo — haverá mais dele à medida que você envelhece.

Aqui estão seis lições importantes para a vida:

1. o tempo com a família é finito — valorize-o;
2. o tempo com filhos/filhas é precioso — esteja presente;
3. o tempo com amigos é limitado — priorize amizades verdadeiras;

4. o tempo com um parceiro/uma parceira é significativo — nunca se acomode;
5. o tempo com colegas de trabalho é grande — encontre energia;
6. o tempo sozinho é abundante — ame a si mesmo.

Não importa sua origem, quantos anos tenha, ou se é rico ou pobre — o tempo é uma verdade universal e um desafio.

Em 2015, o autor Tim Urban fez uma publicação em seu blog intitulada "The Tail End" [A parte final, em tradução livre], na qual enquadrou o tempo no contexto do número limitado de oportunidades que você terá para ver alguém outra vez. Sua conclusão, que é refletida pelas lições dos gráficos da Pesquisa Americana de Uso de Tempo: "Apesar de não estar no fim da vida, você pode muito bem estar chegando ao fim do seu tempo com algumas das pessoas que considera mais importantes."[2]

O escritor e filósofo Sam Harris disse certa vez: "Não importa quantas vezes você faça alguma coisa, vai chegar um dia em que vai fazer pela última vez."[3] Haverá a *última vez* que seus filhos ou suas filhas vão querer que você leia uma história antes de dormir, a *última vez* que você vai fazer uma longa caminhada com seu irmão ou sua irmã, a *última vez* que vai abraçar seu pai e sua mãe em uma reunião de família, a *última vez* que seu amigo vai ligar em busca de apoio.

Quantos momentos você de fato tem com seus entes queridos? É provável que não tantos quanto gostaria. Todos os pequenos instantes, as relações e experiências que tomamos como certas, acabarão sendo o que vamos desejar terem durado mais.

Depois de abraçar essa dura realidade, investir em sua riqueza de tempo significa se valer da **consciência** da impermanência do tempo para *desencadear ações*. É construir o poder de direcionar sua **atenção** para as coisas que de fato importam (e ignorar o restante). É ter **controle** sobre o seu tempo — como, onde e com quem o gasta.

Alexis Lockhart assimilou a realidade do tempo bem antes de sofrer a impensável perda de seu filho. Permita que a sabedoria de Lockhart ilumine seu caminho nessa conclusão, assim como aconteceu comigo:

"Certa vez vi um desafio que dizia: 'É sua hora de brilhar! Você tem o palco, 10 mil pessoas estão esperando que você apareça, e você só pode dizer uma frase. O que você diria?' Minha resposta foi, e ainda é: 'Você tem menos tempo do que imagina.'"

Então encerramos o capítulo como começamos, com a letra daquela comovente canção de Guy Lombardo:

Divirta-se, divirta-se, você tem menos tempo do que imagina.

7.

Uma breve história do tempo

"Vou te contar um segredo. Algo que eles não ensinam em seu templo. Os deuses nos invejam. Eles nos invejam porque somos mortais, porque qualquer instante pode ser o nosso último. Tudo é mais bonito porque estamos condenados. Você nunca será mais bela do que agora. Nós nunca mais estaremos aqui."

— AQUILES, *Troia* (2004)

NA ROMA ANTIGA, CELEBRAÇÕES extravagantes eram oferecidas em comemoração às vitórias militares do império em expansão. O herói militar conquistador fazia um desfile em uma elaborada carruagem de ouro pelas ruas repletas de cidadãos que o adoravam. Esse tratamento especial podia fazer o herói se sentir intocável, até imortal. Consciente da tendência humana a ser vítima do próprio orgulho, os romanos desenvolveram uma solução para mitigar essa sensação de imortalidade: eles colocavam uma pessoa ao lado do herói na carruagem, cuja única responsabilidade era sussurrar um aviso ameaçador ao seu ouvido durante todo o desfile:

Respice post te. Hominem te esse memento. Memento mori!

Tradução: "Olhe para trás. Lembre-se de que você é mortal. Lembre-se de que você vai morrer!"

Um lembrete contínuo e não tão sutil ao herói sobre a própria mortalidade.

O conceito de *memento mori* é um tema básico da filosofia estoica, um lembrete da certeza e da inescapabilidade da morte — da inevitável vitória do tempo sobre o ser humano. Nos últimos anos, a ideia de "memento mori" ganhou um pouco de fama. A abordagem mais forte utiliza um "calendário *memento mori*" para acompanhar a passagem das semanas da vida.

MINHA VIDA EM SEMANAS

52 semanas

10 anos

Assim está o meu calendário de memento mori *no momento da escrita deste livro. Ai!*

O calendário é um grande retângulo composto de pequenos círculos, 52 colunas de largura e 80 fileiras de comprimento. Cada círculo representa uma semana de vida. Cada linha representa um ano. Os usuários preenchem os círculos a cada semana vivida, e o calendário serve como um lembrete gritante do tempo que passou e do tempo (aproximado) que ainda resta.

Pode parecer dramático, até mesmo mórbido, mas não é algo novo. Desde que os seres humanos começaram a habitar o planeta, enfrentamos a natureza do tempo, uma jornada que nos levou da sua adoração à sua mensuração, da sua compreensão ao desejo atual de controlá-lo.

As primeiras sociedades humanas adoravam e respeitavam o fluxo e a passagem do tempo. Nas culturas indianas antigas, acreditava-se que o tempo era um círculo, um fluxo natural e infinito da criação à destruição e ao renascimento. Esse conceito de "roda do tempo" (ou *kalachakra*) é encontrado em várias tradições religiosas, incluindo hinduísmo, jainismo, sikhismo e budismo. As antigas civilizações maias da América do Sul e Central tinham uma perspectiva cíclica do tempo semelhante. Elas acreditavam que o nascer do sol representava a renovação e que a jornada solar através do céu representava o ciclo natural da vida e da morte.

Muitas culturas antigas tinham o medo da passagem do tempo e o desejo de longevidade e infinitude como a base de seus deuses. Os antigos egípcios adoravam o Deus Heh, cujo nome significa "inundação", uma referência ao caos aquático que eles acreditavam preceder a criação de seu mundo. Esse caos era entendido como a natureza infinita, e o mundo que o seguiu seria finito, então Heh era considerado a personificação da eternidade. Na antiga tradição zoroastriana, a divindade Zurvan estava associada a um tempo e espaço infinitos, o criador do mundo e de toda a existência. Acreditava-se que Zurvan controlava o fluxo ordenado do tempo e o ciclo natural de nascimento, crescimento e morte.

Os vikings, conhecidos pela vitalidade física, refletiam com frequência sobre os efeitos devastadores do tempo. Elli era a personificação mítica da velhice. Num famoso conto do folclore viking, o todo-poderoso Thor, deus do trovão, encontra Elli, uma senhora, que o desafia para uma luta livre. Apesar da considerável diferença de força entre os dois, Thor não consegue derrotá-la, o que é considerado um símbolo de que a velhice acabará por triunfar sobre a juventude. Os vikings acreditavam que este era um importante lembrete de que a passagem do tempo acabaria por derrubar todos — mesmo os mais fortes.

À medida que a civilização humana progredia, o relacionamento da humanidade com o tempo passou da adoração para a *mensuração* — concentrado em registrar e gerenciar. Os primeiros relógios conhecidos eram relógios de sol utilizados pelos antigos gregos, romanos e egípcios. Esses instrumentos usavam a posição do sol para lançar uma sombra em uma superfície delimitada e demarcada, indicando a hora do dia. Eles foram seguidos por relógios de água e de areia, que mediam o tempo conforme um desses dois elementos escorria ou pingava de um pequeno buraco por uma extremidade do dispositivo.

Na China do século XI, uma equipe de engenheiros desenvolveu um imponente relógio de água de 12 metros de altura que tinha como força motriz uma queda d'água e um inédito mecanismo de baldes: quando um balde atingia a capacidade máxima, uma alavanca era acionada, e então ele se movia, e a água começava a encher o balde seguinte, o que garantia uma medição de tempo razoavelmente precisa.

Um grande avanço na tecnologia do relógio ocorreu em 1927, quando Warren Marrison, um engenheiro canadense, inventou o relógio de quartzo. O dispositivo utiliza as vibrações precisas de um cristal de quartzo submetido a uma corrente elétrica para registrar e mensurar o tempo e continua sendo o tipo mais comum de relógio, mais de cem anos depois. O relógio atômico é o avanço mais recente na tecnologia do ramo — ele utiliza as vibrações dos átomos para medir o tempo. Os relógios atômicos são precisos a ponto de não atrasar ou adiantar um único segundo em mais de 10 bilhões de anos.

À medida que nossa capacidade de mensurar o tempo avançava, desenvolvia-se um impulso científico para *compreender* o tempo. Sir Isaac Newton foi o principal defensor de uma perspectiva absoluta e universal do tempo. Ele acreditava que o tempo existia independentemente de qualquer observador, que era fixo e imutável em todo o universo, fluindo de maneira uniforme, e só podendo ser compreendido por meio da matemática. A visão absoluta de Newton sobre o tempo — agora conhecida como "tempo newtoniano" — foi central para a formulação das leis do movimento e da gravitação universal e permaneceu em grande parte sem contestação até o surgimento, no início do século XX, de Albert Einstein, um físico teórico alemão.

Einstein contestou a noção de tempo absoluto e propôs o conceito de espaço-tempo. A ideia é que *o espaço e o tempo* estão intimamente ligados, o que significa que o tempo é experienciado de maneiras diferentes por diversos observadores com base no seu movimento relativo e sua posição. A inovadora teoria da relatividade de Einstein implica que o tempo pode se mover mais devagar para uma pessoa que está em movimento em relação a um observador fixo. Dito de outra forma, se você embarcasse em uma espaçonave, viajasse num ritmo próximo ao da velocidade da luz e depois retornasse à Terra, teria envelhecido menos do que qualquer pessoa que permaneceu por aqui. Essa teoria ganhou vida na ópera espacial *Interestelar*, de Christopher Nolan, no qual o personagem de Matthew McConaughey retorna de sua viagem espacial e enfrenta a chocante realidade de que está muito mais jovem que sua filha.

Nossa jornada, que vai da adoração à mensuração e compreensão do tempo, nos traz ao presente e ao nosso desejo de controle sobre ele. Os seres humanos estão vivendo mais do que nunca: a expectativa média de vida em todo o mundo aumentou numa constante nos últimos duzentos anos.[4]

Temos tecnologia e ferramentas, de máquinas a computadores e IA, que nos tornam mais eficientes do que nunca com esse tempo. Contudo, apesar de todo esse progresso — temos mais tempo e grande habilidade para fazer uso produtivo dele —, o controle que buscamos segue escapando de nossas mãos.

Para entender esse desafio moderno e peculiar e chegar a uma solução recorremos a uma fonte improvável: um dos romances de fantasia infantil mais famosos da história.

CORRER MAIS DEPRESSA PARA FICAR NO MESMO LUGAR

Em *Alice através do espelho*, a sequência sombria e assustadora de *Alice no País das Maravilhas*, a cena em que Alice corre com a Rainha de Copas traz uma metáfora importante para a nossa luta contra o tempo:

Tudo o que ela lembra é que estavam correndo de mãos dadas, e a Rainha corria tão depressa que tudo o que ela podia fazer era acompanhá-la: e ainda assim a Rainha continuava gritando "Mais rápido! Mais rápido!"... O mais curioso era que as árvores e as outras coisas ao seu redor nunca saíam do lugar: por mais rápido que fossem, elas nunca pareciam passar por nada.

Quando Alice questiona a Rainha de Copas sobre o motivo de não avançarem, o que parecia desafiar as leis da física, as duas têm uma conversa curta, mas impactante:

> "Bem, em *nosso* país", disse Alice, ainda um pouco ofegante, "geralmente você chegaria a algum outro lugar — se corresse muito rápido por muito tempo, como estamos fazendo."
> "Que país lento!", disse a rainha. "Mas *aqui*, veja bem, é preciso correr o máximo que *você* puder, para seguir no mesmo lugar. Se você quiser chegar a outro lugar, deve correr pelo menos duas vezes mais rápido do que isso!"

O Efeito Rainha de Copas diz que precisamos correr apenas para conseguir permanecer no mesmo lugar e que devemos correr ainda mais rápido se quisermos progredir. O termo foi apresentado pelo biólogo norte-americano Leigh Van Valen em 1973, quando formulou a hipótese para a biologia evolutiva de que uma espécie deve evoluir se quiser sobreviver. Se não conseguir evoluir mais depressa que seus predadores, concorrentes ou seu ambiente, ela "ficará para trás", sem conseguir desenvolver as características necessárias para sobreviver e prosperar, e acabará sendo extinta. Embora a aplicação na biologia evolutiva seja interessante, a aplicação do Efeito Rainha de Copas à nossa vida e carreira moderna com certeza é mais relevante para este livro (e para a sua vida).

Se você está nesta leitura, é provável que seja vítima do paradoxo da Rainha de Copas — correndo cada vez mais rápido apenas para seguir no mesmo lugar.

Tenha certeza, você não está sozinho.

Durante meu processo de pesquisa, ouvi centenas de histórias de pessoas reais que sentem o mesmo:

- Um banqueiro de investimentos de 40 e poucos anos que passa a maior parte do tempo voando para visitar seus clientes e ainda conseguir novos. O estilo de vida que era emocionante na casa dos 20 e 30 anos cobrou seu preço aos 40. "Não me lembro da última vez que me senti *adiantado* — toda manhã, acordo e sinto como se já tivesse ficado para trás e precisasse correr para recuperar o atraso."

- Uma gerente de marketing de 30 e poucos anos cujo sonho de adolescente era morar em Nova York. Agora que está lá, ela não suporta a correria constante. Descreve sua vida como um jogo de Ping Pong: se debate entre e-mails, reuniões e jantares de trabalho e quase nunca encontra tempo para si mesma. Ela sempre responde "Ocupada" quando as pessoas perguntam como ela está e não vê luz no fim do túnel: "Até meus chefes têm dificuldade para encontrar tempo para viver."

- Uma estudante de medicina de 20 e poucos anos que se vê sobrecarregada por constantes provas e entrevistas de residência. "Meu pai e minha mãe queriam que eu fosse médica, e eu pensei que era o que eu queria também, mas, se isso é um sinal do que está por vir, estou repensando."

- Uma mulher de 40 e poucos anos, mãe de duas crianças, que antes foi executiva na indústria editorial de revistas, mas decidiu dar uma pausa na carreira para criar os dois filhos pequenos. Embora considere a maternidade profundamente gratificante, ela também a descreve como interminável: "Entre as refeições, as atividades, a limpeza e a hora de dormir, estou sempre atrasada."

- Um personal trainer próximo dos 40 anos, aspirante a criador de conteúdo, que gosta de ajudar as pessoas, mas não consegue ver um caminho para ampliar seu alcance, dada a natureza rígida de sua agenda e seus compromissos. "Estou me sentindo preso, como se meu tempo me deixasse afundando num rio com uma camisa de força, mas sem que eu tenha a magia de Houdini para me libertar."

Há uma conhecida história com o seguinte preceito: quando uma gazela acorda pela manhã, ela sabe que deve correr mais que o leão ou será morta, e quando um leão acorda pela manhã, ele sabe que deve correr mais que a gazela ou morrerá de fome. Então, seja você a gazela ou o leão, quando a manhã chegar, é melhor começar a correr. Você com certeza está correndo, mas, assim como Alice e a Rainha de Copas, não está evidente se você está mesmo chegando a algum lugar.

No último mês, quantas vezes você disse alguma variação de "Ocupado!" para responder como estava? Aposto que muitas vezes, é provável que mais do que você gostaria de admitir. O problema: você quer assumir o controle, mas com um placar antigo totalmente focado na riqueza financeira como medida do seu valor; se está em um estado diferente de "Ocupado!", você será considerado um fracasso. A sociedade garante que não há problema em sentir falta de tempo, desde que isso seja resultado da busca por mais dinheiro. Estar *ocupado* se tornou o padrão, parte realidade e parte símbolo de um status quase distópico. Aquela mão invisível aumenta a velocidade da sua esteira.

Por mais irônico que seja, estar tão ocupado, e a dispersão na atenção provocada por isso, é a razão da falta de controle sobre o seu tempo — é a *causa* dessa batalha moderna.

Sua atenção está mais dividida do que nunca. Mesmo enquanto você lê estas palavras sobre a importância da atenção, é provável que esteja com vontade de pegar o celular. O conceito de "resíduo de atenção" foi cunhado pela professora de administração da Universidade de Washington, Sophie Leroy, em 2009. No seu artigo original, a dra. Leroy define resíduo de atenção como "a persistência da atividade cognitiva sobre uma Tarefa A, mesmo que a pessoa tenha parado de trabalhar na Tarefa A e começado a Tarefa B".[5] Em outras palavras, há um custo cognitivo para mudar sua atenção de uma tarefa para outra. Quando sua atenção é desviada, há um resíduo dela que permanece na tarefa anterior e prejudica seu desempenho cognitivo na nova tarefa. Você pode pensar que sua atenção se voltou por completo à nova tarefa, mas seu cérebro está atrasado. Esse atraso se tornou ainda mais importante no mundo digital, em que você carrega (e usa) diversos dispositivos e diversas ferramentas que chamam sua atenção a todo momento com notificações, bipes e luzes.

É fácil encontrar exemplos desse efeito em sua vida:

- você tem reuniões seguidas e ainda está com a cabeça na reunião anterior durante a atual;
- você vai de uma atividade do seu filho para a outra, mas não consegue se lembrar exatamente de como chegou lá;
- uma notificação de e-mail aparece e atrapalha sua concentração na tarefa atual;
- você verifica seu telefone embaixo da mesa durante uma aula e não consegue voltar a se concentrar no professor;
- você está no meio de uma conversa com um amigo ou parceiro, mas sua mente está no e-mail de trabalho que acabou de receber, e não no que a outra pessoa está dizendo.

Pelos resultados da pesquisa, parece que não importa se a alternância entre as tarefas for macro (passar de uma tarefa importante para a próxima) ou micro (passar de uma tarefa importante para uma verificação rápida em uma tarefa mais simples). Parar para verificar seu e-mail ou suas mensagens é tão ruim quanto pular de um grande projeto para outro. O autor best-seller Cal Newport tem um ótimo argumento quando fala sobre a propensão cultural a "só dar uma olhadinha" nas notificações por telefone ou e-mail: "Se, como a maioria das pessoas, você quase nunca passa de dez a quinze minutos sem 'dar uma conferidinha', você se coloca efetivamente em um estado autoimposto e persistente de desvantagem cognitiva. O outro lado da moeda, lógico, seria imaginar o aprimoramento cognitivo que ocorreria ao minimizar esse efeito."[6]

As consequências desse conflito moderno — ocupação perpétua, alertas digitais e atenção dispersa — são terríveis. No livro *Time Smart*, Ashley Whillans, pesquisadora e professora da Harvard Business School, observa os elevados custos da escassez de tempo para o indivíduo "Nos dados que outros [pesquisadores] e eu reunimos, mostra-se uma correlação entre a escassez de tempo e a infelicidade. Pessoas com pouco tempo são menos felizes, menos produtivas e mais estressadas. Elas se exercitam menos, comem alimentos mais gordurosos e têm maior incidência de doenças cardiovasculares."

Em uma pesquisa de 2009, 75% dos pais e das mães britânicos afirmaram estar ocupados demais para ler histórias para seus filhos e suas filhas antes de dormir.[7] De acordo com um relatório de 2021 da plataforma de e-mail Superhuman, 82% dos trabalhadores em áreas do conhecimento verificam os e-mails nos primeiros trinta minutos ao acordar, e 39% verificam nos primeiros 5.[8] Já no caso dos executivos dos Estados Unidos, 84% já cancelaram férias para trabalhar.[9] Surpreendentes 80% dos profissionais afirmam que simplesmente não têm tempo para fazer tudo o que querem.[10] Enquanto as crianças das gerações anteriores eram incentivadas a explorar a curiosidade, as da geração atual são orientadas a preencher currículos com todas as atividades extracurriculares possíveis e horas de serviço comunitário forjadas, tudo na esperança de ter alguma vantagem em relação às demais.

Você tem mais tempo do que seus ancestrais, mas menos controle sobre como você o gasta. Você tem mais tempo, mas de alguma forma tem menos disponível para as coisas que de fato importam.

Precisamos correr o máximo possível para continuarmos no mesmo lugar.

Você está correndo mais depressa e há muito tempo, mas não está chegando a lugar algum — pelo menos em nenhum que valha a pena chegar. No entanto, há uma solução.

De uma perspectiva científica, a teoria de Albert Einstein de que o tempo é relativo foi algo revolucionário, mas, de uma perspectiva filosófica, a noção de que *nem todo o tempo é igual* existe há milhares de anos. Os gregos antigos tinham duas palavras diferentes para o tempo: *chronos* e *kairos*. *Chronos* se refere ao tempo sequencial e quantitativo, a sequência natural e o fluxo de partes iguais do tempo. *Kairos* se refere a um tempo qualitativo mais flutuante, a ideia de que certos momentos são mais importantes que outros, que nem todo o tempo é o mesmo. *Kairos* dá vida à noção de que o tempo faz mais do que simplesmente passar e fluir, que possui substância, textura e peso, mas apenas se formos perceptivos o suficiente para reconhecer (e aproveitá-lo). *Kairos* sugere que momentos específicos têm propriedades únicas, que a ação correta no momento certo pode criar resultados e crescimento superlativos.

Trata-se do caso em questão: pelos gráficos do capítulo anterior, fica evidente que nem todos os tempos são iguais. Existem janelas e momentos de particular importância — o tempo *kairos* — em que a energia pode ser investida com o maior retorno possível.

Esse insight é a base para a solução desse conflito: identifique os momentos cujo tempo traz maior proveito e direcione sua atenção para eles.

Você não precisa se sentir atrasado. Pode estar adiantado. É hora de parar de correr mais depressa e começar a correr com *mais inteligência*.

8.

Os três pilares da riqueza de tempo

DAVE PROUT É UM EXECUTIVO experiente da indústria de videogames com mais de vinte anos de carreira. Ele concebeu, projetou, desenvolveu e lançou alguns dos jogos mais populares do mundo, como *Call of Duty*, *Halo* e *Medal of Honor*. Ele nasceu e foi criado em Seattle, estado de Washington, mas, como muita gente, saiu de casa aos 18 anos e nunca mais voltou. Prout construiu uma vida em Austin, Texas, uma cidade que ele passou a amar por seu tamanho e pelo custo de vida mais baixo, o que tornou possível para ele criar seus quatro filhos da maneira que desejava.

Seus pais haviam ficado em Seattle e, dado os vários compromissos, Dave me disse que os via apenas duas vezes por ano. Sua mãe havia sido diagnosticada com câncer em 2020, mas ele e o restante da família presumiram que ela ficaria bem com a qualidade do atendimento que receberia. Em meados de 2022, os tratamentos já haviam colocado o câncer em remissão várias vezes, mas a doença sempre retornava.

Em maio de 2022, momento em que sua mãe passava por outra rodada de tratamento em Seattle, Dave estava no X, o antigo Twitter, quando deparou com uma postagem minha:

"Ligue para seus pais com mais frequência — eles não estarão por perto para sempre. Quando você é jovem e arrogante, a morte é um conceito teórico. Entenda que as pessoas que você ama não vão estar presentes para sempre. Se seus pais têm 60 anos e você os visita uma vez por ano, você só vai vê-los mais vinte vezes."

Ao ler aquilo, Dave pensou: *Cara, me pergunto qual seria esse número de vezes no meu caso.* Ao se dar conta da natureza finita do tempo que lhe restava, ainda mais devido a mais recente recorrência do câncer de sua mãe, ele decidiu que precisava fazer uma mudança.

"Comecei a viajar para ver meu pai e minha mãe a cada seis semanas durante o restante daquele ano. Fiz várias visitas em 2022 que não teriam acontecido se eu não tivesse visto a postagem."

Infelizmente, em janeiro de 2023, uma equipe de médicos informou à família que não havia mais nada a ser feito pela mãe de Dave. Em vez de fazer a transição para cuidados paliativos, ela voltou para a sua casa de infância para aproveitar o tempo que lhe restava. Dave aumentou a frequência das visitas à medida que a família se revezava no cuidado de sua mãe e no apoio ao seu pai até o fim.

Em 28 de maio de 2023, a mãe de Dave Prout faleceu de maneira pacífica em casa. De modo trágico e lindo, a data era o aniversário de casamento dos pais de Dave. Algumas horas depois do falecimento, Dave fez uma longa caminhada para processar sua tristeza. "Notei que era um lindo dia de primavera. Fiquei tão grato por ela ter conseguido morrer como queria, em sua casa, com toda a família lá e com um clima tão bonito. Foi, em certo sentido, perfeito."

Mais tarde naquele dia, compartilhando a triste notícia em sua rede social, Prout fez referência a minha postagem de maio de 2022 enquanto refletia sobre o tempo que *teve* com a mãe por ter aumentado a frequência de suas visitas:

"Graças a essa postagem, comecei a visitar meus pais com maior frequência no ano passado... Minha mãe faleceu esta manhã. Graças a isso, visitei minha mãe e meu pai pelo menos o dobro das vezes que visitaria. É provável que umas dez visitas no total. Por causa disso, agora tenho muitas lembranças da minha mãe, não apenas as difíceis das últimas semanas, enquanto ela piorava."

Essa história serve como uma introdução perfeita aos três principais pilares da riqueza de tempo:

- CONSCIÊNCIA: a compreensão da natureza finita e impermanente do tempo.

- ATENÇÃO: a capacidade de direcionar sua atenção e focar as coisas que importam (e ignorar o restante).
- CONTROLE: a liberdade de ser dono do seu tempo e escolher como gastá-lo.

Os três pilares da riqueza de tempo — consciência, atenção e controle — são individualmente importantes, mas é melhor considerá-los como uma progressão: consciência primeiro, atenção depois e controle por último. Cada pilar se baseia e é um subproduto da fundação estabelecida pelos outros. Da consciência (desenvolvendo uma compreensão do tempo fugaz que nos resta) à atenção (limitando seu foco para se concentrar nas coisas que de fato importam) e ao controle (alocando o tempo de acordo com suas metas e seus valores), Dave Prout cultivou sua riqueza de tempo — e você pode fazer o mesmo.

À medida que você mensura sua riqueza de tempo, os três pilares oferecem um planejamento que indica a ação correta para sua construção. Ao desenvolver uma compreensão desses pilares e dos sistemas de alta alavancagem que os afetam, você pode começar a alcançar os resultados certos.

CONSCIÊNCIA: O TEMPO COMO SEU BEM MAIS PRECIOSO

A consciência é caracterizada pela compreensão e apreciação da natureza impermanente e preciosa do tempo — do seu valor tangível e sua importância como um ativo. Graham Duncan, investidor e cofundador da East Rock Capital, cunhou o termo "bilionário de tempo" para se referir a alguém com mais de 1 bilhão de segundos restantes na vida. Referindo-se ao conceito em um episódio do podcast *The Tim Ferriss Show*, em 2019, ele disse: "Nossa sociedade é tão obcecada por dinheiro. E nós idolatramos tanto os bilionários... E eu estava pensando nos bilionários de tempo, quando vejo jovens de 20 anos — o pensamento que tive foi que é provável que eles ainda tenham 2 bilhões de segundos restantes. Mas eles não se consideram bilionários de tempo."

Quando se é jovem, se é um bilionário — literalmente rico em tempo. Aos 20 anos, é provável que você tenha cerca de 2 bilhões de segundos restantes (supondo que você viva até os 80). Aos 50, resta apenas 1 bilhão de segundos.

Quando perguntei a Duncan o que provocou sua reflexão por trás daquele termo, ele respondeu que a ideia veio à sua mente por meio das centenas de entrevistas que ele havia conduzido com jovens analistas que se candidataram a vagas na sua empresa ao longo dos anos. "Me impressionava como todos eles tinham esse pressuposto de que, se pudessem ganhar 1 bilhão de dólares, seriam felizes. Eu costumava supor o mesmo. Mas então compreendi que, se você perguntasse a Warren Buffett se ele trocaria 1 bilhão de dólares por 1 bilhão de segundos, ele escolheria o tempo, e não o dinheiro."

Você trocaria de vida com Warren Buffett? Ele tem um patrimônio líquido de aproximadamente 130 bilhões de dólares, acesso a qualquer pessoa no mundo e passa seus dias lendo e aprendendo. Tudo isso parece ótimo, e ainda assim aposto que poucos de vocês concordariam em trocar de vida com ele.

Por que não? Warren Buffett está, enquanto escrevo este livro, com 94 anos. Não importa quanto dinheiro, quanta fama ou quanto acesso ele tenha — é provável que você não concordaria em trocar o seu tempo restante pelo dele. Em contrapartida, como Graham Duncan apontou, há uma boa chance de Buffett trocar *todo o dinheiro que tem* pelo *tempo que você ainda tem*.

Isso traz à tona um paradoxo — que chamo de "paradoxo do tempo": você reconhece inconscientemente o imenso valor do seu tempo, mas, com frequência, toma decisões que desconsideram esse valor. Em *Sobre a brevidade da vida*, Sêneca escreveu: "Não nos é dada uma vida curta, mas a tornamos curta, e não somos mal abastecidos dela, mas a desperdiçamos." Você sabe quão importante é o seu tempo, mas ignora sua passagem e se dedica a coisas insignificantes que o afastam do que de fato importa.

O objetivo é dar destaque à consciência da natureza preciosa do tempo que tem. Sem essa consciência, você nunca valorizará o tempo o suficiente, até que, de uma hora para outra, no fim de tudo, ele será a única coisa que você vai valorizar.

Um reconhecimento consciente é um primeiro passo necessário, mas consciência sem atenção não é suficiente. Se você deseja mudar sua vida, deve mudar sua atenção.

ATENÇÃO: DESBLOQUEANDO AS SAÍDAS ASSIMÉTRICAS

Em 1666, quando a peste bubônica devastou Londres e as cidades vizinhas e forçou as universidades a fechar suas portas e mandar os estudantes para casa, um jovem de 23 anos no Trinity College, na Universidade de Cambridge, fugiu para sua pequena vila a 80 quilômetros de distância. Assim como nos primeiros meses de nossa pandemia de covid-19, os jovens estudantes foram forçados por circunstâncias infelizes a dar uma pausa na vida e ficar em confinamento.

Contudo, em vez de sofrer isolado, esse jovem brilhante em particular resistiu à restrição forçada e passou o ano em um estado contínuo de fluxo criativo e intelectual. Apesar da ausência de requisitos educacionais formais, ele mergulhou em seus livros, estudos e experimentos e se dedicou às suas curiosidades com intenso foco e fervor.

Durante o único ano de seu confinamento, o jovem estudante fez descobertas inovadoras em áreas da ciência e da matemática, entre elas:

- o desenvolvimento dos princípios iniciais do cálculo;
- a formulação da lei da gravitação universal;
- a definição das três leis fundamentais do movimento;
- o estabelecimento das bases para a compreensão do comportamento da luz;
- a projeção de um telescópio refletor.

Aquele jovem estudante era Isaac Newton, e 1666 ficou conhecido como seu *annus mirabilis* [em português, ano milagroso], uma referência à amplitude e profundidade de sua produção durante um período tão curto. Em um único ano, ele foi responsável pela produção de várias vidas incríveis.

Atenção é definida como o estado ou o ato de aplicar algo à sua mente. Essa aplicação de energia mental é a forma como fazemos progresso. Sua escolha de como e quando direcionar sua atenção limitada determina a qualidade de seus resultados.

O clímax na cena final do clássico filme de animação da Pixar *Toy Story* oferece uma analogia útil para dar vida a essa ideia.

Os protagonistas, Woody e Buzz Lightyear, estão tentando acender um pequeno foguete para levá-los de volta à segurança, mas o fósforo se apaga. Woody olha para o sol e tem uma ideia: ele agarra Buzz, coloca seu capacete de vidro em um ângulo em direção ao céu — criando uma lupa improvisada — e direciona o feixe concentrado da energia solar para acionar o foguete. As chamas explodem, e os dois são lançados em direção a um final feliz para a aventura épica.

Embora o filme tenha sido destinado a crianças, o insight por trás dele é importante: a energia concentrada do sol através da lupa improvisada no capacete era muito mais poderosa que sua energia dispersa e sem concentração.

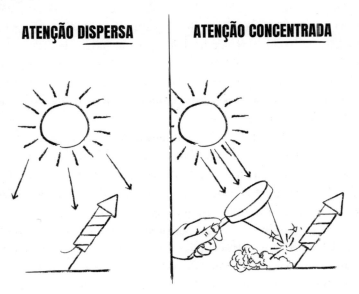

O mesmo insight se aplica a sua atenção: a atenção concentrada é significativamente mais poderosa do que a dispersa.

Os resultados dependem da atenção. A atenção dispersa leva a resultados aleatórios e comuns; a atenção concentrada leva a resultados focados e extraordinários. Vemos um exemplo perfeito na história do jovem Isaac Newton: a atenção profunda, intensa e deliberada, aplicada em uma janela de tempo curta e única (um ambiente livre de distrações, confinado por conta da peste), gerou resultados surpreendentes.

Em ambiente médio, as saídas (output) são condicionadas pelas entradas (input): uma unidade de entrada cria uma unidade de saída. Se quiser criar duas unidades de produção, você vai precisar providenciar duas unidades de insumos. Esse relacionamento fixo mantém você ocupado, disperso e preso — ao mesmo tempo que corre cada vez mais rápido, nunca atinge as dez ou cem unidades de produção que o levariam a algum lugar.

Seguindo com nossa analogia do filme *Toy Story*, o sol pode brilhar durante horas sobre o fusível de ignição do foguete, mas nunca o acenderá. A relação fixa entre a unidade de entrada do sol e a unidade correspondente de saída de calor no dispositivo de ignição é insuficiente para criar o estado final desejado. A lupa muda o jogo: ela concentra a energia do sol, de modo que a mesma unidade de entrada cria cem unidades de saída de calor na ignição. Aquela relação fixa é quebrada e desbloqueia uma saída assimétrica, atingindo o estado final desejado (acender a ignição).

Sir Isaac Newton, Lionel Messi e Warren Buffett se tornaram famosos por dirigir sua atenção a um número limitado de momentos e oportunidades e assim criar de forma consistente mais de mil unidades de saída para cada unidade de entrada.

No contexto da sua vida, a atenção concentrada é o foco dedicado e profundo aos projetos, às oportunidades, às pessoas e aos momentos de alta alavancagem que de fato importam. A atenção é o que lhe permite avançar, parar de correr mais rápido (gastar mais unidades de entrada) e começar a correr de forma mais inteligente (mais saída para cada unidade de entrada). Isso requer a seleção e a rejeição apropriada de projetos — dizer sim a alguns elementos que tragam grande alavancagem, e não a todo o restante.

A atenção precisa ser direcionada, gerenciada e aproveitada.

À medida que a atenção é aplicada de maneira eficiente e eficaz nos principais momentos ou oportunidades decisivas — o tempo *kairos* —, você quebra a relação fixa entre entradas e saídas em sua vida; aplica a

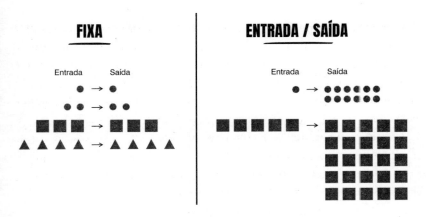

mesma entrada, mas gera mais saída em níveis significativos — a mesma quantidade de esforço produz resultados drasticamente superiores. Com essa mudança fundamental, o tempo se transforma de um ativo fixo que você deve *aceitar* em um ativo dinâmico que você pode *produzir*.
O tempo entra no seu âmbito de controle.

CONTROLE: A META FINAL

Cassie Holmes, professora de marketing e de tomada de decisões comportamentais na UCLA Anderson School of Management e autora do livro *Horas mais felizes*, fez uma extensa pesquisa sobre o impacto do tempo livre na felicidade. Num artigo de 2021, no *Journal of Personality and Social Psychology*, em que se revisou dois conjuntos de dados em grande escala de 35.375 norte-americanos, a dra. Holmes e seus coautores descobriram que a relação entre tempo livre e felicidade segue uma forma de U invertido — o que significa que ter muito pouco tempo livre ou tempo livre demais levam à infelicidade.

A lição: cada um de nós tem um nível ideal de tempo livre, uma quantidade que é *perfeita*.

Ter controle coloca você no comando para identificar esse nível e viver alinhado a ele. O controle é o estado final desejado — a capacidade de escolher o que e quando fazer. Você é dono do seu tempo e toma as próprias decisões sobre como alocá-lo. Sem controle, seu tempo não é seu. Outras pessoas são donas do seu tempo, seja de maneira literal, seja figurada. Você *gasta o tempo* — o tempo lhe é dado junto de um conjunto específico de instruções a serem seguidas. O controle transforma você em um *criador de tempo* — você dita o tempo que tem e como vai alocá-lo. A consciência e a atenção criam as condições para mudar a sua postura de *gastador* para *criador*.

Considere um exemplo de como isso funciona:

- Antes, para criar dez unidades de saída (o resultado necessário para cumprir com suas responsabilidades), era preciso aplicar dez unidades de entrada (uma proporção de 1:1).

- Com mais consciência e atenção direcionada aos projetos mais importantes, oportunidades e momentos de alta alavancagem, vamos supor que as dez unidades de saída possam ser criadas com apenas cinco unidades de entrada (uma proporção de 2:1).

- Com essa proporção aprimorada, as cinco unidades restantes de entrada não utilizadas representam tempo criado que pode ser alocado livremente de acordo com seus valores e objetivos. Você pode usar esse tempo para buscar mais resultados profissionais ou alocá-lo em uma área diferente. Você está no controle.

A liberdade de alocar o tempo de acordo com suas preferências — para escolher como, onde e com quem gastá-lo — é o objetivo final. Esse é o estado final desejado, em que há um verdadeiro controle sobre o seu tempo.

Com a compreensão desses três pilares da riqueza de tempo, podemos passar para o guia da riqueza de tempo, que vai fornecer as ferramentas e os sistemas específicos para construir a partir desses pilares e cultivar uma vida de abundância.

9.

O guia da riqueza de tempo

Sistemas para o sucesso

O GUIA DA RIQUEZA DE TEMPO a seguir oferece sistemas específicos e de alta alavancagem para erguer cada um dos pilares da riqueza de tempo. Tais modelos são sustentados por pesquisas objetivas e são testados na vida real por mim mesmo, que compartilho minha experiência o tempo todo. Não se trata de um modelo único para todas as pessoas, e você não deve se sentir obrigado a ler cada um deles. Folheie e selecione aqueles que parecem mais relevantes e úteis para você. Todos começam em um ponto de partida diferente, e os guias ao fim de cada seção devem permitir que você "crie a própria aventura" à medida que avança na leitura.

Ao avaliar e executar os sistemas para o sucesso trazidos pelo guia, utilize suas respostas para cada declaração no teste do Placar da Riqueza para concentrar seu foco nas áreas em que você precisa fazer progresso (aquelas em que respondeu *discordo totalmente*, *discordo* ou *neutro*).

1. Tenho uma profunda consciência da natureza finita e impermanente do meu tempo e de sua importância como meu ativo mais precioso.
2. Compreendo quais são as duas a três principais prioridades da minha vida pessoal e profissional.
3. Sou capaz de direcionar a atenção e me concentrar nas prioridades que identifiquei.

4. Quase nunca me sinto muito ocupado ou disperso para dedicar tempo às minhas maiores prioridades.
5. Estou no controle da minha agenda e das minhas prioridades.

Algumas antimetas mais comuns para evitar em sua jornada pela riqueza de tempo:

- gastar muito do meu tempo em atividades insignificantes e que drenam energia;
- estar ocupado a ponto de não conseguir priorizar o tempo com as pessoas que de fato importam;
- perder a espontaneidade em minha vida enquanto vou atrás das minhas prioridades.

Aqui estão doze sistemas comprovados para construir sua riqueza de tempo.

1. Riqueza de tempo: reinicialização total | Consciência	93
2. O calendário de energia | Consciência e atenção	95
3. O exercício das duas listas | Consciência e atenção	97
4. A Matriz de Eisenhower | Consciência e atenção	102
5. O sistema de lista de tarefas em fichas | Atenção	105
6. A Lei de Parkinson | Atenção	107
7. O sistema antiprocrastinação | Atenção	109
8. A sequência de inicialização para o estado de flow | Atenção	113
9. Delegar de forma eficiente | Atenção e controle	116
10. A arte do "não" | Controle	119
11. Os quatro tipos de tempo profissional | Controle	121
12. Os criadores de energia | Controle	128

Riqueza de tempo: reinicialização total

Pilar: consciência

Minha vida mudou quando confrontei a realidade matemática da quantidade de tempo que me restava com as pessoas que mais amava. Foi uma reinicialização total para a minha vida — uma intervenção desafiadora em termos emocionais, mas necessária, que me trouxe uma nova consciência e novas prioridades.

Eu quero que você encare a mesma realidade, completando este exercício simples:

Comece por escrever o nome de um amigo ou membro da família que você ama profundamente, mas não vê o suficiente. Estime o número de vezes por ano que vê essa pessoa. Escreva esse número.

A seguir, anote sua idade e a idade da outra pessoa. Subtraia a idade da pessoa mais velha por oitenta.* Esse é o número aproximado de anos que lhe restam com essa pessoa.

Agora, faça algumas contas básicas: multiplique o número de vezes que você vê essa pessoa por ano pelo número de anos que resta com ela. Com uma matemática terrivelmente simples, você determinou o número de vezes que verá seu ente querido antes do fim.

Aqui está um exemplo da matemática que enfrentei em minha reinicialização em 2021:

- Eu via meu pai cerca de uma vez por ano, enquanto morávamos a 5 mil quilômetros de distância.
- Ele tinha 65 anos na época. Subtraindo isso de oitenta, obtive quinze.
- Multiplicando quinze pelo número de vezes que o via por ano, concluí que o veria mais quinze vezes antes de ele partir.

---

*Nota: 80 anos é uma estimativa aproximada da expectativa de vida de um adulto. Se você ou a outra pessoa tiver mais de 80 anos ou caso se sinta otimista, use cem como número de referência.

RIQUEZA DE TEMPO:
REINICIALIZAÇÃO TOTAL

Nome de amigo ou membro da família: *Pai*
Número de vezes que se encontram por ano: *1*

Sua idade: *33*

Idade do amigo ou membro da família: *65*

Subtraia a idade do idoso de 80

80
−65

Anos restantes: *15*
Número de vezes que se encontram por ano: *× 1*

(15)

Número de vezes que você vai encontrar seu ente querido antes do fim

É importante ressaltar que nem todos esses números são fixos — alguns estão sob seu controle. Quando minha esposa e eu nos mudamos para o outro lado do país para ficar mais perto dos nossos pais após essa reinicialização total, o número de vezes que eu ainda veria meu pai antes do fim aumentou de quinze para centenas de vezes.

Uma ação — mudar de cidade — literalmente criou mais tempo com nossos entes queridos. Foi um movimento drástico, mas necessário, em nossa vida. As mudanças que você faz podem não demandar níveis tão significativos. Algumas pessoas precisam entender essa matemática para priorizar datas regulares de almoço com seus amigos, mais caminhadas com seus irmãos e suas irmãs ou reuniões anuais com a família. O argumento é simples: depois de entender esse cálculo, você vai se inspirar a dedicar *mais tempo* àqueles que ama.

Repita o exercício para tantos entes queridos quanto achar melhor. Ele vai servir como sua reinicialização total — uma intervenção que vai desencadear uma nova consciência e novas prioridades.

Como definir sua base de referência: o calendário de energia

Pilares: consciência e atenção

Antes de entrar na fase da atenção, você precisa desenvolver a consciência de como está gastando seu tempo em relação a como deveria gastá-lo. Existem dois problemas desafiadores aqui:

1. definir uma base de referência de como você está gastando seu tempo;
2. identificar o que deve ser priorizado, delegado ou excluído em uma agenda cheia de compromissos.

Para resolver esses problemas, utilize o calendário de energia.

Durante uma semana, ao fim de cada dia, confira seu calendário e utilize cores para cada acontecimento do dia que acabou de terminar:

- VERDE: criadores de energia — essas atividades deixam você reenergizado.
- AMARELO: neutro — essas atividades o deixam indiferente.
- VERMELHO: drenos de energia — essas atividades fazem você se sentir esgotado.

Evite pensar demais nas cores: confie em seu instinto sobre como você se sentiu após cada atividade.

Ao fim da semana, olhe para o seu calendário e faça algumas perguntas a si mesmo:

1. Quais são as atividades mais comuns para criação de energia (verde)?
2. Quais são as atividades neutras (amarelo) mais comuns?

3. Quais são as atividades mais comuns que drenam sua energia (vermelho)?

Com base nas respostas, você pode formular um plano de ação para o seu tempo:

- AS ATIVIDADES CRIADORAS DE ENERGIA DEVEM SER PRIORIZADAS E AMPLIADAS. Como você pode dedicar mais tempo a essas atividades no futuro?
- ATIVIDADES NEUTRAS DEVEM SER MANTIDAS OU DELEGADAS. Como você pode trabalhar aos poucos para terceirizar ou delegar algumas dessas atividades neutras e liberar seu tempo para atividades mais geradoras de energia?
- ATIVIDADES QUE DRENAM ENERGIA DEVEM SER DELEGADAS, EXCLUÍDAS OU AJUSTADAS. Como você pode trabalhar aos poucos para terceirizar, delegar ou excluir algumas dessas atividades que drenam sua energia? Existem maneiras de fazer ajustes sutis nelas que as levariam à posição de neutralidade (por exemplo, passar de uma videochamada que drena sua energia para uma chamada normal enquanto você caminha)?

O calendário de energia foi concebido para trazer um panorama da sua base de referência do seu tempo e do gasto de energia, com a ideia de provocar as perguntas necessárias para melhorar a base de referência atual. O objetivo não é eliminar todas as atividades neutras e as que drenam energia (o que é provável que seja uma missão impossível), mas melhorar aos poucos a proporção entre criação de energia e perda de energia (a proporção entre verde e vermelho).

Como estabelecer prioridades: o exercício das duas listas

Pilares: consciência e atenção

O exercício das duas listas se originou de uma lendária conversa entre Warren Buffett e seu piloto Mike Flint. Um dia, Flint lamentava a falta de objetividade em relação às suas aspirações e seus objetivos pessoais e profissionais, e Buffett pediu a ele para que passasse por um processo de três etapas que o ajudaria.

Em primeiro lugar, Buffett disse a Flint para anotar 25 metas de carreira, tudo em que ele queria se concentrar e realizar nos meses e anos seguintes. Em seguida, pediu a Flint que circulasse os cinco principais objetivos da lista. Isso exigiu algum esforço para restringir os itens, já que Flint se preocupava com todos eles. Em algum momento, ele conseguiu selecionar os cinco mais importantes. Enfim, Buffett disse a Flint para separá-los em duas listas. Ele perguntou o que Flint faria com os itens não circulados. A resposta foi que trabalharia neles sempre que tivesse tempo livre. Buffett balançou a cabeça e respondeu que tudo o que Flint não havia circulado deveria se tornar sua lista de "evitar a todo custo". Esses itens não deveriam receber atenção até que o sucesso fosse alcançado entre os cinco itens prioritários.

O argumento: os itens mais importantes foram escolhidos; todo o restante era apenas uma distração que ameaçava atrapalhar o progresso de Flint.

Toda pessoa bem-sucedida dará alguma variação do mesmo conselho: concentre-se nas coisas mais importantes. Contudo, como você identifica quais são essas coisas? Como você identifica os projetos, as oportunidades e as metas nos quais deveria concentrar sua atenção? Quais são as duas ou três áreas que têm potencial para gerar retornos assimétricos nas esferas pessoais e profissionais?

Use a estratégia de duas listas para identificar as coisas mais importantes e concentrar sua atenção:

1. FAÇA UMA LISTA: crie uma lista abrangente das suas prioridades profissionais. Repita isso para suas prioridades pessoais.
2. REDUZA A LISTA: percorra a lista de prioridades profissionais e circule de três a cinco itens principais. Elas devem ser as principais prioridades na sua vida profissional, os itens que terão o maior impacto na sua trajetória — os responsáveis por agregar valor no longo prazo. São os itens que de fato importam. Repita esse processo para sua lista de prioridades pessoais.
3. DIVIDA AS LISTAS: numa nova folha de papel, escreva as prioridades circuladas no lado esquerdo e todas as prioridades restantes no lado direito. Coloque o título de "Prioridades" no lado esquerdo da folha e "Evitar a todo custo" no lado direito. Repita este processo para sua lista pessoal.

Para dar vida a essa prática, aqui está um exemplo do processo:

FAÇA UMA LISTA

PRIORIDADES PROFISSIONAIS

1. dar uma renovada no site corporativo e nas plataformas sociais;
2. aprender um novo idioma para expandir as oportunidades;
3. **implementar um software para aumentar a eficiência;**
4. estudar mais – por exemplo, ingressar em um mestrado;
5. procurar orientação para aprender com profissionais experientes;
6. participar de conselhos ou comitês para melhorar meu currículo;
7. tornar-me um especialista no processo de fusões e aquisições;
8. criar um programa de mentoria em nossa organização;
9. lançar um produto ou serviço inovador;
10. **desenvolver habilidades para falar em público e aumentar a autoconfiança;**
11. **criar um horário de trabalho flexível para acomodar a vida pessoal;**
12. **inscrever-me em treinamento de resolução de conflitos;**
13. projetar um programa robusto de avaliação de funcionários;

14. estabelecer parcerias benéficas com outras empresas;
15. contribuir com regularidade com as contas de aposentadoria;
16. garantir uma posição com mais responsabilidades internacionais;
17. aumentar a renda ou o salário anual em mais de 40%;
18. implementar opções de trabalho remoto para minha equipe;
19. aprimorar as habilidades de negociação para fechar acordos;
20. aumentar a força da minha rede.

REDUZA A LISTA

PRIORIDADES PROFISSIONAIS

1. dar uma renovada no site corporativo e nas plataformas sociais;
2. aprender um novo idioma para expandir as oportunidades;
3. implementar um software para aumentar a eficiência;
4. estudar mais — por exemplo, ingressar em um mestrado;
5. procurar orientação para aprender com profissionais experientes;
6. participar de conselhos ou comitês para melhorar meu currículo;
7. tornar-me um especialista no processo de fusões e aquisições;
8. criar um programa de mentoria em nossa organização;
9. lançar um produto ou serviço inovador;
10. desenvolver habilidades para falar em público e aumentar a autoconfiança;
11. criar um horário de trabalho flexível para acomodar a vida pessoal;
12. inscrever-me em treinamento de resolução de conflitos;
13. projetar um programa robusto de avaliação de funcionários;
14. estabelecer parcerias benéficas com outras empresas;
15. contribuir com regularidade com as contas de aposentadoria;
16. garantir uma posição com mais responsabilidades internacionais;
17. aumentar a renda ou o salário anual em mais de 40%;
18. implementar opções de trabalho remoto para minha equipe;
19. aprimorar as habilidades de negociação para fechar acordos;
20. aumentar a força da minha rede.

DIVIDA A LISTA EM DUAS

PRIORIDADES
1. procurar orientação para aprender com profissionais experientes;
2. lançar um produto ou serviço inovador;
3. desenvolver habilidades para falar em público e aumentar a autoconfiança;
4. criar um horário de trabalho flexível para acomodar a vida pessoal;
5. aumentar a força da minha rede.

EVITAR A TODO CUSTO
1. dar uma renovada no site corporativo e nas plataformas sociais;
2. aprender um novo idioma para expandir as oportunidades;
3. **implementar um software para aumentar a eficiência;**
4. estudar mais — por exemplo, ingressar em um mestrado;
5. ~~procurar orientação para aprender com profissionais experientes;~~
6. participar de conselhos ou comitês para melhorar meu currículo;
7. tornar-me um especialista no processo de fusões e aquisições;
8. criar um programa de mentoria em nossa organização;
9. ~~lançar um produto ou serviço inovador;~~
10. ~~desenvolver habilidades para falar em público e aumentar a autoconfiança;~~
11. ~~criar um horário de trabalho flexível para acomodar a vida pessoal;~~
12. **inscrever-me em treinamento de resolução de conflitos;**
13. projetar um programa robusto de avaliação de funcionários;
14. **estabelecer parcerias benéficas com outras empresas;**
15. contribuir com regularidade com as contas de aposentadoria;
16. garantir uma posição com mais responsabilidades internacionais;
17. aumentar a renda ou o salário anual em mais de 40%;
18. implementar opções de trabalho remoto para minha equipe;
19. aprimorar as habilidades de negociação para fechar acordos;
20. ~~aumentar a força da minha rede.~~

Ao separar a lista em "Prioridades" e "Evitar a todo custo", criamos uma linha muito evidente que separa no que vamos nos concentrar e o que delegaremos ou excluiremos. Pense nisso como sua primeira linha de defesa: quando novas oportunidades surgirem, consulte seu exercício de duas listas e faça uma avaliação rápida para ver se a oportunidade se enquadra na categoria de prioridades ou se deve ser evitada a todo custo.

Utilize o exercício de duas listas para trabalhar melhor sua atenção e começar a quebrar a relação fixa entre seus esforços (entradas) e seus resultados (saídas).

Como gerenciar prioridades: a Matriz de Eisenhower

Pilares: consciência e atenção

O presidente Dwight D. Eisenhower foi um oficial militar e político dos Estados Unidos nascido em Denison, Texas, em 1890. Sua lista de realizações é longa:

- formado em West Point, ele ascendeu nas fileiras militares para se tornar um general de cinco estrelas no Exército dos Estados Unidos;
- durante a Segunda Guerra Mundial, serviu como comandante supremo da Força Expedicionária Aliada na Europa e orquestrou a famosa invasão da Normandia no Dia D;
- Eisenhower atuou como presidente da Universidade de Columbia e como o primeiro comandante supremo da OTAN antes de ser eleito como o 34º presidente dos Estados Unidos, cargo que ocupou de 1953 a 1961.

Como suas realizações militares e civis indicam, Eisenhower era um líder e executivo altamente eficaz. Ele ficou conhecido por sua produtividade prolífica, quase sobre-humana. Seu segredo: ele nunca confundia o urgente com o importante, como evidenciado por uma citação que é amplamente atribuída a ele: "O que é importante quase nunca é urgente, e o que é urgente quase nunca é importante."

Podemos definir o *urgente* e o *importante* da seguinte maneira:

- Urgente: uma tarefa que requer atenção imediata.
- Importante: uma tarefa que promove seus valores ou objetivos de longo prazo.

A Matriz de Eisenhower é uma ferramenta de produtividade formulada pelo autor Stephen Covey em seu livro best-seller *Os 7 hábitos das pessoas altamente eficazes*, que sugere que você separe o que é urgente e o que é importante para priorizar e gerenciar seu tempo de forma mais eficaz. Embora o exercício de duas listas ajude a restringir sua atenção em um nível macro, a Matriz de Eisenhower foi projetada para aproveitar sua atenção em um nível micro e diário.

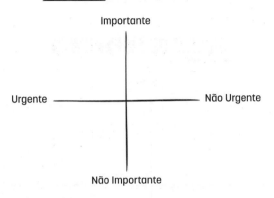

Essa matriz dois por dois exige que você categorize suas tarefas em um dos quatro quadrantes:

- IMPORTANTE E URGENTE: são tarefas que requerem atenção imediata e focada, mas também contribuem para sua missão ou metas de longo prazo. Estas são tarefas "Para já!". Objetivo: no curto prazo, você deve lidar com isso de imediato, mas, no longo prazo, deve gerenciar as tarefas importantes para que elas quase nunca se tornem urgentes.
- IMPORTANTES E NÃO URGENTES: essas tarefas são suas construtoras — elas constroem valor no longo prazo em sua vida. São os projetos e as oportunidades que você deseja dedicar atenção focada. Objetivo: gaste mais tempo com essas tarefas — planeje seu tempo para se jogar de cabeça nelas. No longo prazo, é aqui que você deve tentar dedicar a maior parte do seu tempo e energia.
- NÃO IMPORTANTE E URGENTE: essas tarefas são da categoria "Cuidado" — elas podem tomar tempo e energia sem contribuir com suas metas ou visão de longo prazo. São tarefas para "Delegar". Objetivo: gaste menos tempo aqui e tente aos poucos

elaborar sistemas que permitam delegar essas tarefas a pessoas para as quais elas serão importantes.

- **NÃO IMPORTANTE E NÃO URGENTE**: essas são tarefas e atividades que desperdiçam tempo, drenam sua energia e minam sua produtividade. São do tipo para "Excluir". Objetivo: passe menos tempo aqui.

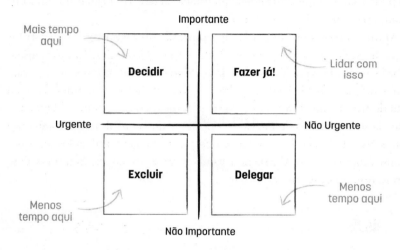

A Matriz de Eisenhower cria uma consciência visual dos tipos de tarefa nos quais você gasta seu tempo. Essa consciência permite que você ajuste o curso conforme necessário para gastar a maior parte do seu tempo em projetos e oportunidades importantes e de longo prazo.

Para resumir os três objetivos principais da Matriz de Eisenhower:

1. lide com o quadrante superior direito;
2. passe a maior parte do tempo no quadrante superior esquerdo;
3. passe menos tempo nos quadrantes inferiores.

Nunca encontrei uma ferramenta de produtividade mais útil do que a Matriz de Eisenhower quando se trata de criar consciência do tempo e direcionar minha atenção. Eu me pego recorrendo a ela com frequência, sobretudo quando tenho muitas coisas para fazer e preciso reajustar meu foco.

Como simplificar sua lista de tarefas: o sistema de lista de tarefas em fichas

Pilar: atenção

Você pode testar todos os sistemas de produtividade sofisticados do mundo ou pode usar a simples estratégia que funciona tanto para analistas juniores quanto para bilionários: uma ficha.

Marc Andreessen, fundador de empresas de tecnologia e investidor bem-sucedido, é um proponente dessa estratégia simples. Em um ensaio sobre sua produtividade, ele escreveu: "Todas as noites antes de ir para a cama, prepare uma ficha de papel de 7 x 10 centímetros com uma pequena lista de três a cinco tarefas que você vai fazer no dia seguinte."[11] O ideal é que ela seja uma lista de tarefas importantes que contribuem diretamente com seus valores ou objetivos de longo prazo (itens identificados nos quadrantes superiores da Matriz de Eisenhower). Evite anotar as tarefas aleatórias, urgentes ou sem importância.

HOJE 21/3

① ~~Concluir os 3 pilares~~
① Dharma do propósito
① Gravações de áudio
① Questionário perfil financeiro
①
①

De manhã, comece pelo topo da lista e vá descendo e riscando os itens importantes à medida que avança. Seu objetivo é riscar cada item até o fim do dia. Se isso for tudo o que você fizer, seu dia terá sido vitorioso, porque essas foram as tarefas de fato importantes que promoveram seus valores ou objetivos de longo prazo. Tendemos a superestimar o que podemos realizar em um dia, portanto, tome cuidado com o número de itens da sua lista. Como regra geral, devem ser três, a menos que haja uma razão muito específica para que sejam mais.

Os sistemas de produtividade mais sofisticados costumam exigir muita reflexão e manutenção. Se você passa tempo pensando em seu sistema de produtividade, está se concentrando no movimento, e não no progresso. A estratégia simples das fichas desfruta dos princípios básicos de foco e impulso para fazer você realizar mais do que é importante.

Lembre-se sempre: o simples é belo.

Como acabar com o desperdício de tempo: a Lei de Parkinson

Pilar: atenção

A Lei de Parkinson é a ideia de que o trabalho se expande para preencher o tempo alocado para sua conclusão. Ela foi formulada pelo autor britânico Cyril Northcote Parkinson em um ensaio satírico para a revista *The Economist*, em 1955. Embora o objetivo do seu artigo fosse fazer uma crítica humorística à ineficiência burocrática, o princípio é aplicável a uma série de situações, desde o gerenciamento de tempo pessoal até projetos de grande escala.

A ideia geral parece verdadeira:

- Se você tirar o dia para lidar com e-mails, acabará lidando com e-mails o dia todo. Se tiver apenas trinta minutos para fazer isso, passará por toda a sua caixa de entrada depressa.

- Você tem meses para concluir uma tarefa e procrastina o suficiente para que a tarefa leve meses. Se tiver dois dias para concluir uma tarefa, vai trabalhar com eficiência para concluí-la.

Os prazos abertos levam a muito movimento e pouco progresso — é como cavalgar em um cavalinho de balanço, um fenômeno da cultura que valoriza estar sempre ocupado. Tendemos a ser mais eficientes e produtivos quando restrições entram em jogo. Também tendemos a nos concentrar no que é *importante* quando não temos tempo.

Você pode aproveitar a Lei de Parkinson para ser mais eficiente e eficaz em sua vida profissional e pessoal:

- estabeleça blocos de tempo mais curtos do que você se sente confortável para tarefas pouco importantes, mas necessárias. Utilize essa pressão artificial para evitar a procrastinação e ter mais tempo para tarefas importantes e de alto valor;

- lide com e-mails por lotes, em uma a três janelas curtas e com tempo limitado. Se você se permitir verificar seu e-mail ao longo do dia, será atormentado por resíduos de atenção e nunca vai dar conta do seu trabalho. Concentre esse trabalho em janelas curtas para se tornar mais eficiente e evitar o impacto cognitivo negativo da troca de tarefas;

- reduza a duração padrão das reuniões para 25 minutos. A janela mais restrita torna os participantes mais eficientes (evita conversa fiada, do tipo "Como está o clima?") e oferece um intervalo de cinco minutos para respirar entre as reuniões;

- trabalhe em grandes projetos em blocos com foco de uma a três horas. Instale um aplicativo de foco simples em seu computador ou celular e ajuste o cronômetro. Comece com sessenta minutos e vá aumentando. A restrição de tempo vai torná-lo mais eficiente, e os intervalos vão repor a sua energia mental;

- coloque as temidas tarefas pessoais (limpeza, roupa suja, louça etc.) em janelas de tempo curtas e dedicadas. O foco nessas tarefas em pequenas doses é mais eficaz do que permanecer nelas por um longo tempo.

Aproveito a Lei de Parkinson na estrutura da minha agenda para me concentrar em pequenas doses de energia nos meus projetos prioritários. As três primeiras horas do meu dia — das 5 às 8 horas da manhã — são sempre dedicadas ao meu projeto criativo mais importante (neste momento, este livro!). A restrição forçada dos blocos de tempo gera uma intensidade que melhora a quantidade e a qualidade da minha produção em níveis significativos.

Quando você define e fixa longas horas para realizar seu trabalho, encontra maneiras improdutivas de preenchê-las — você trabalha por mais tempo, mas faz bem menos. A melhor maneira, parafraseando o empresário Naval Ravikant, é trabalhar como um leão: correr, descansar, repetir.

Aproveite a Lei de Parkinson para se tornar um profissional mais eficiente, focado e saudável.

Como parar de procrastinar: o sistema antiprocrastinação

Pilar: atenção

A *procrastinação* é definida como a ação de adiar ou atrasar algo. Os filósofos gregos antigos chamavam de *akrasia* — agir contra seu melhor julgamento. Você procrastina quando é mais fácil delegar uma tarefa ao seu futuro. A propensão a procrastinar está ligada ao nosso DNA. Valorizamos o prazer imediato, mesmo que saibamos que não é o melhor para nós no longo prazo. Infelizmente, a procrastinação é um limitador de crescimento — ela limita o seu potencial —, então você precisa de um modelo para lutar contra ela.

O sistema antiprocrastinação envolve três etapas principais

1. desconstrução;
2. planejamento e criação de incentivos;
3. ação.

PASSO 1: DESCONSTRUÇÃO

A procrastinação costuma ser um subproduto direto da intimidação. Em uma palestra TED que foi assistida mais de 70 milhões de vezes, o autor Tim Urban usou o exemplo de uma tese de conclusão de curso para ilustrar esse argumento. Se você definir o projeto como "escrever minha tese de cem páginas", já estará fadado à procrastinação.

Para o procrastinador, projetos grandes e de longo prazo são um grande e assustador desconhecido, que sua imaginação enche de horrores infinitos. O todo é muito intimidador, então você o empurra para o seu futuro.

Desconstrua aquele projeto grande e assustador em tarefas pequenas que possam ser gerenciadas de maneira individual.

Usando o exemplo da tese, as tarefas podem ser:

- construir um sistema de anotações;
- reunir citações importantes de outras pesquisas;
- fazer anotações sobre esses trechos;
- elaborar um esboço da tese;
- redigir a tese;
- editar e finalizar a tese.

O objetivo aqui é uma simples mudança na forma de encarar a situação, de grande e intimidadora para pequena e gerenciável.

ETAPA 2: PLANEJE E ESTABELEÇA INCENTIVOS

Em seguida, você precisa desenvolver um plano de ataque para avançar na lista de tarefas desconstruídas.

O plano para cada micro tarefa deve ser:

- ESPECÍFICO: exatamente o que você vai fazer.
- COM TEMPO DEFINIDO: quando você vai fazer.

Ao definir os limites do tempo, tente ser menos ambicioso na escala micro. Dê a si mesmo vitórias fáceis desde o início, com limites de tempo alcançáveis.

Documente o projeto:

- Anote as tarefas específicas para cada grande pilar desconstruído do projeto.
- Anote seu cronograma para cada tarefa.

Crie incentivos para gerar melhores resultados:

- DECLARAÇÃO PÚBLICA: revele publicamente as intenções do seu processo. Poste nas redes sociais, incluindo o LinkedIn, conte a um grupo de amigos em um jantar. Ninguém quer descumprir sua palavra.

- **PRESSÃO SOCIAL:** planeje encontrar um amigo em algum lugar para começar a botar a mão na massa. Marque uma hora e um local para se encontrar e decida exatamente o que vai fazer enquanto estiver lá.
- **RECOMPENSA:** planeje uma recompensa se você fizer o que deveria. Permita-se fazer um belo passeio, uma pausa para o café ou um jantar com os amigos.
- **PUNIÇÃO:** planeje uma penalidade se você não fizer o que devia.

Use incentivos para gamificar grandes projetos. Pode ser algo muito eficaz.

ETAPA 3: AÇÃO

Muitas vezes, a ação é a parte mais difícil, sobretudo o primeiro movimento, o primeiro passo. Para dar o pontapé inicial, você pode tentar fazer o seguinte:

- **PLANEJE UMA SESSÃO DE SINCRONIZAÇÃO:** a exemplo da ideia de pressão social acima, marque um encontro com um amigo para dar o pontapé inicial.
- **RECOMPENSE O PONTAPÉ INICIAL:** inclua uma pequena recompensa ao dar o primeiro passo (por exemplo, uma caminhada).
- **USE A TÉCNICA DO LEÃO:** comprometa-se com uma pequena dose de ação (trinta minutos) seguida de um bom descanso.

A parte mais difícil é começar. Dê a si mesmo uma vitória simples e rápida. Grandes vitórias nada mais são que o resultado de pequenas vitórias consistentes.

RESUMINDO

As três etapas do sistema antiprocrastinação:

1. **DESCONSTRUÇÃO:** divida o projeto grande e assustador em tarefas pequenas e gerenciáveis.

2. **PLANEJAMENTO E ESTABELECIMENTO DE INCENTIVOS:** faça um registro do projeto com tarefas específicas e limitadas. Estabeleça incentivos para gamificar até a sua conclusão.

3. **AÇÃO:** um corpo em movimento tende a permanecer em movimento. Desenvolva sistemas que estimulem o pontapé inicial. Planeje pequenas vitórias (elas se tornam grandes com o tempo).

Esse é o sistema que usei para vencer barreiras contra a procrastinação ao escrever este livro. Dividi o projeto em seções e depois em capítulos, o que diminuiu a intimidação inicial e fez o empreendimento parecer mais gerenciável. Fiz um planejamento do projeto com prazos e microrrecompensas estabelecidas (em geral me permitindo comprar algo se eu cumprisse cada prazo). Por fim, adotei ações diárias, como escrever todas as manhãs logo após acordar. O pontapé inicial de cada dia em relação ao grande projeto trouxe uma pequena vitória diária, o que criou impulso à medida que os dias, semanas e meses passavam.

Todo o sistema antiprocrastinação pretende ser dinâmico e iterativo. À medida que você trabalha em seus grandes projetos, faça avaliações e ajustes constantes no seu plano e no seu processo. Encontre novas maneiras de aumentar os incentivos e as coloque em prática. Esse sistema não é perfeito, mas vai ajudar a romper as barreiras da procrastinação. As páginas que você está lendo neste exato momento são um exemplo disso!

Como concentrar a atenção: a sequência de inicialização para o estado de flow

Pilar: atenção

Em *Trabalho focado*, seu livro best-seller, Cal Newport defende a importância do trabalho concentrado, ininterrupto e sem distrações sobre as prioridades mais importantes como a única maneira de crescer e prosperar na economia atual. Nas palavras de Newport: "A Hipótese do Trabalho Focado: A capacidade de realizar trabalhos profundos está se tornando cada vez mais *rara*, ao mesmo tempo em que se torna cada vez mais *valiosa* em nossa economia. Consequentemente, os poucos que cultivam essa habilidade e a transformam no centro de sua vida profissional prosperam."

A capacidade de concentrar sua atenção e engajar nesse foco profundo — um estado de flow — é essencial para a riqueza de tempo, pois permite romper a relação fixa entre entradas e saídas, esforço e resultado. Blocos de trabalho focado não são fáceis de executar no início. Você está tentando substituir muitas das respostas naturais resultantes da recompensa da dopamina sobre a qual tantos aplicativos, tantas ferramentas digitais e plataformas sociais foram construídos.

Você vai desenvolver seu foco de maneira progressiva:

- comece com trinta minutos, uma vez por dia;
- alcance uma hora, duas a três vezes por dia, até o fim do primeiro mês;
- a partir daí, estenda os períodos para duas horas (meu limite máximo) ou quatro horas (uma meta ambiciosa) à medida que seu foco aumentar.

Depois que seus intervalos de flow estiverem planejados, você precisa de uma abordagem para entrar no estado de foco profundo necessário ao trabalho de alta qualidade. Quando você liga um computador e olha impaciente para a tela, o computador está fazendo algo muito importante:

executando uma sequência de inicialização. Esta sequência é simplesmente um conjunto fixo de operações que o computador executa quando é ligado para iniciar e preparar o sistema operacional para uso. Essa sequência garante que o sistema operacional esteja ativado de forma adequada e pronto para a avalanche de processamento de tarefas à qual o usuário vai submetê-lo. Você não é diferente desse computador — para entrar em um estado de flow ideal ao processar tarefas importantes, é necessário preparar e otimizar o seu sistema operacional.

Você precisa de uma sequência de inicialização pessoal.

A sequência de inicialização pessoal é um conjunto fixo de ações e gatilhos ambientais que servem para fazer uma demarcação física e mental do início de uma sessão de canalização do seu foco. Embora tecnicamente possa ser usada para qualquer trabalho, acho a estratégia valiosa em particular no quesito otimização de um momento de canalização de foco. A sequência se torna uma porta para o estado de flow no qual você precisa entrar. Uma sequência eficaz e replicável vai permitir que você entre no flow e execute um trabalho profundo e focado nos seus projetos mais importantes, com rapidez e consistência.

A sequência pode ser construída em torno dos cinco sentidos principais:

1. TOQUE: o movimento/ação corporal que você fez antes de começar.
2. PALADAR: o que você está bebendo, mastigando ou comendo.
3. VISÃO: o que você vê em seu ambiente.
4. SOM: o que você ouve em seu ambiente.
5. OLFATO: que cheiro você sente no seu ambiente.

Utilizando esse processo simples, criei uma sequência de inicialização pessoal semelhante a esta:

1. TOQUE: antes de me sentar para um momento de trabalho focado, faço uma caminhada de cinco minutos na rua ou dou um mergulho de três minutos em água gelada. Ambas as ações desbloqueiam minha energia criativa e preparam meu sistema.

2. PALADAR: sempre tenho um café preto gelado para beber antes do início da sessão e o mantenho ao meu lado a todo momento dela. A cafeína ajuda, mas é algo sobretudo psicológico, pois quase nunca bebo tudo.

3. VISÃO: minha escrivaninha fica de frente para uma janela com paredes escuras de cada lado, algumas plantas e arte neutra.

4. SOM: escuto uma playlist do Spotify chamada "Classical Essentials".

5. OLFATO: adoro o odores amadeirados, então há velas ou óleos de cedro/sândalo no meu recanto da escrita.

Costumo passar por essa sequência duas vezes ao dia, pela manhã (por volta das 5 horas da manhã), quando começo minha primeira sessão criativa, e pela tarde, após o almoço (por volta de 12h30), quando começo minha segunda sessão de trabalho focado. Passar por essa sequência se tornou uma rotina incrivelmente eficaz que me leva à condição apropriada para entrar no meu estado de flow.

Para construir sua sequência, sente-se e passe por cada um dos cinco sentidos. Para cada um, pense em um momento em que você de fato estava em um estado de flow. Como esse sentido foi ativado durante (ou antes) esse momento? Anote as diferentes maneiras pelas quais os sentidos foram ativados em momentos anteriores de flow para ter uma ideia da gama de opções à sua disposição. Selecione a opção para cada sentido que seja mais acionável e repetível. Se você entrou em um estado de flow enquanto estava sentado em um café com vista para o Mediterrâneo em Positano, Itália, e bebendo um *espresso* de 20 euros, é provável que você não consiga repetir a experiência (caso consiga, por favor, troque de vida comigo!). Se você entrou em um estado de flow enquanto estava sentado em uma cafeteria da sua cidade, ouvindo sua música favorita, já é mais provável que consiga repeti-lo.

Depois de estabelecer suas opções para cada um dos cinco sentidos, anote sua sequência completa de inicialização pessoal. Até que se torne um hábito, passe por cada um dos itens da lista enquanto você se prepara para trabalhar com foco total.

Como alavancar seu tempo: delegar de forma eficiente

Pilares: atenção e controle

A Matriz de Eisenhower incentiva a delegar tarefas específicas a pessoas para as quais elas serão importantes. Contudo, delegar de forma eficaz não está em nenhum currículo escolar; portanto, a maioria das pessoas não tem ideia de como fazer isso. Use este guia para começar a delegar. Existem três princípios básicos para delegar com eficiência:

1. **PERFIL ADEQUADO DAS TAREFAS**: definir o perfil das tarefas a serem delegadas de acordo com seu risco e sua possibilidade de serem corrigidas ou revertidas. Delegue tarefas de baixo risco e alta reversibilidade que demandem pouca supervisão e de alto risco e baixa reversibilidade que exijam muita supervisão. Por exemplo, a gestão do calendário em geral é de baixo risco e reversível, por isso pode ser delegada com supervisão mínima, enquanto a comunicação direta com clientes é de alto risco e não reversível, por isso deve ser delegada com muita supervisão. Definir bem o perfil da tarefa antes de delegá-la é essencial para estabelecer expectativas e feedback eficazes.

2. **EXPECTATIVAS DEFINIDAS**: estabeleça expectativas objetivas para a conclusão de cada tarefa, incluindo resultados, cronograma, sessões de feedback já esperadas e perfil de risco. Por exemplo, pedir a alguém para "fazer o relatório do cliente" é muito menos eficaz do que pedir a alguém para "fazer o relatório do cliente até terça-feira à tarde para a equipe executiva analisar antes de apresentar os pontos principais em uma reunião com o conselho de administração na quarta-feira". A primeira opção é vaga e ambígua, enquanto a segunda evidencia o cronograma, a importância e a aplicação, o que aumenta muito a probabilidade de um resultado de qualidade. Sempre peça à pessoa

a quem você delega a tarefa que repita as instruções com as próprias palavras para confirmar o entendimento mútuo antes de prosseguir.

3. SESSÕES DE FEEDBACK CONSTANTES: delegar de forma mais eficaz envolve os momentos de feedback iterativo, de modo que os participantes aprimorem seu conhecimento à medida que a informação é coletada. Os participantes colaboram a respeito do que correu bem, o que faltou e como todo o processo pode ser melhorado. Defina uma frequência objetiva para supervisão, feedback e ajustes, seja um check-in diário, seja um semanal ou mensal, dependendo da tarefa.

Ao aproveitar os três princípios básicos, você pode subir de um nível básico para delegar em um nível superior. Os três níveis podem aparecer da seguinte forma:

- NÍVEL BÁSICO: sistema de delegação direta no qual os participantes recebem instruções exatas para a conclusão da tarefa, monitorados de perto, com feedback conforme cronogramas definidos, e iterando de acordo.

- NÍVEL MÉDIO: sistema de delegação semiautônoma em que os participantes recebem instruções antecipadas para a conclusão da tarefa, mas depois gerenciam e repetem o processo de forma independente, com um nível intermediário de supervisão ou intervenção necessárias.

- NÍVEL SUPERIOR: sistema de delegação autônoma no qual os participantes estão plenamente cientes das tarefas necessárias e operam de forma independente com o mínimo de supervisão ou intervenção necessárias.

HIERARQUIA DE DELEGAÇÃO

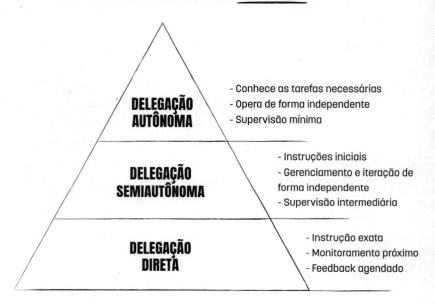

A ideia é progredir do sistema básico, direto, para o sistema superior, autônomo, ao longo de um determinado período. Utilize os três princípios básicos de um modelo de delegação eficaz para elaborar um sistema que lhe proporcione mais tempo para investir em outras áreas.

Como otimizar compromissos: a arte do "não"

Pilar: controle

No livro *Horas mais felizes*, a autora Cassie Holmes faz referência a um fenômeno que os psicólogos chamam de "Efeito *Yes-Damn*". A ideia, proposta pela primeira vez por Gal Zauberman, da Universidade da Carolina do Norte, e por John Lynch, da Duke, é que os humanos superestimam sistematicamente a quantidade de tempo livre que terão no futuro, por isso dizem sim às coisas futuras, pressupondo que vão ter tempo para elas, mas, quando chega a data futura, descobrem que estavam equivocados. Em outras palavras, você diz *Yes* (Sim) e, quando a data futura chega, diz: *Damn!* (Droga!).

Se você quiser assumir o controle do seu tempo, precisa aprender a arte do "não".

Dois atalhos a serem usados:

Para compromissos pessoais, use o teste do "agora mesmo":

- Ao decidir se deve aceitar algo, pergunte a si mesmo: *eu faria isso agora mesmo?* Você pode pensar *agora* como sendo hoje ou amanhã. O objetivo é eliminar as distorções futuras do tempo observadas pelos psicólogos; ao trazer o acontecimento ao presente, você toma uma decisão com mais discernimento e razão.
- Se a resposta para *Eu faria isso agora?* é "Não", diga que não.
- Se a resposta for "Sim", aceite.

O TESTE DO "AGORA MESMO"

Para compromissos profissionais, use o teste da "nova oportunidade":

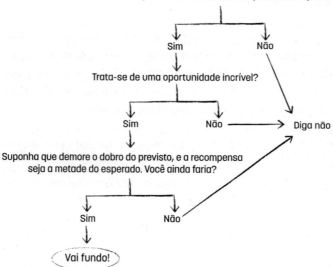

PASSO 1: utilize a referência das suas duas listas daquele exercício anterior. A oportunidade se enquadra em seus itens profissionais prioritários? Caso contrário, diga que não. Em caso positivo, prossiga para o passo 2.

PASSO 2: é uma oportunidade incrível, que o deixa extremamente empolgado? O escritor Derek Sivers propôs esta regra simples: se não é "Incrível!", então não. Se é uma oportunidade "Incrível!", prossiga para o passo 3.

PASSO 3: suponha que essa oportunidade leve o dobro do tempo previsto e a recompensa seja a metade do que você espera — você ainda gostaria de fazê-la? Os seres humanos tendem a ser excessivamente otimistas quando embarcam em algo novo. Coloque certo grau de racionalidade na decisão, reduzindo suas expectativas. Se a resposta agora for não, diga que não. Se a resposta ainda for sim, aceite.

Com esses dois atalhos — o teste do agora mesmo e o teste da nova oportunidade —, você pode dominar a arte do "não" e começar a assumir o controle do seu tempo.

Como administrar seu tempo: bloqueio de tempo e os quatro tipos de tempo profissional

Pilar: controle

Há muita coisa que podemos aplicar ao futuro estudando o passado. Em sua autobiografia, Benjamin Franklin compartilhou um resumo de sua agenda e seu dia a dia. A rotina de Franklin, reproduzida abaixo, usa o bloqueio de tempo, uma estratégia simples de gerenciamento de tempo e calendário que bloqueia intervalos de tempo para atividades específicas.

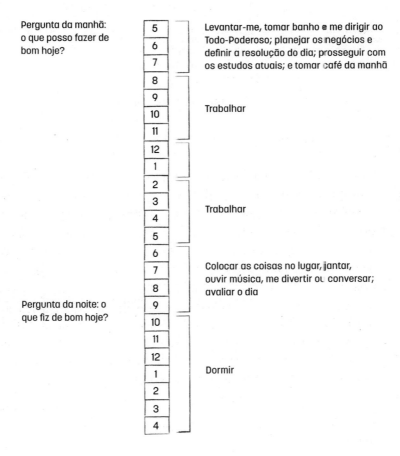

A rotina diária de Franklin está alocada em seis blocos de tempo:

5 horas às 8 horas: levantar-me, tomar banho e me dirigir ao Todo-Poderoso; planejar os negócios e definir a resolução do dia; prosseguir com os estudos atuais; e tomar café da manhã
8 horas às 12 horas: trabalhar
12 horas às 14 horas: ler ou revisar minhas contas e almoçar
14 horas às 18 horas: trabalhar
18 horas às 22 horas: colocar as coisas no lugar, jantar, ouvir música, me divertir ou conversar; avaliar o dia
22 horas às 5 horas: dormir

Embora a rotina dele evidentemente não contemple algumas das realidades que muitos de nós vivemos (cuidar dos filhos, responsabilidades domésticas e assim por diante), podemos adotar sua estrutura geral para melhorar o gerenciamento do nosso dia a dia.

O conceito de bloqueio de tempo é simples: as janelas de tempo são bloqueadas para nos dedicarmos a tarefas distintas e específicas. Em vez de gerenciar sua vida por meio de uma lista de tarefas, você gerencia por meio da sua agenda. O bloqueio de tempo alavanca o princípio psicológico já amplamente conhecido de que definir uma intenção para usar o seu tempo é fundamental para alcançar o progresso. Planejar seu dia dessa maneira vai viabilizar que você se concentre profundamente na tarefa específica em questão, o que vai limitar o impacto negativo das distrações e fornecer um grau de controle sobre o que e quando você faz o que faz.

Na minha versão, utilizo o bloqueio de tempo para minhas responsabilidades profissionais, mas deixo meu tempo pessoal em aberto (prefiro não sentir que estou reservando tempo para áreas específicas como família, exercícios e relaxamento). Para bloquear o tempo profissional, utilizo um modelo que desenvolvi, no qual divido o tempo profissional em quatro áreas.

OS QUATRO TIPOS DE TEMPO PROFISSIONAL

Existem quatro tipos de tempo profissional:

1. Gerenciamento
2. Criação

3. Consumo
4. Idealização

Vamos examinar cada tipo para entendê-los com mais discernimento.

TIPO 1: GERENCIAMENTO

O tempo de gerenciamento é o tipo em que a maioria de nós gasta a maior parte de nossa vida profissional. É a base das grandes organizações. As atividades mais comuns do tempo dedicado ao gerenciamento incluem:

- reuniões;
- ligações;
- apresentações;
- e-mail;
- gestão de equipes e pessoas.

Esse tempo pode ser altamente produtivo e eficiente, mas também pode criar um foco maior no movimento do que no progresso.

TIPO 2: CRIAÇÃO

O tempo de criação é o segundo tipo de tempo profissional mais comum. É o que a maioria de nós se esforça para realizar nos intervalos entre os blocos de tempo dedicados ao gerenciamento. As atividades mais comuns no tempo dedicado à criação incluem:

- escrita;
- programação;
- construção;
- preparação.

A criação é o momento em que encontramos novos progressos. Organizações prósperas se concentram no tempo dedicado à criação e garantem que o tempo dedicado ao gerenciamento não atrapalhe.

TIPO 3: CONSUMO

O tempo de consumo é um dos dois tipos esquecidos de tempo profissional. É o momento em que são plantadas novas ideias para a criação e o crescimento.

As atividades mais comuns do tempo dedicado ao consumo incluem:

- leitura;
- audição;
- estudo.

Parafraseando James Clear, autor de *Hábitos atômicos*, tudo o que você cria deriva de algo que você consumiu.[12] O tempo dedicado ao consumo concentra-se na qualidade dos insumos para garantir a qualidade dos produtos.

TIPO 4: IDEALIZAÇÃO

O tempo dedicado à idealização é o segundo dos dois tipos esquecidos de tempo profissional. É quando novas ideias para criação e crescimento são cultivadas e desenvolvidas.

As atividades mais comuns do tempo dedicado à idealização incluem:

- brainstorming;
- manter um diário;
- fazer caminhadas;
- autorreflexão.

A maioria de nós não tem tempo para quietude e reflexão na vida profissional cotidiana, por isso fazemos progressos lineares e perdemos as oportunidades assimétricas que exigem pensamento criativo e não linear. O tempo de idealização está focado nessa quietude e reflexão.

Antes que possa fazer melhorias no seu equilíbrio de tempo, você precisa entender seu ponto de partida. Comecei com um simples exercício de agenda para identificar meu equilíbrio atual entre os quatro tipos de tempo.

A partir de uma segunda-feira, ao fim de cada dia da semana, codifique por cores os acontecimentos do dia de acordo com este código:

- Vermelho: gerenciamento
- Verde: criação
- Azul: consumo
- Amarelo: idealização

Ao fim da semana, observe a mistura geral de cores do calendário. Concentre-se em identificar as tendências.

- Qual cor domina o calendário?
- Existem janelas distintas para o tempo de criação?
- As cores estão organizadas ou espalhadas de maneira aleatória?

Esse exercício simples vai oferecer uma imagem nítida de como é a sua combinação atual de tempo profissional. A partir dessa base de referência, você pode trabalhar em busca de uma distribuição mais ideal.

TRÊS DICAS PARA UM EQUILÍBRIO IDEAL

	Segunda-feira	Terça-feira	Quarta-feira	Quinta-feira	Sexta-feira
7	**CRIAR** 1. Redação de conteúdo 2. Filmar	**GERENCIAR** 1. E-mails 2. Reuniões de trabalho 3. Direcionamento da equipe 4. Finanças	**IDEALIZAR** 1. Novas ideias	**CRIAR** 1. Redação de conteúdo 2. Filmar	**CONSUMIR** 1. Aprendizagem 2. Leitura 3. Escuta 4. Audiovisual
8					
9					
10	**GERENCIAR** 1. E-mails		**GERENCIAR** 1. Flow 2. Pensamento criativo	**CONSUMIR** 1. Leitura	
11					
12	**CONSUMIR** 1. Aprendizagem 2. Leitura 3. Escuta	**CRIAR** 1. Filmar	**CONSUMIR** 1. Aprendizagem 2. Leitura 3. Escuta 4. Audiovisual	**GERENCIAR** 1. Flow 2. Criatividade 3. Desafios	**IDEALIZAR** 1. Pensamento criativo
1					
2					**GERENCIAR** 1. Reuniões de trabalho 2. Direcionamento da equipe
3		**IDEALIZAR** 1. Flow 2. Pensamento criativo			
4	**IDEALIZAR** 1. Novas ideias 2. Flow 3. Pensamento criativo			**IDEALIZAR** 1. Flow 2. Criatividade 3. Desafios	
5					
6		**CONSUMIR** 1. Aprendizagem 2. Leitura 3. Escuta	**CRIAR** 1. Redação de conteúdo 2. Filmar	**CONSUMIR** 1. Aprendizagem 2. Leitura 3. Escuta	
7					
8					

DICA 1: DIVIDIR O TEMPO DE GERENCIAMENTO EM LOTES

O tempo destinado ao gerenciamento é necessário para a maioria de nós, mas, se permitirmos, essa tarefa pode extrapolar e dominar nosso tempo. Ligações, reuniões, apresentações e e-mails tendem a preencher todos os momentos e nos fazem sentir que estamos sempre ocupados, apressados e distantes de qualquer linha de chegada.

Aproveite a Lei de Parkinson e trabalhe em busca de uma agenda agrupada em lotes de tempo:

- Crie blocos de tempo específicos todos os dias para lidar com as principais atividades do seu tempo de gerenciamento.
- Tenha de um a três blocos dedicados aos e-mails por dia.
- Tenha de um a três blocos para ligações e reuniões por dia.

O objetivo aqui é evitar um cronograma em que o vermelho tome conta todos os dias. Estamos tentando manter as janelas de tempo dedicado às atividades de gerenciamento o mais limitadas possível para criar espaço para os outros tipos de tempo.

Nota: sua capacidade de fazer isso vai aumentar conforme você progride na carreira. Se está começando, as pequenas melhorias incrementais em blocos de tempo serão uma vitória. Se estiver num momento de crescimento, será possível fazer melhorias mais agressivas nessa estratégia.

DICA 2: AUMENTE O TEMPO DEDICADO À CRIAÇÃO

A criação é o que nos leva adiante com projetos e oportunidades mais interessantes. Todos precisamos de mais tempo de criação em nossos dias.

À medida que você agrupa o tempo para gerenciamento em blocos, crie janelas específicas para o tempo da criação. Crie blocos para isso em sua agenda. Não confira seu e-mail ou suas mensagens durante esses intervalos. Concentre-se em criar durante o seu tempo de criação.

DICA 3: CRIE ESPAÇO PARA CONSUMO E IDEALIZAÇÃO

Consumo e idealização são os tempos esquecidos, porque quase nunca dedicamos espaço a eles, mesmo que sejam cruciais para o progresso de longo prazo. As pessoas mais bem-sucedidas da história estabeleceram uma prática de dedicar tempo a ler, ouvir, aprender e pensar. Podemos tirar uma lição disso.

Para começar, agende um bloco curto por semana para consumo e outro para idealização. Mantenha-se fiel ao propósito do bloco. Garanta esses intervalos antes de aumentar a presença desse tipo de horário em sua programação.

Com essas três dicas em mente, você está no caminho certo para encontrar um equilíbrio mais próximo do ideal nos quatro tipos de tempo profissional. Dê uma chance e experimente os benefícios o quanto antes.

Como preencher seu tempo recém-criado: os criadores de energia

Pilar: controle

Ao aumentar sua consciência e direcionar sua atenção, os sistemas simples e acionáveis neste guia da riqueza de tempo permitiram que você *criasse mais tempo*.

Então, a questão-chave se torna a seguinte: o que você deve fazer com o tempo que foi criado?

- Que atividades deve realizar?
- Que atividades deseja desempenhar?
- Com quem deve passar mais tempo?

Este é o poder de assumir o controle do seu tempo: você tem a liberdade de escolher exatamente como gastá-lo.

Como um simples exercício para alinhar seu pensamento ao iniciar as próximas seções, pense nisso como uma extensão de longo prazo e mais livre do calendário de energia:

Revise seu calendário do ano anterior. Quais eram os criadores de energia em sua vida pessoal e profissional?

- Que atividades fora do trabalho pareciam trazer vitalidade e alegria?
- Quem fez você se sentir energizado?
- Que nova aprendizagem ou atividades mentais despertaram seu interesse e desejo de dedicação?
- Que rituais criaram mais paz, calma e discernimento mental?
- Que atividades físicas você apreciou?
- Que atividades profissionais ou financeiras pareciam fáceis (ou mesmo divertidas)?

Responder a essas perguntas é determinar o que deixa seu copo mais cheio. Trata-se de determinar o que traz vida ao seu mundo, para que você possa aproveitar o tempo criado e aplicá-lo em mais atividades, pessoas e objetivos.

As quatro seções a seguir — sobre Riqueza Social, Riqueza Mental, Riqueza Física e Riqueza Financeira — fornecerão um mergulho mais profundo em cada área para a qual você pode querer alocar parte desse tempo que você criou.

A jornada está apenas começando — e o melhor ainda está por vir.

10.

Resumo: riqueza de tempo

Panorama da riqueza de tempo

A GRANDE QUESTÃO: quantos momentos ainda restam para você passar com seus entes queridos?

OS TRÊS PILARES DA RIQUEZA DE TEMPO:
- CONSCIÊNCIA: a compreensão da natureza finita e impermanente do tempo.
- ATENÇÃO: a capacidade de direcionar sua atenção e focar as coisas que importam (e ignorando o restante).
- CONTROLE: a liberdade de ser dono do seu tempo e escolher exatamente como gastá-lo.

O placar da riqueza de tempo: para cada afirmação abaixo, responda com 0 (discordo totalmente), 1 (discordo), 2 (neutro), 3 (concordo) ou 4 (concordo totalmente).

1. Tenho uma profunda consciência da natureza finita e impermanente do meu tempo e de sua importância como meu ativo mais precioso.
2. Compreendo quais são as duas a três principais prioridades em minha vida pessoal e profissional.
3. Sou capaz de direcionar minha atenção e me concentrar nas prioridades que identifiquei.

4. Quase nunca me sinto muito ocupado ou disperso para dedicar tempo às minhas prioridades.

5. Estou no controle da minha agenda e das minhas prioridades.

Sua pontuação de referência (0 a 20):

METAS, ANTIMETAS E SISTEMAS

Use a estrutura de definição de metas para calibrar sua bússola da riqueza de tempo:

- METAS: que pontuação você deseja alcançar em um ano? Quais são os dois ou três "checkpoints" que você precisará alcançar para chegar a essa pontuação?

- ANTIMETAS: quais são os dois ou três resultados que você deseja evitar em sua jornada?

- SISTEMAS DE ALTA ALAVANCAGEM: quais são os dois ou três sistemas do guia da riqueza de tempo que você vai implementar para tornar seu progresso tangível, acumulando progressos rumo a sua meta de pontuação?

SEU INÍCIO EM UMA SEMANA

Utilize a técnica do calendário de energia durante uma semana para desenvolver consciência quanto ao uso atual do seu tempo e identificar tendências em atividades que estão criando ou drenando sua energia.

Em uma folha de papel, escreva no lado esquerdo as atividades que criam energia e no direito as atividades que drenam sua energia. Abaixo da sua lista das criadoras de energia, anote maneiras de gastar mais tempo nessas atividades no futuro. Abaixo da sua lista dos drenos de energia, anote maneiras de gastar menos tempo nessas atividades no futuro.

Dando mais atenção às atividades geradoras de energia e menos às atividades que drenam sua energia, você vai construir uma vida mais rica.

Riqueza social

11.

A grande questão

Quem estará sentado na primeira fileira do seu funeral?

EM JANEIRO DE 2023, Erik Newton estava levando uma vida bastante típica para um homem na casa dos 40. Dois anos antes, ele e sua esposa, Aubrie, tinham passado pela primeira gravidez e gerado uma menina, Romy, que encheu o mundo deles com uma alegria que nunca haviam experimentado, uma sensação de que sua chegada havia completado o que faltava na vida deles. Nos primeiros anos de vida da filha, Erik trabalhava sem parar como diretor de operações em uma startup do Vale do Silício. Em fevereiro de 2023, ele decidiu que era hora de fazer algo por si mesmo e deixou a empresa para decidir qual seria seu próximo passo.

Contudo, infelizmente, o destino tinha outros planos.

Depois de meses acometida por exaustão e por sintomas ignorados por médicos que lhe diziam que tudo era apenas parte de ser uma nova mãe, Aubrie enfim conseguir fazer um exame de sangue completo. Certa noite, depois que os dois colocaram Romy na cama e estavam se acomodando para assistir a um filme, o telefone de Aubrie tocou.

"Os médicos não ligam para você às nove da noite, então sabíamos que algo estava errado." Erik lembrava bem de sua reação quando viu o número do consultório do médico no identificador de chamadas.

"Você precisa ir ao pronto-socorro agora mesmo", disseram a ela.

As 24 horas seguintes foram uma confusão de exames em meio à iluminação fluorescente dos quartos de hospital. No fim, um grupo de médicos com expressões lívidas entrou e fechou a cortina. Erik sentiu a vida esvair-se dele quando deram a notícia: Aubrie tinha câncer no sangue — uma forma muito rara —, e o prognóstico não era bom. Erik e Aubrie olharam para os exames, incrédulos. "Ela estava cheia de tumores pelo corpo todo — pulmões, baço, estômago, pescoço. Quero dizer, estava por toda parte", lembra Erik.

Com os olhos marejados, ele me disse que os oito meses seguintes foram uma montanha-russa. "Passávamos da esperança com um novo tratamento para a ideia de que ela tinha dias de vida e depois voltávamos à esperança. Ficamos craques em nos despedir um do outro antes de ela seguir para a sala de cirurgia para qualquer procedimento ao qual tivesse que ser submetida."

Em meados do outono, ficou evidente que Aubrie não teria muito tempo de vida. No dia 2 de novembro de 2023, Aubrie Newton faleceu em paz, cercada de amor. Nos dias e nas semanas após ela ter deixado este mundo, Erik lutou de maneira árdua em meio à dor e à responsabilidade de aguentar firme pela sua filha de 2 anos e meio, que perguntava a todo instante "Onde está a mamãe?", enquanto processava a perda à sua maneira.

Quando Erik e eu conversamos, em dezembro de 2023, ele ainda estava enlutado, mas havia começado a refletir sobre a beleza indescritível do amor deles e o que os últimos dias dela lhe ensinaram.

"Aubrie e eu nos apaixonamos cedo e rápido, mas nos apaixonamos mais durante o período em que ela estava convalescendo do que eu pensava ser possível. Enfrentar a morte todos os dias nos permitiu deixar de lado as coisas bobas e focar o que importa. Nossa ligação, mais profunda do que antes, tornou a morte dela ainda mais dolorosa, mas é óbvio que eu não trocaria isso por nada no mundo. O privilégio de conhecê-la e amá-la tão profundamente supera todas as outras experiências em minha vida. É a única coisa que importa."

Erik contou que Aubrie parecia mudar de patamar conforme o fim se aproximava. "Seu único arrependimento era não ter passado mais tempo aprofundando seus relacionamentos com as pessoas de quem ela gostava. Olhando de outra perspectiva, seu arrependimento se tornou um insight. A única coisa que importa é a qualidade dos relacionamentos com as pessoas que amamos."

Enquanto conversávamos sobre ser pai de primeira viagem e sobre como ele estava imerso no trabalho antes do diagnóstico de Aubrie, Erik refletiu sobre a tensão entre o trabalho e a paternidade: "Todos nós temos obrigações na vida que demandam nossa atenção, e essas coisas nos afastam de contemplar o amor com cem por cento de nossa consciência. Mas, antes de tudo, devemos lembrar o que está por trás do nosso desejo de fazer essas coisas; devemos nos lembrar do que dá sentido à *nossa existência*. E não é o dinheiro."

Feche os olhos e respire fundo. Imagine que você morreu. Que está no próprio funeral. As pessoas estão chegando, chorando, se abraçando. Todo mundo se senta. Quem está na primeira fileira? Imagine os rostos. Essas pessoas — as da primeira fileira — são as que de fato importam. Abra os olhos e pense nelas.

- O que você está fazendo para valorizar as pessoas que ocupam esses lugares especiais em seu mundo?
- O que está fazendo para que essas pessoas saibam o que significam para você?
- Você está priorizando o tempo com elas ou o está desperdiçando?

As respostas a essas perguntas são a base da sua riqueza social — a profundidade da conexão com aquelas poucas pessoas importantes e insubstituíveis em seu mundo. Esses relacionamentos profundos, significativos e saudáveis com alguns poucos indivíduos sempre vão oferecer uma base sólida de apoio e amor. Elas são as pessoas com quem você pode celebrar a doçura e lamentar a amargura da vida. Seja você extrovertido, seja introvertido, uma borboleta social ou um caranguejo eremita, você pode e deve construir essa base, pois a capacidade de buscar o apoio dessas pessoas nos momentos difíceis se torna cada vez mais importante conforme você fica mais velho.

A riqueza social é construída sobre **esse fundamento** — a força de seus laços com esses poucos relacionamentos tão importantes. Ela cresce de acordo com sua **amplitude** — sua conexão a círculos de amizades, comunidades e culturas. Por fim, ela é garantida por meio do seu **status atribuído**, uma forma durável de posição social que não pode ser comprada. Com certeza, existem forças obscuras conspirando contra a construção desse tipo de riqueza. Nos últimos trinta anos, as tecnologias concebidas para nos unir nos tornaram mais solitários do que nunca:

- Quantas vezes você caminhou por uma rua movimentada tão concentrado em seu celular que não conseguiu olhar nos olhos de nenhum outro ser humano?

- Quantas vezes esteve rodeado por familiares ou amigos, mas ainda assim distante, perdido em pensamentos sobre desconhecidos no último aplicativo lançado?

- Quantas vezes uma mensagem de texto urgente, um e-mail ou uma notificação de trabalho desviou sua atenção das pessoas sentadas bem a sua frente?

A inovação tecnológica aumentou a conexão com o mundo ao seu redor. Você tem *mais conexão*, mas se sente *menos conectado*.

Você precisa reagir. A ligação humana é, em última análise, o que proporciona textura e significado duradouros à vida. Sem riqueza social, as conquistas em qualquer outra área vão parecer insatisfatórias, até mesmo insípidas. Você se imagina mesmo sozinho naquele avião ou iate dos sonhos? Para que serve uma casa grande se não houver amor para preenchê-la?

O desejo de construir uma vida cheia de riqueza social foi o que levou minha esposa e eu a nos mudarmos para o outro lado do país — queríamos estar mais perto da família. Foi o que levou uma das minhas leitoras, uma mulher de 60 e poucos anos chamada Vicki Landis, a se mudar para a Carolina do Norte para ficar perto dos três filhos. Explicando a decisão, ela escreveu: "A única coisa que li sobre você e que mudou absolutamente minha vida é o exemplo de quantas vezes você vê seu pai e sua mãe — quantas visitas ainda faltam, então? Isso me causou um grande impacto, e, como resultado, estou me mudando para onde meus filhos estão." E foi isso que levou Erik e Aubrie Newton, atingidos por um devastador golpe do destino, a colocar o amor como o centro da vida deles.

O senso comum postula que devemos nos concentrar na jornada, e não no destino.

Eu discordo.

Concentre-se nas *pessoas*. Quando você se cerca de pessoas inspiradoras, a jornada se torna mais bonita, e o destino, mais brilhante. É impossível planejar a jornada perfeita. Concentre-se na companhia — nas pessoas com quem você deseja viajar —, e a jornada vai se revelar no devido tempo. Nada de ruim acontece por nos cercarmos de indivíduos inspiradores, genuínos, gentis e que agregam.

Encontre as pessoas da sua primeira fileira. Valorize-as. Seja a pessoa da primeira fileira de alguém.

12.

A peculiar espécie social

CERTA VEZ, PERGUNTARAM À antropóloga norte-americana Margaret Mead o que ela considerava ser o primeiro sinal de civilização na sociedade humana. O aluno que fez a pergunta esperava uma resposta sobre ferramentas, pinturas rupestres ou outros artefatos antigos, mas Mead seguiu um caminho interessante. Ela respondeu que o primeiro sinal da civilização humana era um fêmur quebrado e cicatrizado.

Por que a antropóloga considerava esse antigo achado esqueletal tão importante?

O fêmur — o osso da coxa — é o osso mais longo do corpo humano e foi particularmente importante para a sobrevivência dos nossos antepassados na natureza, dado o seu envolvimento em todos os nossos principais movimentos. Um fêmur quebrado requer um tempo notoriamente longo para cicatrizar, às vezes até dez semanas. Mead argumentou que, nas sociedades pré-civilizadas, um fêmur quebrado era uma sentença de morte; a sobrevivência imediata do clã teria precedência sobre as necessidades do indivíduo, e a infeliz vítima teria sido deixada para trás. No entanto, um fêmur *cicatrizado* indicava que o indivíduo havia sido cuidado, o que implicava uma mudança no pensamento habitual de sobrevivência imediata. Ela acreditava que era esse o primeiro sinal de uma sociedade civilizada — a disposição para cuidar uns dos outros em tempos de necessidade.

A veracidade dessa história já foi questionada ao longo dos anos, mas sua lição é nítida: a necessidade e o desejo humanos de conexão, amor, cooperação e suporte é o que permitiu à nossa espécie sobreviver e prosperar.

A história humana transborda de exemplos de como a conexão social está intrinsecamente ligada à cultura, à felicidade e ao progresso. Nossos primeiros ancestrais humanos com cérebros de tamanho semelhante ao nosso caminharam pela Terra cerca de 700 mil anos atrás.[1] Eles desenvolveram divisões de trabalho, tinham espaços de reunião comunitários e podem até ter enterrado seus mortos. Os caçadores-coletores dependiam da comunicação e do esforço coletivo para caçar grandes animais. A coordenação do movimento e da força necessários para derrubar um mamute-lanoso de mais de quatro toneladas é algo bastante complexo.

As cidades antigas em geral incluíam locais elaborados para reuniões em que as pessoas se juntavam para atividades políticas, sociais e culturais. Da Ágora na Grécia Antiga ao Fórum, na Roma Antiga, desde os espaços públicos abertos em Mohenjo Daro às praças cerimoniais dos antigos Incas, e do místico Stonehenge até o local cerimonial de Pueblo Bonito dos nativos Pueblo, podemos dizer que a conexão social tem sido uma força motriz por trás da concepção da vida humana. A linguagem falada e escrita se desenvolveu como um meio de disseminar informações e conhecimentos através do espaço e do tempo.

A conexão social começou como um simples meio de sobrevivência — a partilha de recursos e apoio —, mas aos poucos evoluiu para algo mais complexo e se tornou um recurso estratégico, momento em que a linguagem viabilizou o surgimento de redes humanas mais amplas e de coordenação (para o bem e para o mal) entre elas. Inúmeras guerras foram travadas e milhões de vidas foram perdidas com base no pertencimento a uma ou outra rede social (regional, nacional, religiosa etc.). Os humanos são uma espécie complexa; a mesma ligação social que permitiu a sobrevivência e o amor também trouxe guerras, assassinatos, tristezas e perdas.

O antropólogo Robin Dunbar é famoso por determinar, com base em pesquisas, o número de relações sociais estáveis que uma única pessoa pode manter (o valor apropriadamente conhecido como "número de Dunbar" é 150). Ele também descobriu que o preditor mais forte do tamanho do cérebro entre as espécies é o típico do seu grupo social. O cérebro humano é excepcionalmente grande em relação ao tamanho do corpo, o que Dunbar atribui ao fato de que nossa espécie é altamente sociável.

Em resumo: você é social porque é humano, e é humano porque é social.

"RELACIONAMENTOS, RELACIONAMENTOS, RELACIONAMENTOS"

Em 1938, duas equipes de pesquisa distintas em Boston, Massachusetts, começaram a acompanhar a vida de dois grupos muito diferentes de jovens. As equipes não tinham como saber na época, mas o estudo que começaram naquele ano iria se tornar o mais importante já registrado sobre o desenvolvimento humano e mudaria para sempre a forma como os cientistas encaram as conexões humanas.

Uma equipe de pesquisa era liderada por Arlie Bock, um médico de Harvard que queria fugir da tendência da medicina de se concentrar nos doentes para, em vez disso, estudar os atributos de pessoas comuns e bem-sucedidas. O dr. Bock esperava que esse estudo pudesse levar ao segredo da felicidade, da saúde e do sucesso em geral, um resultado que ele acreditava ser mais poderoso do que qualquer outro que pudesse alcançar por meio de um caminho mais tradicional de pesquisa. Com o apoio financeiro de W.T. Grant, magnata das lojas de departamento de Boston, ele começou a trabalhar. O chamado "Estudo Grant" teve o número inicial de 268 participantes do sexo masculino que faziam graduação em Harvard.

A outra equipe de pesquisa era liderada pelo casal Sheldon e Eleanor Glueck, ambos professores da Faculdade de Direito de Harvard, que estudavam delinquência juvenil e comportamento criminoso. Os Glueck concentraram a sua investigação em 456 rapazes das famílias e bairros mais problemáticos de Boston, num esforço para determinar os fatores que contribuíam para o comportamento delinquente.

Por mais de trinta anos, os dois estudos longitudinais seguiram em paralelo, mas como uma espécie de imagem espelhada, um dedicado à vida dos mais privilegiados da sociedade, o outro, à vida de alguns dos menos privilegiados. Em 1972, George Vaillant, psiquiatra e pesquisador de Harvard, assumiu a direção do Estudo Grant e fez uma contribuição de importância histórica ao integrar o estudo dos Glueck à pesquisa. A integração aumentou a amplitude do perfil socioeconômico da base de participantes e viabilizou uma série de potenciais insights a partir dos dois estudos.

Os estudos longitudinais em geral enfrentam desafios de financiamento quando o interesse diminui ou os patrocinadores originais os abandonam (ou morrem!), mas a liderança e a narrativa do dr. Vaillant permitiram que o estudo prosperasse. E o que é mais incrível, até o momento em que este livro estava sendo escrito, o Estudo Grant (agora formalmente conhecido como Estudo de Harvard sobre o Desenvolvimento de Adultos) continua em andamento, mais de 85 anos depois de seu início. Os pesquisadores coletam dados dos participantes a cada dois anos por meio de uma pesquisa que consiste em milhares de perguntas sobre satisfação com a vida, a saúde, o humor e muito mais. Eles também conduzem um conjunto de testes fisiológicos completos a cada cinco anos. O estudo acompanhou e mensurou a vida de 724 participantes iniciais do sexo masculino e mais de 1.300 de seus descendentes dos sexos masculino e feminino. Trata-se do que é amplamente reconhecido como o estudo longitudinal mais longo sobre a saúde e a felicidade dos indivíduos.

Embora as descobertas do estudo tenham grande alcance e amplitude, sua lição mais importante é simples: as relações sociais são, literalmente, tudo.

O dr. Vaillant é direto: "A chave para um envelhecimento saudável são relacionamentos, relacionamentos, relacionamentos."[2]

A partir do estudo descobriu-se que relacionamentos fortes e saudáveis são o melhor preditor de satisfação com a vida, superando em muito outros preditores hipotéticos, como o de classe social, riqueza, fama, QI e genética. E, talvez algo ainda mais importante, descobriu-se no estudo que a satisfação no relacionamento tinha um impacto positivo direto na saúde física. Robert Waldinger, o atual diretor do estudo, destacou as descobertas numa palestra TED que foi visualizada mais de 50 milhões de vezes. "Não foram os níveis de colesterol que previram como as pessoas iriam envelhecer", disse ele. "Foi o quão satisfeitas elas estavam com seus relacionamentos. As pessoas que estavam mais satisfeitas nos seus relacionamentos aos 50 anos eram as mais saudáveis aos 80."

Para reiterar esse ponto crucial: o maior preditor de saúde física aos 80 anos foi a satisfação com os relacionamentos aos 50 anos. Em contrapartida, verificou-se que a solidão era pior para a saúde do que o uso regular de tabaco ou álcool. O dr. Waldinger resumiu: "Cuidar do seu corpo é importante, mas cuidar de seus relacionamentos também é uma forma de autocuidado. Acho que essa é a revelação."

Pesquisadores do Estudo de Harvard sobre o Desenvolvimento de Adultos sempre fazem esta pergunta aos participantes: para quem você poderia ligar no meio da noite se estivesse doente ou com medo? As respostas variaram de uma longa lista de nomes a "ninguém" e serviram como uma medida simples de uma métrica importante: solidão. O dr. Waldinger, comentando sobre aqueles que responderam "ninguém", disse: "Essa é a verdadeira solidão — esse sentimento de que ninguém no mundo nos protege. Os custos disso são enormes. Isso nos faz sentir inseguros e que não somos amados e, em algum momento, compromete nossa saúde."

PANDEMIA DA SOLIDÃO

Minha avó materna, Vimala Pawar Reddy, era uma mulher forte e orgulhosa, nascida e criada na Índia. Ela tinha grande magnetismo, era uma contadora de histórias nata e um ser extremamente social que se dava bem com todo mundo, desde a primeira infância até a vida adulta. Lembro-me vividamente de inúmeros dias e inúmeras noites passados sentado no chão enquanto ela agraciava a mim e seus outros netos com histórias de sua juventude — brincadeiras, aventuras e experiências de quase morte. Ela era o tipo de mulher que estava sempre cercada de amigos e entes queridos. Quando meu avô construiu uma casa para eles nos seus últimos anos, ele decidiu construí-la em um pequeno beco sem saída perto de seus três casais de amigos próximos, sobretudo para garantir que sua esposa extrovertida sempre tivesse companhia, mesmo depois que ele partisse. Quando meu avô faleceu, em 2006, minha avó permaneceu cercada de amor, tanto em termos metafóricos quanto em literais. Um por um, os homens nas quatro casas daquela pequena rua faleceram, mas as esposas seguiram em frente: a proximidade com a amizade e o amor garantiu mais vida a todas, nos momentos bons e nos ruins.

Minha avó continuou a aproveitar a vida. Em sua comemoração de aniversário de 90 anos, em 2019, ela pegou o microfone, exibiu um sorriso doce e pueril e agradeceu a todos por participarem. Entretanto, como a maior parte do mundo, ela não estava preparada para o caos que ocorreria logo depois. Ela pareceu envelhecer vinte anos em dois, durante as quarentenas que ocorreram na Índia, de março de 2020 a meados de 2022. Sua agenda movimentada, que antes incluía um clube semanal de palavras cruzadas, almoços diários e visitas regulares de familiares e amigos ficou vazia. Ela não chegou a contrair covid-19, mas, como a pesquisa destaca, a deterioração em sua saúde e faculdades mentais pode ter ocorrido devido sobretudo à falta de conexão humana. Quando enfim consegui visitá-la outra vez, em janeiro de 2023, ela parecia quase catatônica na noite de nossa chegada. No segundo dia de nossa visita, ela estava acordada, conversando ativamente e até fazendo brincadeiras comigo e com o meu pai, professor de Harvard, em um jogo de palavras cruzadas (enquanto nos consolava dizendo que ela apenas "estava recebendo as melhores letras"). A conexão social, a calidez e o amor serviram como o melhor remédio para suas várias doenças.

Em 2023, Vivek Murthy, cirurgião geral nos Estados Unidos, publicou "Nossa epidemia de solidão e isolamento",[3] um relatório abrangente que trouxe mais rigor científico ao meu exemplo anedótico. No relatório, observou-se que a conectividade estava no seu nível mais alto, em que 96% a 99% dos adolescentes e adultos com menos de 65 anos utilizavam a internet, e o norte-americano comum, durante seis horas por dia. Cerca de um em cada três adultos nos Estados Unidos afirmou estar conectado "quase constantemente". O uso das redes sociais aumentou de 5% em 2005 para 80% em 2019, e 95% dos adolescentes relataram ter utilizado redes sociais em 2022.

Isso é importante, porque a constante conexão tecnológica nos afasta das interações humanas cara a cara — uma perigosa batalha que está sendo travada pela nossa atenção. Quando as redes sociais e a tecnologia vencem essa batalha, os sentimentos de solidão e isolamento social aumentam. A quantidade de tempo que os norte-americanos passam sozinhos aumentou de forma constante na era das redes sociais, de 285 minutos por dia em 2003 para 309 em 2019 (e 333 durante a pandemia de covid-19, de acordo com a pesquisa de 2020).[4]

O resultado é o que muitos chamam de "recessão de amizades". De acordo com um estudo[5] citado no relatório de Murthy, a solidão entre os jovens adultos aumentou ano após ano entre 1976 e 2019. Os adolescentes e jovens adultos estão passando 70% menos tempo com os amigos de maneira presencial do que duas décadas atrás.[6] A tendência parece particularmente terrível para os homens, uma vez que 15% deles relatam que não têm amizades íntimas (um aumento de cinco vezes desde 1990); o número de homens que afirmam ter pelo menos seis amizades íntimas foi reduzido pela metade no mesmo período.[7] Em um estudo da Gallup de 2022, descobriu-se que apenas 39% dos adultos nos Estados Unidos sentiam uma conexão forte com outros adultos.[8] Embora a pandemia de covid-19 possa ter ampliado a sensação, é lógico que a solidão já vem aumentando há muito tempo.

Infelizmente, minha avó faleceu em outubro de 2023. Para mim, ela foi mais uma vítima deste novo e difundido desafio global: a pandemia de solidão. As tecnologias que criamos e adotamos estão conspirando contra nós. Talvez não da maneira distópica, com ataques de robôs, como em nossos filmes de ficção científica favoritos, mas de uma forma sorrateira, como um Cavalo de Troia extremamente eficaz. Além disso, em uma cultura em que a otimização financeira se tornou a regra, muitos de nós estão agindo de formas que exacerbam o problema da solidão.

A ARMADILHA DA OTIMIZAÇÃO

Em uma pesquisa de 2021 com norte-americanos que haviam se mudado fazia pouco tempo, cerca de um terço expressou algum arrependimento em relação a essa decisão, sendo o arrependimento mais comum o abandono de amigos e familiares.[9] A chamada "Grande Renúncia" de 2021, quando os Estados Unidos sofreu um abandono sem precedentes no mercado de trabalho, hoje é ironicamente referida como o "Grande Arrependimento": em uma pesquisa recente, mostrou-se que cerca de 80% daqueles que mudaram de um emprego para outro agora se arrependem da mudança. De acordo com um artigo da revista *Fortune* que cita a pesquisa: "A razão mais comum dada por quem mudou de emprego para desejarem voltar ao antigo trabalho foi a falta que sentiam dos antigos colegas, e quase um terço dos participantes disseram que sentiam falta da antiga equipe."[10] A perda de relacionamentos estáveis superou os benefícios salariais, geográficos ou de flexibilidade.

Quando não consegue mensurar e valorizar sua riqueza social, você não a leva em conta ao tomar suas decisões.

Isso traz um ponto importante, sobretudo no contexto das narrativas populares em torno da arbitragem geográfica, da cultura nômade digital, da otimização de impostos e coisas do gênero:

- Qual é o sentido de toda essa otimização financeira se você estiver sozinho?

- Quantas pessoas venderam a casa e se mudaram para áreas com impostos mais baixos para poupar dinheiro, para então perceberem que, sem a família e os amigos, não se sentem em casa?

- Quantas pessoas viajaram por todo o mundo e viram paisagens incríveis, para então perceber que as ver sozinho não é algo tão significativo?

- Quantas pessoas aceitaram empregos bem remunerados em outros locais para então notar que se sentem profundamente infelizes sem sua rede de apoio e seus amigos e familiares?

Um grande amigo meu de 30 e poucos anos tinha uma vida social próspera na cidade de Nova York, mas decidiu se mudar para uma cidade a uma hora de distância, e assim evitar o alto imposto municipal que recairia sobre seus ganhos quando a empresa onde trabalhava fosse adquirida ou abrisse seu capital na bolsa de valores. Depois de apenas seis meses, ele percebeu seu equívoco: "Eu estava economizando centenas de milhares [de dólares] no papel, mas me esqueci de dar valor aos relacionamentos e à vida social que eram tão importantes para mim." Depois de doze meses, ele voltou à cidade de Nova York e pagou todos os impostos — uma escolha sábia, na minha opinião.

A solidão e o isolamento social que em geral acompanham uma mudança para outro país por motivação financeira é um tema comum na popular aba "r/expats" da rede social Reddit. Em um post recente, um usuário observou: "Gosto do meu trabalho e dos meus colegas, [mas] sofro de depressão e ansiedade e tenho achado muito difícil morar sozinho. Liguei para meus pais todas as noites nas últimas duas semanas. Isso me abalou tanto que estou tirando algumas semanas de folga para poder ir pra casa ficar com minha família."

As pesquisas, as histórias e os insights se alinham em torno de uma realidade fundamental: você pode ignorar a importância da riqueza social, mas fazer isso coloca sua felicidade e realização no longo prazo em risco.

Falando por experiência própria: nada melhorou mais nossa qualidade de vida do que viver a uma curta distância de carro de nossa família e dos amigos mais próximos. A proximidade com as pessoas que você ama vale mais do que qualquer trabalho jamais poderá pagar.

Você pode precisar de comida, de água e de abrigo para sobreviver, mas é a conexão humana que lhe permite prosperar.

13.

Os dias são longos, mas os anos são curtos

Pais, filhos e tempo perdido

GREG SLOAN ESTAVA com tudo. Com 30 e poucos anos, ele se tornou vice-presidente da Goldman Sachs, uma das instituições financeiras mais prestigiadas do mundo, e servia como consultor financeiro de confiança para uma longa lista de empresários famosos. Seu conhecimento e sua orientação eram valiosos, fato que se refletiu no aumento constante de seu salário e nos bônus que recebia da empresa.

Sloan estava conseguindo tudo o que pretendia alcançar — o dinheiro, a confiança, a lista de clientes, o respeito: tudo isso estava lá. O caminho a seguir era evidente, até que um dia uma simples interação com seu filho de 5 anos mudou tudo.

A pré-escola de seu filho estava prestes a promover um evento chamado "Donut com o papai", no qual os pais se juntariam aos alunos para uma manhã comendo donuts e realizando atividades divertidas. Infelizmente, Greg estaria em uma importante viagem de negócios, então teria que faltar. Quando sua esposa deu a notícia ao filho, ele reagiu dando de ombros e dizendo: "Tudo bem, o papai nunca está por perto."

As palavras foram como um tapa quando sua esposa as repetiu para Greg naquela noite. Ele decidiu que aquela era a gota d'água.

"Deixei meu emprego na Goldman Sachs no fim daquele ano. Meu filho tem 27 anos hoje. Não tenho arrependimentos."

OS ANOS MÁGICOS

Por dez anos, você é a pessoa favorita do seu filho e da sua filha em todo o mundo. Depois disso, as crianças têm outras pessoas favoritas — melhores amigos, parceiros e, em algum momento, os próprios filhos e as filhas. Contudo, ao longo desses dez anos, você é tudo e ocupa um lugar único no mundo delas. É durante esse período que a base para o relacionamento entre pais e mães e suas crianças — tão central para a riqueza social de muitas pessoas — é construída. Pode ser uma base forte que é provável que vá durar décadas, ou uma base frágil que provavelmente vai desmoronar em anos, mas há uma verdade aterrorizante: quando completarem 18 anos, você já gastou a maior parte do tempo que terá com elas. Infelizmente, vivemos em uma sociedade em que os primeiros anos das crianças coincidem com o horário de trabalho das figuras parentais, viagens e outras responsabilidades profissionais. Para muitos de nós, esses anos especiais vêm e vão em um piscar de olhos — uma miscelânea de noites adentro no escritório, reuniões atrás de reuniões, ler e-mails na mesa de jantar e atender a ligações no fim de semana.

Em um post do Reddit de maio de 2023 que viralizou, um usuário escreveu: "Daqui a vinte anos, as únicas pessoas que lembrarão que você trabalhou até mais tarde serão os seus filhos." Os comentários foram cheios de emoção, como "O cemitério está cheio de pessoas 'insubstituíveis' e 'importantes'" e "Eu perdi tantos aniversários, tantas apresentações e tantos eventos para ficar no trabalho, e nem sei dizer o porquê. Não lembro no que estava trabalhando, não sei dizer por que era importante. Mas sei como meus filhos se sentiram por eu não estar presente".

Tenho duas opiniões a respeito disso:

1. Estar presente e passar o tempo com aqueles que você ama é a coisa mais importante, no fim das contas.
2. As pessoas que você ama se lembrarão para sempre de testemunhar você trabalhar duro nas coisas com as quais se importa.

A importância e o valor do segundo ponto em geral se perdem na narrativa em torno do equilíbrio entre vida profissional e pessoal. Entender, estar orientado e equilibrado na tensão entre essas duas crenças é o que de fato faz você "ganhar" o jogo. Em outras palavras, o objetivo não é sacrificar seu crescimento profissional, não alcançar seu potencial máximo no trabalho ou parar de aprender e crescer em prol do esforço de estar constantemente presente na vida de seus filhos; o objetivo é ter discernimento para escolher — definir seu equilíbrio e viver de acordo com o planejado, e não seguindo um comportamento padrão.

O objetivo é fazer a pergunta e criar a própria resposta, não aceitar sem questionar a resposta "certa" que alguém quer empurrar para você. O objetivo é entender que esses dez curtos anos são diferentes — podem não ser o momento certo para ir atrás daquela promoção ou de um novo papel no trabalho. No mínimo, você precisa compreender e internalizar as trocas que está fazendo, caso as realize.

Greg Sloan fez sua escolha. Quando seus colegas "bebiam do cálice de que o sucesso financeiro resolveria os problemas de equilíbrio entre vida profissional e pessoal", ele optou por um caminho diferente. Refletindo sobre sua decisão anos depois, Greg sorriu e disse: "Deixar [o Goldman Sachs] me permitiu treinar os times de beisebol [do meu filho] e estar bastante envolvido em sua paixão pelo esporte. Hoje ele tem 27 anos e temos um vínculo especial." Ele inclusive considera que aquela decisão ousada salvou seu casamento: "Acredito que há uma grande probabilidade de que Katherine e eu teríamos nos divorciado se eu tivesse ficado [no Goldman Sachs]. O estilo de vida de viagens e o estresse exacerbado simplesmente não era saudável para o nosso casamento. Vamos comemorar 31 anos de bodas em junho."

A capacidade de escolher é um privilégio por si só, pois requer certo nível de conforto. Para quem tem escolha, é importante não a desperdiçar seguindo em um caminho comum. É importante fazer perguntas, pensar com discernimento e refletir sobre as vantagens e desvantagens que este livro recomenda que você leve em conta.

Minha abordagem pessoal é baseada na experiência com meu pai. Sua capacidade de equilibrar as duas perspectivas de mundo é algo que eu sempre lembrarei. Ele voltava para casa para jantar, brincava comigo lá fora, depois trabalhava até tarde quando eu ia para a cama. Grande parte da minha disciplina e ética de trabalho veio de observá-lo trabalhar duro em coisas que o inspiravam, sem jamais permitir que atrapalhassem o que era mais importante para ele — sua família. Lembro-me muito bem de ir com ele em uma de suas viagens de trabalho internacional aos 10 anos. Enquanto eu assistia a filmes e desfrutava dos lanches durante o longo voo, ele ficou acordado por doze horas seguidas trabalhando em sua apresentação. Quando perguntei — quase incrédulo — como ele não assistiu a nenhum filme em todo o voo, ele sorriu e respondeu: "Isso é necessário — para atender às minhas expectativas e para poder trazê-lo junto na viagem."

Sempre me senti conectado ao seu trabalho porque ele dedicava seu tempo para explicar *as razões* — por que ele trabalhava duro nas coisas e o que esperava alcançar com elas. Envolver seus entes queridos em sua jornada dessa forma é uma coisa linda. Eles vão entender por que você está trabalhando duro, o valor que isso cria para eles e para você e se sentirão conectados ao seu crescimento e às suas conquistas. É mais fácil de entender e apreciar uma ausência por motivo de trabalho quando se sabe a razão.

Os anos mágicos deveriam ser um chamado à ação: lute contra essa tensão, esteja presente e aprecie esse tempo brutalmente curto que você tem com suas crianças. Pare de viver um plano que adia sua felicidade, dizendo: "Bem, vou trabalhar muito agora para poder ser feliz e passar mais tempo com meus filhos quando tiver 60 anos."

Porque, quando você tiver 60 anos, eles não terão mais 3.

Os anos mágicos vão desaparecer, caso você permita. Rejeite os padrões, questione e planeje um equilíbrio que se encaixe no seu mundo.

Lembre-se sempre: os dias são longos, mas os anos são curtos.

14.

Os três pilares da riqueza social

NO INÍCIO DE 2022, uma mensagem de um rapaz de 28 anos, assinante da minha newsletter, chamou minha atenção.

Rohan Venkatesh era, em certo sentido, uma versão minha um pouco mais jovem. Filho mais velho de imigrantes indianos, ele havia crescido em uma pequena cidade nos arredores de Boston, Massachusetts, onde se destacava na escola pública. Ele foi para a Northeastern University, em Boston, e se graduou com louvor (*magna cum laude*), iniciando sua carreira no mercado financeiro ao aceitar um emprego de prestígio, que demandaria muito, como analista em um banco de investimentos. Após alguns anos de ótimo desempenho, ele ingressou em um fundo de investimento e viu suas responsabilidades aumentarem. Assim como eu, ele baixava a cabeça e fazia seu trabalho, enraizado na profunda crença de que o melhor ainda estava por vir.

As coisas pareciam ser assim mesmo, até certa manhã de agosto de 2021, quando tudo mudou.

Naquela manhã, Rohan acordou pronto para enfrentar o mundo. Ele tinha acabado de aceitar um novo emprego em um escritório no coração de Nova York. A manhã começou como qualquer outra: um pouco de trabalho seguido de uma corrida matinal com sua mãe, algo que se tornou uma espécie de ritual. Enquanto corria, Rohan sentiu uma sensação estranha em uma das pernas. Presumindo que estava cansado por conta dos treinos ou da falta de sono, ele apenas caminhou para casa e atendeu à sua próxima ligação de trabalho. No meio da ligação, ele percebeu que não conseguia mexer o braço esquerdo. Então ele ligou para a emergência. Poucos minutos depois, seu estado piorou a ponto de ele precisar de uma cadeira de rodas para entrar no hospital. Vinte e quatro horas depois, uma equipe de médicos entrou em seu quarto e deu a chocante notícia: Rohan Venkatesh tinha um tumor cerebral inoperável.

No intervalo de um dia, seu futuro passou de "maravilhosamente infinito a terrivelmente finito".

A semana que ele havia marcado em seu calendário com entusiasmo para ser o início de seu novo emprego se transformou na semana em que o seu tratamento por radiação foi iniciado. Os meses seguintes foram uma confusão de quartos de hospital, exames e tratamentos. Ele suportou seis semanas de uma radiação que ameaçava acabar com sua vida; lidou com o período posterior, aguardando notícias sobre a eficácia do tratamento na interrupção do crescimento do tumor; aguentou os meses de reabilitação enquanto trabalhava para recuperar as forças física e mental, um processo que continua até hoje.

Quando Rohan me procurou e compartilhou sua história, ele tinha acabado de entrar no que poderia ser mais bem descrito como um "padrão de retenção" do tumor — não havia desaparecido, mas havia parado de crescer. Fiquei impressionado com seu otimismo contagiante e quase inexplicável por aquele novo sopro de vida. No ano que se seguiu, passei um tempo com ele, e desenvolvemos uma amizade. Falamos sobre a luz da vida que encontramos na escuridão da morte, a beleza de uma vida desprovida das falsas pretensões, algo que a sensação de permanência infunde em você. O fundador da Apple, Steve Jobs, disse bem: "Quase tudo... todas as expectativas externas, todo o orgulho, todo o medo do constrangimento ou do fracasso... simplesmente desaparece diante da morte, deixando apenas o que é verdadeiramente importante. Lembrar que você vai morrer é a melhor maneira que conheço de evitar a armadilha de pensar que temos algo a perder. Você já não tem nada mesmo."[11]

Rohan Venkatesh já não tinha nada — e, diante da escuridão, ele encontrou sua luz:

"Eu tinha o poder da escolha."

Uma antiga parábola budista reflete esse sentimento. O Buda pergunta ao aluno: "Se uma pessoa é atingida por uma flecha, é algo doloroso?" O aluno assente. O Buda pergunta: "Se uma pessoa é atingida por uma segunda flecha, é ainda mais doloroso?" O aluno confirma outra vez. O Buda então explica: "Na vida, nem sempre podemos controlar a primeira flecha — a coisa ruim que acontece. No entanto, a segunda flecha é a nossa reação à coisa ruim, e essa segunda flecha é *opcional*." A primeira flecha é o acontecimento negativo que atinge você — o caos, a dor, os desafios e a complexidade que ameaçam desviá-lo, tirá-lo do caminho. Ela o atinge e dói. No entanto, a segunda flecha é a sua resposta à primeira, e, como a parábola nos ensina, você pode evitar ser atingido: ela está totalmente sob seu controle.

Rohan Venkatesh estava determinado a evitar ser atingido por essa segunda flecha, mesmo diante das terríveis circunstâncias. "Eu já havia perdido muito. Tinha aquela Espada de Dâmocles* (literal e figurativamente) sobre minha cabeça. Mas, todas as manhãs, eu conseguia escolher o que focar. Eu poderia optar por me concentrar nas coisas que estavam fora do meu controle. Poderia optar por me afundar na tristeza. Poderia optar por ficar rolando pelas postagens das redes sociais e me deparar com pessoas fazendo as coisas que eu não podia mais fazer. Ou poderia escolher me concentrar no que estava sob meu controle. Poderia optar por passar um tempo com pessoas que me animam, que me inspiram a crescer. Poderia escolher ser o tipo de pessoa que elas gostariam de ter por perto."

A vida é muito frágil, mas não importa o quão frágil seja, todos os dias temos a opção de escolher como vivê-la. Cada dia é um novo começo, uma nova escolha a fazer. As palavras de Rohan sobre escolher as suas pessoas são particularmente comoventes. Você tem muitas opções ao longo da vida, mas uma se destaca como a escolha mais importante que você fará: quem vai escolher para se juntar a você nesta jornada insana? A quem vai escolher dedicar sua energia, seu amor e seu respeito? Com quem vai escolher passar seu tempo *assustadoramente finito*?

Você precisa de conexão para sobreviver e prosperar, para sua saúde, felicidade e realização. Você precisa construir uma vida de riqueza social.

---

* A Espada de Dâmocles é uma referência a uma antiga história grega sobre um cortesão chamado Dâmocles, a quem o Rei Dionísio permite se sentar no trono por um dia, mas durante todo o tempo há uma espada que fica sobre sua cabeça, pendurada por um único fio da crina de um cavalo. A Espada de Dâmocles representa a constante ansiedade provocada pela expectativa de uma desgraça iminente.

Sua riqueza social é construída sobre três pilares principais:

- PROFUNDIDADE: conexão com um pequeno círculo de pessoas com laços profundos e significativos.

- AMPLITUDE: conexão com um círculo maior de pessoas para apoio e pertencimento, seja por meio de relações individuais, seja por meio de uma infraestrutura comunitária, religiosa, espiritual ou cultural.

- STATUS ATRIBUÍDO: o respeito, a admiração e a confiança duradouros de seus colegas que você recebe com base em símbolos de status atribuídos, não adquiridos.

Isso não exige nenhum ponto de partida especial, situação familiar ou meios financeiros. No entanto, exige um senso de urgência: o horizonte do tempo de nosso investimento em riqueza social é importante. Em *Uma boa vida*, livro best-seller do *New York Times*, os autores Marc Schulz e Robert Waldinger, este último diretor do estudo de Harvard sobre o Desenvolvimento de Adultos, apontam: "Como músculos, relacionamentos negligenciados se atrofiam." Se supusermos erroneamente um horizonte de tempo infinito para nossos relacionamentos — o que significa que um investimento no futuro é efetivamente o mesmo que um investimento no presente —, perceberemos que muitas dessas relações se atrofiaram de forma irrecuperável com o passar do tempo.

Se não fizer essas viagens familiares nos seus 20 e 30 anos, talvez não possa fazê-las em seus 40 e 50 anos. Se não se encontrar com regularidade com seus amigos na casa dos 30 e 40 anos, eles podem não estar por perto quando do você estiver na casa dos 50 e 60 anos. Se não ingressar nesse grupo comunitário local nos seus 40 e 50 anos, você não terá essas conexões nos seus 60 e 70 anos. Se não estiver presente para seus entes queridos durante os momentos de necessidade, eles não vão aparecer quando você precisar.

Investir agora na sua riqueza social por meio de ações diárias e deliberadas para melhorar a sua aptidão social é o caminho mais óbvio para desenvolver uma vida rica em conexões mais profundas e amplas.

À medida que você mensura a riqueza social como parte do seu novo placar de avaliação, os três pilares — profundidade, amplitude e status atribuído — fornecem um planejamento das ações certas para construí-la. Ao desenvolver uma compreensão desses pilares e dos sistemas de alta alavancagem que os afetam, você pode começar a alcançar os resultados desejados.

PROFUNDIDADE: AS PESSOAS DA PRIMEIRA FILEIRA

Profundidade é a conexão a um círculo íntimo de pessoas com vínculos intensos, significativos e duradouros. Ela está na base de sua riqueza social — o pequeno grupo no qual você pode confiar que receberá amor, conexão e apoio durante seus altos e baixos. Você entende que algo é profundo quando sente. São as pessoas para quem você pode ligar às três da manhã, quando tudo está dando errado. São as pessoas da sua primeira fileira.

A profundidade é desenvolvida por meio de três ações, comportamentos e atitudes:

- HONESTIDADE: compartilhar suas verdades e fraquezas e ouvir as dos demais
- APOIO: estar ao lado das pessoas que ama durante suas lutas
- EXPERIÊNCIA COMPARTILHADA: enfrentar experiências positivas e negativas juntos

Você cultiva a profundidade por longos períodos — ela é forjada durante e através dos altos e baixos da vida. Como um músculo, a profundidade é desenvolvida quando os relacionamentos são forçados a suportar lutas, dores e tensões. Assim como o músculo fica mais forte depois de ser testado, o mesmo acontecerá com seus relacionamentos mais duradouros.

Embora esse círculo possa incluir membros da família, não há exigência de que a profundidade seja encontrada por meio de relacionamentos familiares. A profundidade das conexões é algo pessoal — *onde* você a encontra em sua vida não é o detalhe mais importante; o que importa *é que* você a encontre.

Um ótimo exemplo é Okinawa, uma ilha que faz parte do território japonês com uma das maiores porcentagens de pessoas centenárias do mundo. Os residentes de Okinawa têm uma vida social notoriamente animada e estruturada. O termo *moai* — que se traduz como algo próximo de "reunião para um propósito comum"[12] — refere-se aos grupos de amigos que os residentes formam durante a sua juventude (por vezes quando têm apenas 5 anos) e mantêm ao longo da vida. Esses grupos de amigos proporcionam diversão e também apoio à medida que surgem os inevitáveis desafios da vida. Os amigos se encontram com regularidade, conversam, fofocam, riem e amam, em um sistema que resistiu ao tempo e parece contribuir para a vida longa e saudável que têm.

Além disso, seu círculo de profundidade não é uma constante — ele tem uma natureza viva e flutuante. Relacionamentos, como sua vida, têm fases. Você pode desenvolver profundidade em novos relacionamentos em novos lugares ou expandi-la em relacionamentos antigos que enfim estão prontos para prosperar.

Pode levar muitos anos para que um relacionamento alcance o máximo de profundidade possível. Minha irmã é cerca de três anos mais velha que eu. Durante a maior parte da nossa infância, eu a tinha como a criança de ouro, aquela que não fazia nada errado. Ela tirou notas melhores, ingressou nas melhores universidades e sempre pareceu se destacar nas áreas que minha família valorizava. Minha imaturidade criou um sentimento de competição com ela, em vez de proporcionar alegria, apoio e amor. Às vezes, eu me ressentia de seu sucesso, desejando que fosse eu a realizar todas as coisas que ela realizou. Infelizmente, essa imaturidade e competitividade prejudicou a profundidade do nosso relacionamento durante a nossa juventude. Contudo, nos últimos anos aconteceu algo incrível que mudou tudo: nós dois tivemos filhos. De repente, aquele tênue véu de competição que obscurecia nosso relacionamento foi rasgado, e o que restou foi uma compreensão, um reconhecimento de que, pela primeira vez, estávamos na mesma fase da vida. Na mesma jornada, na mesma lama.

Após trinta anos, nos conectamos pela primeira vez. Podíamos nos ver com nitidez; nós nos conhecíamos. Vi meu relacionamento com minha irmã se transformar em algo verdadeiramente profundo — com a consciência de que ainda teremos anos de puro amor e apoio pela frente.

A lição: você vai ter um relacionamento profundo, amoroso e cheio de apoio com alguém que ainda nem conheceu.

A profundidade é o pilar fundamental da riqueza social. Ela é construída por meio de ações e comportamentos diários — honestidade, apoio e experiência compartilhada — adotados de forma consistente durante longos períodos. Sem profundidade, você não pode viver uma vida feliz e plena. Com profundidade, tudo é possível.

AMPLITUDE: PERTENCER A ALGO MAIOR

Da profundidade de seu pequeno círculo, você pode construir sua amplitude fazendo-o crescer.

Amplitude é a conexão com um círculo maior para apoio e pertencimento. Em seu livro *Friends: Understanding the Power of Our Most Important Relationships* [Amigos: Entendendo o poder das nossas relações mais importantes, em tradução livre], Robin Dunbar propõe o conceito de círculos de amizade para visualizar os relacionamentos de um indivíduo. O círculo mais íntimo — cerca de quinze dos seus relacionamentos mais próximos — é a base da profundidade que analisamos. À medida que os círculos se estendem para bons amigos, amigos, conhecidos e além, avançamos para o reino da amplitude. Essas relações são importantes, pois podem proporcionar apoio variado, como redes de oportunidades de carreira, diversão, conexões com novos parceiros românticos e muito mais.

Essa amplitude pode ser construída por meio de conexões individuais, bem como por meio da comunidade. A comunidade pode assumir diversas formas — cultural, espiritual, local, regional, nacional e tantas mais —, mas, em seu sentido mais amplo, ela é construída em torno da conexão com algo maior que o eu. A participação em uma comunidade cria alavancagem em seu ecossistema de riqueza social — conecta você a indivíduos que não conhece pessoalmente. Essa conexão instila um sentimento de pertencimento que é uma fonte de realização duradoura na vida. Em uma pesquisa recente do *Wall Street Journal*/NORC,[13] constatou-se que, desde de 1998, a porcentagem de entrevistados dos Estados Unidos que afirmou que o envolvimento comunitário, religioso e patriótico era muito importante caiu de maneira acentuada. O único valor pessoal que aumentou em importância foi o dinheiro. Na mesma pesquisa, a porcentagem de pessoas que relatou estar "não muito feliz" aumentou de forma acentuada — o que duvido que seja coincidência, se quer saber minha opinião.

A amplitude é construída por meio de comportamentos que expõem você a novas pessoas e novos ambientes, como:

- participar de um clube ou de uma comunidade local voltados a uma área de interesse. Se você gosta de ler, pode ser um clube do livro, ou um clube de arte, se você gosta de criatividade, ou até uma academia, se você gosta de malhar. Seja criança de novo e participe de novas atividades para fazer novos amigos;
- participar de uma reunião espiritual semanal se você for uma pessoa movida pela fé;
- participar de encontros virtuais pelas causas com as quais você se preocupa;
- organizar passeios ou caminhadas regulares com outras pessoas em sua área;
- ir ao evento de networking que você está evitando.

Todas essas alternativas criam o potencial para muitas novas conexões por meio de uma única atitude.

Buscar amplitude exige que você experimente coisas novas, o que dá abertura para o mundo ao seu redor. Se você faz algo sem esperar nada em troca, cria uma variedade de conexões que trarão uma riqueza social duradoura.

STATUS ATRIBUÍDO: A MOEDA SOCIAL DURADOURA

Você é um animal em busca de status — e não há nada errado nisso.

O *status* pode ser definido como a situação ou posição de uma pessoa em relação a alguém ou a um grupo. O desejo de ser respeitado e admirado por seus companheiros humanos é natural (e útil em termos evolutivos). Cecilia Ridgeway, uma socióloga norte-americana e professora de ciências sociais da cátedra Lucie Stern na Universidade de Stanford, considera o status como "a estima que outras pessoas têm por nós, como somos vistos por outros, como somos avaliados, o valor que atribuem a nós em alguma situação".[14] O status é uma forma básica de moeda social — ele dita nossas interações com as pessoas ao redor.

Embora possa ter uma conotação negativa, o status é um fenômeno humano muito natural (e importante!). No livro *The Status Game* [O jogo do status, em tradução livre], Will Storr observa: "Na Idade da Pedra, um status maior significava maior influência, acesso a opções mais amplas de parceiros e mais segurança e recursos para nós e para os nossos filhos e nossas filhas. Isso acontece ainda hoje." Já no livro *Darwin vai às compras: Sexo, evolução e consumo*, Geoffrey Miller observa: "Os seres humanos evoluíram em pequenos grupos sociais em que a imagem e o status têm importância primordial, não somente para a sobrevivência, mas também para atrair parceiros, impressionar amigos e criar os filhos." Ridgeway refere-se ao status como uma "incrível tecnologia social", uma vez que ele permitiu aos humanos alcançarem coordenação e organização.

Vencer na disputa do status, ao que parece, é bom para a sua saúde. Em um estudo publicado em 2014 na revista *Evolution, Medicine and Public Health*, um grupo de pesquisadores descobriu que entre os Tsimane, um povo indígena pré-industrial e politicamente igualitário na Amazônia boliviana, os indivíduos de status superior exibiam níveis mais baixos de estresse e uma saúde melhor.[15] Em outros estudos, também mostrou-se que estar mais perto do topo da hierarquia de status social é benéfico à saúde, mesmo isolando variáveis como a riqueza financeira.[16]

Para os nossos antepassados, o status em geral era sinalizado por meio de demonstrações de capacidade física, tamanho ou associação com os parceiros mais atraentes. No mundo de hoje, em que demonstrações abertas de força física são (em geral) reprovadas, não é tão surpreendente que os humanos optem por sinalizar sua posição na sociedade em grande parte por meio da aquisição e exibição de bens materiais. Aquele Rolex, a Range Rover e a bolsa Gucci — os símbolos de status do mundo atual — são os equivalentes modernos aos nossos ancestrais batendo com os punhos no peito.

O problema: o status duradouro que você procura — o verdadeiro respeito e a admiração dos seus pares — não pode ser comprado. Além do mais, essa busca incessante levou muitos homens e muitas mulheres por uma estrada obscura e sinuosa até lugar nenhum.

Sem dúvida, você já viu outras pessoas (ou até você) seguirem o mesmo caminho:

- Você desfila para ostentar seu novo guarda-roupa, mas fica desapontado quando passa despercebido, ofuscado pelo novo relógio e pelos sapatos do seu colega.

- Você compra um carro sofisticado, mas se esquece dele no segundo em que vê o modelo mais recente na entrada da garagem do vizinho.

- Você se associa a um novo clube, mas logo fica insatisfeito quando os membros mais famosos saem para se juntar ao clube recém-inaugurado do outro lado da cidade.

- Você compra uma casa nova, mas fica frustrado quando comentam que ela não fica na melhor região da cidade.

O fascínio por esses símbolos de status não vem por você respeitar e admirar as pessoas que os têm; é que você imagina o respeito e a admiração que *vai* receber assim que os tiver. Como Morgan Housel observou em seu livro best-seller *A psicologia financeira*: "Quando você vê alguém dirigindo um carro bacana, raramente pensa: 'Uau, o cara que dirige aquele carro é demais.' Em vez disso, pensa: 'Uau, se *eu* tivesse aquele carro, as pessoas achariam que *eu* sou demais'."

Para evitar cair nessa armadilha, você deve identificar as pessoas que de fato respeita e admira e, em seguida, determinar quais ativos ou características específicas provocam respeito e admiração. Estou disposto a apostar que não estão incluídos os atraentes símbolos que você se vê perseguindo. Esses símbolos são fugazes: eles podem impressionar na superfície, mas o respeito e a admiração vêm da profundidade.

O empresário e investidor Naval Ravikant disse certa vez: "Um corpo em forma, uma mente calma e uma casa cheia de amor. Essas coisas não podem ser compradas — elas devem ser conquistadas." O que é mais precioso, valioso e durável na vida não pode ser adquirido com dinheiro. O que o faz ter o profundo respeito e a admiração de seus colegas não está à venda.

Isso leva a uma distinção importante. Existem dois tipos de status: o comprado e o atribuído.

O *status comprado* é a posição social alcançada por meio de símbolos de status adquiridos:

- a associação ao clube que faz de você parte daquele ambiente;
- o carro, o relógio, a bolsa ou as joias caras adquiridas com o único objetivo de exibir para os outros sua riqueza financeira;
- o avião particular ou a viagem de iate feita mais para tirar fotos para o Instagram do que por sua utilidade.

O *status atribuído*, no entanto, é o verdadeiro respeito, a admiração e a confiança recebidas por conquistas por meio de muito esforço:

- a liberdade de escolher como gastar seu tempo (e com quem gastá-lo);
- as relações familiares saudáveis e amorosas tornadas possíveis por anos de tempo e energia dedicados;
- o trabalho e o conhecimento repletos de propósito dentro de uma área, construídos ao longo de anos de esforço;
- a tão procurada sabedoria acumulada ao longo de décadas de experiência de vida;
- a mente adaptável capaz de lidar com situações estressantes, moldada por uma prática constante de atenção plena e introspecção reflexiva;
- o físico forte e em forma construído por meio de horas de exercício e alimentação disciplinada;
- a promoção profissional ou venda da empresa alcançada após um longo período de trabalho árduo.

Como você vai notar, o status atribuído é um subproduto natural do propósito de uma vida fundamentada nos conceitos presentes em *Os 5 tipos de riqueza*. Esses símbolos de status podem não ser glamorosos, mas transmitem uma profundidade para quem está próximo a você, impossível de ser adquirida por meios financeiros.

As disputas de status fazem parte da vida e são cruciais para estabelecer sua posição nas hierarquias relativas que controlam seus mundos pessoal e profissional. Você nunca vai escapar delas — apenas precisa entrar nas disputas certas.

O status comprado é fugaz. Pode melhorar sua posição, mas apenas até que o próximo nível seja desbloqueado e você volte aos lugares mais baixos. Isso vai fazer você continuar tentando entrar no que o autor C.S. Lewis chama de "o círculo interno": "Enquanto você for controlado por esse desejo, nunca conseguirá o que deseja. Você está tentando descascar uma cebola: se tiver sucesso, não haverá mais nada no fim."

O status atribuído é duradouro. Ele traz um respeito durável, a admiração e a confiança que você busca das pessoas que importam para você, aquelas cujas opiniões você considera e valoriza.

Para viver uma vida de riqueza social abundante, concentre-se no que deve ser conquistado, e não no que pode ser comprado.

É importante ressaltar que, embora os pilares da riqueza social permaneçam os mesmos, a sua aplicação será diferente para cada pessoa, uma vez que o nível de conexão social que as pessoas necessitam para se sentirem felizes, saudáveis e realizadas varia. Uma pessoa extrovertida pode demandar um nível significativo de amplitude e profundidade nas conexões para manter sua solidão sob controle, enquanto uma introvertida pode demandar apenas alguns relacionamentos próximos para conseguir o mesmo. Assim, os sistemas e exercícios do guia da riqueza social a seguir pretendem ser dinâmicos e aplicados ao contexto das suas necessidades. Eles são universais na sua base, mas não na aplicação.

Estabelecida a compreensão dos três pilares, podemos passar para o guia da riqueza social, que fornece ferramentas e sistemas específicos para construir sobre esses pilares e cultivar uma vida de riqueza social.

15.

O guia da riqueza social

Sistemas para o sucesso

O GUIA DA RIQUEZA SOCIAL a seguir apresenta sistemas específicos de alta alavancagem para construir cada um dos pilares de uma vida de riqueza social. Não se trata de um modelo único para todas as pessoas, e você não deve se sentir obrigado a ler cada um deles. Folheie e selecione aqueles que parecem mais relevantes e úteis para você.

Ao avaliar e executar os sistemas para o sucesso trazidos pelo guia, utilize suas respostas para cada declaração do teste do placar da riqueza social para focar as áreas em que você precisa fazer o maior progresso (aquelas em que você respondeu "discordo totalmente", "discordo" ou "neutro").

1. Tenho relacionamentos profundos e repletos de amor, que servem como rede de apoio.
2. Sou capaz de ser o companheiro, pai/mãe, membro da família e amigo que eu gostaria de ter.
3. Tenho uma rede de relacionamentos mais informais com os quais posso aprender e construir algo.
4. Tenho um profundo sentimento de ligação a uma comunidade (local, regional, nacional, espiritual etc.) ou a algo maior do que eu.
5. Não tento alcançar status social, respeito ou admiração por meio de bens materiais.

Algumas antimetas mais comuns para evitar em sua jornada pela riqueza social:

- permitir que minha busca pelo sucesso financeiro prejudique meus relacionamentos mais profundos;
- perder a conexão com minhas redes e comunidade locais;
- buscar símbolos de status para melhorar minha posição social.

Aqui estão dez sistemas comprovados para a construção de riqueza social.

1. Estratégias para riqueza social que eu gostaria de saber aos 22 anos — 167
2. O mapa de relacionamentos | Profundidade e amplitude — 170
3. Duas regras para prosperar no amor | Profundidade — 174
4. O Jantar da Vida | Profundidade — 180
5. Ajudar, ouvir ou abraçar | Profundidade — 182
6. Os quatro princípios de um mestre da conversação | Amplitude — 184
7. O guia antinetworking | Amplitude — 188
8. O grupo de confiança | Amplitude — 193
9. O guia para falar em público | Amplitude e status atribuído — 196
10. Os testes de status | Status atribuído — 202

Estratégias para riqueza social que eu gostaria de saber aos 22 anos

Esta é uma colaboração com Arthur C. Brooks, cientista social, professor da Harvard Business School e autor de *Cada vez mais forte* e *Construa a vida que você quer*, best-sellers do *New York Times*.

1. A felicidade não é um destino, e sim uma direção; como e com quem você viaja pela vida é o que conta.
2. As pessoas são feitas para amar — todos ansiamos por amor e podemos encontrar algo amável em quase todas as pessoas que conhecemos. Nem sempre damos ou aceitamos, porque cometemos muitos erros, mas o amor é o desejo de todo coração.
3. Pessoas que discordam em posicionamentos políticos ainda podem desfrutar de relacionamentos próximos.
4. Pessoas felizes amam as pessoas, usam as coisas e adoram o divino; pessoas infelizes usam as pessoas, amam as coisas e adoram a si mesmas.
5. É péssimo ser especial em vez de feliz. É isso que as pessoas fazem quando escolhem ficar horas a mais no trabalho e horas a menos com os filhos e as filhas.
6. Aborde as divergências com seu parceiro não como "eu", e sim como "nós". Os casais mais harmoniosos são aqueles que aprendem a jogar no mesmo time. Seu modo predominante para interagir deve ser colaborativo, e não competitivo.
7. A felicidade não depende de patrimônio líquido, configuração familiar ou conjunto de perspectivas ideológicas. Ela requer que você seja generoso no amor e se permita ser amado.
8. Converse com pessoas diferentes de você. O caminho social mais simples é permanecer no seu grupo de amigos já conhecido, no qual as interações são familiares e fáceis. O caminho social de maior benefício é se afastar desse grupo tradicional e se expor a novas crenças, mentalidades e novos pontos de vista.

9. Trate as brigas como um exercício. Elas são dolorosas, lógico, mas você não deve ficar infeliz por brigar com frequência, porque isso o torna mais forte — sobretudo se você passar a encará-las como algo que pode proporcionar crescimento, e não algo a se desprezar.
10. Concentre-se em seus relacionamentos; não deixe que sua qualidade e intensidade fiquem ao acaso. Trate-os com o tipo de seriedade que as pessoas costumam reservar às finanças ou à carreira.
11. Quando se trata de amor, busque pensar no futuro. Pensar no curto prazo é cultivar relacionamentos ruins.
12. Os verdadeiros empreendedores arriscam o coração ao se apaixonar, mesmo quando há risco.
13. Diga exatamente o que você quer. Ninguém — nem mesmo sua família — consegue ler sua mente.
14. Não trate sua família como caixas eletrônicos emocionais. Quando as pessoas tratam a família como uma válvula unidirecional de ajuda e conselho — em geral em um sistema em que são o pai e a mãe que dão e os filhos e as filhas que recebem —, os relacionamentos padecem.
15. Faça da amizade um fim em si, e não um trampolim para outras coisas.
16. Os sentimentos são contagiosos — não espalhe o vírus do sofrimento.
17. Coloque-se em primeiro lugar. Trabalhe na sua felicidade antes de tentar ajudar os outros. Abdicar de sua alegria por causa de outra pessoa pode parecer o caminho mais virtuoso, mas essa é uma estratégia que culmina em perdas para todos os envolvidos.
18. Não se concentre na aparência e no status dos outros. Bons dentes e um emprego de boa remuneração não indicam lealdade e bondade. Procure por evidências dessas características.
19. Quando pensar algo bom sobre alguém, fale para a pessoa.
20. Diga ao seu companheiro uma coisa que você aprecia nele ou nela todos os dias.
21. Se você está tentando conversar com pessoas que o intimidam, pergunte no que elas estão trabalhando e que as deixa mais entusiasmadas. Continue a perguntar e ouvir com atenção.

22. Quando alguém está passando por poucas e boas, dizer "Estou aqui" é a coisa mais poderosa que você pode fazer. Seja o "amigo das horas mais difíceis" para aqueles que você ama.

23. Grave uma entrevista com seus pais. Faça perguntas e peça a eles para contarem histórias de infância, aventuras, esperanças, sonhos e medos. Nosso tempo com eles é finito, mas muitas vezes deixamos de reconhecer isso até que seja tarde demais. Essas gravações vão durar para sempre.

24. Se você está dividido sobre qual presente dar a alguém, escolha um livro que você ama.

25. Carregue um caderninho e uma caneta com você, aonde quer que vá. Se alguém disser algo interessante, anote.

26. Não se apegue aos favores devidos ou recebidos. Quando você estiver com amigos, pague a conta de vez em quando — tudo compensa quando são amigos de verdade. *Quid pro quo* é uma maneira terrível de se viver.

27. Se você tem muitos *amigos comerciais*, não tem *amigos de verdade* suficientes.

28. Se você está prestes a agir pela emoção, espere 24 horas. Muitos relacionamentos foram rompidos por ações tomadas no calor do momento. Não caia nessa armadilha.

29. Elogie um desconhecido todos os dias. Diga que você gostou da camisa ou dos sapatos de alguém, elogie o corte de cabelo da pessoa. Não use isso para iniciar conversas — fale e siga adiante.

30. Pare de tentar ser interessante e se concentre em estar interessado. As pessoas interessadas oferecem sua profunda atenção a algo para aprender mais sobre esse algo. Elas se abrem para o mundo; fazem ótimas perguntas e observam. Estar interessado é como você se torna interessante.

31. Dos 20 aos 30 e poucos anos, faça algumas coisas que você gostaria de contar aos seus filhos e às suas filhas algum dia. Viva uma aventura, treine para algum evento insano, coloque a mão na massa em um projeto nada convencional, tanto faz. Viva algumas histórias que valham a pena ser contadas.

Como avaliar sua base de referência: o mapa de relacionamentos

Pilares: profundidade e amplitude

O mapa de relacionamentos é um exercício simples para avaliar sua base de referência social atual e as áreas nas quais é necessário maior foco e aprimoramento. É uma adaptação de um exercício proposto em *Uma boa vida* pelos coautores Robert Waldinger e Marc Schulz.

O exercício do mapa de relacionamentos envolve três etapas:

ETAPA 1: LISTE SEUS PRINCIPAIS RELACIONAMENTOS

O primeiro passo é criar uma lista das principais relações sociais que ocupam a sua vida. Isso pode incluir relacionamentos familiares, amigos, parceiros ou colegas de trabalho. A maioria das pessoas terá cerca de dez a quinze relacionamentos nessa lista, mas outras podem ter até 25.

ETAPA 2: AVALIE SEUS PRINCIPAIS RELACIONAMENTOS

Para cada relacionamento principal, faça estas duas perguntas de avaliação:

1. O relacionamento é de apoio, ambíguo ou desrespeitoso?
2. A interação no relacionamento é frequente ou pouco frequente?

Para definir os termos-chave associados à primeira avaliação:

- Um *relacionamento de apoio* é aquele em que há um entendimento mútuo de cuidado, amor, respeito e conforto.

- Um *relacionamento desrespeitoso* é caracterizado pela ausência das qualidades de um relacionamento de apoio e em geral envolve um comportamento específico que prejudica a autoestima de alguém.

- Um *relacionamento ambivalente* tem elementos tanto das relações de apoio quanto das desrespeitosas em momentos diferentes — é inconsistente.

Pode surpreender, mas, embora seja esperado que os relacionamentos desrespeitosos sejam os mais prejudiciais para a sua vida, os pesquisadores mostram que os relacionamentos ambivalentes criam mais problemas para o seu bem-estar físico e mental. Por exemplo, em um estudo,[17] descobriu-se que os participantes apresentaram uma pressão arterial mais elevada após uma interação com alguém que inspirava sentimentos contraditórios do que com alguém que inspirava sentimentos puramente negativos. A inconsistência das interações é prejudicial.

É provável que você já tenha vivenciado um relacionamento como esse, uma pessoa que oferece amor e apoio em alguns momentos, mas críticas e desprezo em outros. O amor e o apoio fazem você se abrir, deixar a pessoa entrar, o que torna as críticas futuras e o desprezo ainda mais dolorosos. Como o autor best-seller Adam Grant escreveu em um artigo de opinião no *New York Times*: "Os relacionamentos mais tóxicos não são os puramente negativos; são os que têm uma mistura positiva e negativa."[18]

ETAPA 3: MAPEIE SEUS PRINCIPAIS RELACIONAMENTOS

Depois de avaliar seus principais relacionamentos, coloque-os em um mapa de relacionamentos, uma grade simples de 2 x 2 com a *saúde do relacionamento* no eixo X (de desrespeito a apoio) e a *frequência do relacionamento* no eixo Y (de raro a diário).

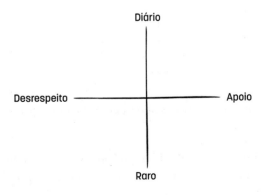

Depois que os principais relacionamentos forem colocados no mapa de relacionamentos, avalie as zonas relevantes e as implicações para cada uma:

- ZONA VERDE: alto apoio e frequência. Essas relações devem ser priorizadas para manter a sua posição e força.
- ZONA DE OPORTUNIDADE: alto apoio e pouca frequência. É preciso focar esses relacionamentos para aumentar sua frequência de interações.
- ZONA DE PERIGO: Ambivalentes e frequentes. Essas relações devem ser gerenciadas para que a frequência do impacto seja reduzida, ou para que o apoio nas interações seja aprimorado.
- ZONA VERMELHA: desrespeitosos e frequentes. Esses relacionamentos devem ser gerenciados ou simplesmente removidos para que a frequência de seu impacto seja reduzida.

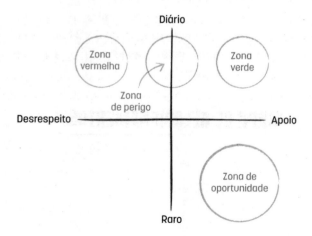

Para trazer à prática, aqui estão as descobertas da minha primeira experiência com esse exercício:

- ZONA VERDE: felizmente, houve vários relacionamentos que identifiquei como frequentes e de apoio. Continuarei a priorizá-los e garantir que essas pessoas saibam o quanto significam para mim.

- **ZONA DE OPORTUNIDADE:** identifiquei mais de dez relacionamentos pouco frequentes, mas de muito apoio, alguns com velhos amigos e colegas e outros com familiares. Aumentei deliberadamente a frequência das interações com esse grupo de várias maneiras, inclusive por meio de viagens em grupo e contatos mais casuais (mensagens de texto, ligações).

- **ZONA DE PERIGO:** houve três relacionamentos que sinalizei como frequentes e ambivalentes (inconsistentes, ao mesmo tempo de apoio e desrespeitosos). Num caso, conversei com a pessoa (um membro da família) para explicar como certos comportamentos pareciam desrespeitosos. A comunicação aberta levou a melhores interações, e agora essa relação está avançando para a zona verde. Nos outros dois casos, reduzi a frequência das minhas interações com as pessoas, o que as empurrou para fora da zona de perigo.

- **ZONA VERMELHA:** havia um relacionamento profissional — um sócio em um de meus negócios — que identifiquei como frequente e desrespeitoso. Com a natureza da relação identificada, tomei a decisão de comunicar uma saída progressiva do meu envolvimento com o negócio. Demorou seis meses, mas, depois de concluído, a frequência das interações desrespeitosas foi reduzida em níveis significativos.

Com um mapa de relacionamentos completo em mãos, você estará bem equipado para se concentrar nos relacionamentos que criam mais energia, valor e prosperidade emocional em sua vida.

O mapa de relacionamentos não é estático: ele é altamente dinâmico. Os relacionamentos mudam no mapa, e você, sem dúvida, vai agregar e se afastar de pessoas nas várias fases da sua vida, por isso vale a pena revisitar o exercício com regularidade.

Como viver os relacionamentos românticos: duas regras para prosperar no amor

Pilar: profundidade

Quem você escolhe para ser seu parceiro ou parceira na vida é a decisão mais importante que vai tomar.

Lembre-se dos gráficos da seção de Riqueza de Tempo, sobre com quem você passa seu tempo. Seu parceiro é a única pessoa com quem você passa cada vez mais tempo até o fim da vida.

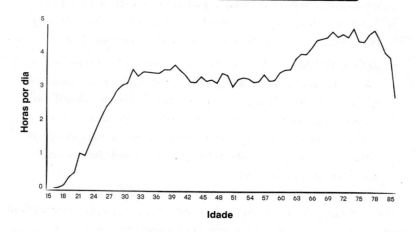

Tive muita sorte em minha experiência e observação do amor. No momento em que escrevo este livro, minha esposa e eu estamos casados há sete anos e juntos há mais de dezessete, desde que nos conhecemos e começamos a namorar no ensino médio. Meus pais se casaram há 42 anos, os pais da minha esposa, há mais de trinta anos, e todos os nossos avôs e avós seguiram casados até o fim da vida.

Aprendi muito ao estar cercado por esses relacionamentos. Mais importante ainda, aprendi o que significa *prosperar no amor*.

É fácil se apaixonar. *Prosperar* no amor é que é difícil. A paixão é o que você vê nas redes sociais. Prosperar no amor é o que você não vê; significa desenvolver e aprofundar um vínculo por meio de desconforto, períodos dolorosos, escuridão, conversas difíceis e desafios. Prosperar no amor acontece durante longos períodos, durante as fases da vida, em ondas que vêm e vão. Prosperar no amor é o que cria a profundidade de um vínculo para toda a vida.

Observei duas regras sendo seguidas pelos casais que prosperam no amor, e elas têm sido particularmente valiosas no meu relacionamento:

REGRA 1: ENTENDA AS LINGUAGENS DO AMOR

Em 1992, Gary Chapman, um pastor batista, publicou um livro chamado *As cinco linguagens do amor: Como expressar um compromisso de amor a seu cônjuge*. Chapman sugeriu que existem cinco linguagens do amor que definem a maneira como os parceiros amorosos dão, recebem e vivenciam o amor:

1. PALAVRAS DE AFIRMAÇÃO: expressões verbais de amor e carinho. As pessoas que usam essa linguagem do amor se sentem mais amadas quando ouvem elogios, palavras de incentivo e expressões de agradecimento.

2. TEMPO DE QUALIDADE: tempo, energia e presença. As pessoas que usam essa linguagem de amor se sentem amadas quando seus parceiros lhes dão atenção total e passam um tempo com mais significado com elas. Elas estão presentes no momento, se envolvem em conversas significativas e criam experiências compartilhadas.

3. PRESENTES: as pessoas que usam essa linguagem do amor valorizam a reflexão e o esforço por trás dos presentes. Elas se sentem amadas ao receber presentes atenciosos e cheios de significado.

4. ATOS DE SERVIÇO: as pessoas que usam essa linguagem de amor preferem ações a palavras. Elas se sentem amadas quando o parceiro realiza "atos de serviço" para tornar a vida mais fácil ou confortável (fazendo trabalhos domésticos, tarefas. ou assumindo funções para aliviar o peso da vida da outra parte).

5. **TOQUE FÍSICO:** as pessoas que usam essa linguagem de amor descobrem que a conexão física e humana é o que as faz se sentir mais amadas — abraços, beijos, mãos dadas, chamegos e outras formas de contato físico. O toque não sexual é tão importante quanto a intimidade sexual para essas pessoas.

A consciência e o reconhecimento da linguagem do amor sua e do seu parceiro são essenciais para um relacionamento próspero, porque viabilizam que cada um de vocês se comporte da maneira que for mais eficaz para o outro.

Por exemplo, eu sei que a linguagem do amor da minha esposa é o toque físico. Quando ela está chateada ou estressada, um abraço ou uma massagem nas costas é mais eficaz do que qualquer outra ação. Quando ela está se sentindo ótima, mãos dadas e um beijo na bochecha estabelecem uma sensação poderosa e duradoura de conexão. Durante anos, tive dificuldade para entender do que ela precisava, simplesmente porque não sabia que essa conexão física era tudo o que ela queria de mim em momentos difíceis.

Para colocar em prática as cinco linguagens do amor, transforme isso em algo lúdico com seu parceiro. Sentem-se juntos e façam um teste gratuito (em inglês) em 5lovelanguages.com/quizzes/love-language. Tentem adivinhar a linguagem do amor um do outro antes de começar e vejam se vocês estavam certos. Depois de determinar as respostas corretas, pensem em como vocês podem incorporar a compreensão das linguagens do amor um do outro em suas interações e expressões de amor no dia a dia. Seu relacionamento vai se beneficiar dessa reflexão.

REGRA 2: EVITE AS ARMADILHAS

No início do livro, mencionei uma piada do falecido Charlie Munger: "Tudo o que quero saber é onde vou morrer para nunca ir até lá." Reflita sobre a importância dessa frase no contexto do seu relacionamento amoroso: saiba onde seu relacionamento vai morrer para que você nunca vá até lá.

Felizmente, o psicólogo John Gottman fez o trabalho duro de descobrir onde fica esse lugar. A partir de sua pesquisa, ele prevê quem vai se divorciar, e em um desses experimentos mostrou-se correto em impressionantes 94% das vezes.

Em um estudo seminal de 1992, o dr. Gottman e sua equipe entrevistaram 52 casais. Fizeram uma variedade de perguntas sobre como se conheceram, por que decidiram casar e quais as mudanças pelas quais as suas relações tinham passado, e os observaram discutindo durante quinze minutos sobre um ponto de conflito atual no relacionamento. Com base em breves entrevistas e observações, o dr. Gottman e a sua equipe conseguiram prever com 94% de precisão quais casais permaneceram juntos e quais se separariam no prazo de três anos após o estudo.

O dr. Gottman descreveu os quatro estilos de comunicação que apareceram de forma consistente em relacionamentos que fracassaram (ele os chamou de "os quatro cavaleiros", uma referência aos Quatro Cavaleiros do Apocalipse).

Considero estes os elementos nos quais os relacionamentos encontram a morte:

1. CRÍTICA: embora articular reclamações seja justo e necessário para um relacionamento saudável, o dr. Gottman definiu a *crítica* como um *ataque ad hominem* à outra parte.

2. DEFENSIVIDADE: em resposta às críticas, a maioria das pessoas tentará se proteger por meio de estratégias defensivas com desculpas. Quando estamos na defensiva, não somos responsáveis por nossas falhas e ações.

3. DESPREZO: tratar o parceiro com desrespeito por meio de ataques ao caráter e à essência da pessoa. A pesquisa do dr. Gottman revelou que o desprezo é o maior preditor de divórcios.

4. BLOQUEIO: em resposta ao desprezo, um ou ambos os parceiros podem simplesmente se fechar em um movimento de preferir evitar totalmente o envolvimento com o problema.

Com a consciência de onde seu relacionamento vai morrer, é possível focar em nunca chegar lá. Se você notar esses estilos de comunicação surgindo em seu relacionamento, o dr. Gottman e sua equipe desenvolveram um conjunto de "antídotos" que são eficazes no combate a eles:

1. **ANTÍDOTO PARA A CRÍTICA (COMEÇANDO DE LEVE):** concentre-se em uma reclamação sem culpar ninguém, evitando a palavra "você" e se concentrando na palavra "eu". Essa reformulação evita colocar a culpa em alguém e, em vez disso, dá destaque ao que você sente ou precisa de seu parceiro.

2. **ANTÍDOTO PARA A DEFENSIVIDADE (ASSUMIR RESPONSABILIDADE):** reconhecer e aceitar a perspectiva do seu parceiro ao pedir desculpas pelas ações ou pelos comportamentos que criaram aquela perspectiva.

3. **ANTÍDOTO PARA O DESPREZO (CONSTRUA UMA CULTURA DE APRECIAÇÃO):** crie um lembrete regular da personalidade, das ações ou dos comportamentos positivos do seu parceiro e os utilize como base para sentir gratidão por essas características.

4. **ANTÍDOTO PARA O BLOQUEIO (AUTOCALMANTE FISIOLÓGICO):** tire um intervalo e faça uma pausa. Passe esse tempo envolvido em uma atividade calmante, que distraia ou relaxe, como caminhar, trabalhar a respiração ou se sentar de olhos fechados.

Desenvolver uma compreensão das armadilhas comuns na jornada e aprender como evitá-las tem sido um grande fator positivo para meu relacionamento amoroso. Tenho certeza de que também será para o seu.

QUINHENTOS ANOS DE CONSELHOS SOBRE RELACIONAMENTOS

Para o sétimo aniversário de casamento com minha esposa, em 17 de dezembro de 2023, fiz uma pergunta simples a casais que estavam casados há quarenta, cinquenta ou até sessenta anos:

Que conselho de relacionamento você daria aos seus "eus" mais jovens?

Os participantes variavam desde um casal de 60 e poucos anos que acabava de celebrar o seu quadragésimo aniversário até um homem de 99 que acabava de celebrar 66 anos de felicidade com a esposa. No total, foram registrados mais de quinhentos anos de sabedoria adquirida nesses lindos relacionamentos.

Aqui estão dez conselhos de relacionamento que todos precisam ouvir:

1. O amor não é uma competição de gols a favor e contra. Contar pontos serve para jogos esportivos, e não para casamentos.

2. Manter interesses e paixões independentes do seu parceiro. O casamento não deve ser o fim da individualidade.

3. Nem sempre será 50% cada um. Às vezes será 90% e 10%; às vezes será 10% e 90%. O que importa é que a soma seja sempre 100%.

4. Um homem disse: "Nunca pare de namorar. Tenho 99 anos e ainda cortejo minha esposa!" Os casamentos não ficam chatos, você é que parou de tentar.

5. Ninguém jamais encontrou o caminho para um casamento feliz por meio de discussões. Ao enfrentar um desafio, façam isso juntos.

6. Você não pode cuidar do seu parceiro se não cuidar de si mesmo. Faça uma lista das suas necessidades diárias para se sentir bem e peça ao seu parceiro que faça o mesmo. Certifique-se de que vocês consigam cumprir os tópicos das listas.

7. Nunca envolva terceiros não qualificados (pais e mães, amigos, irmãos e irmãs, colegas de trabalho) em desentendimentos. Você vai se esquecer da situação, mas eles, não.

8. Seu cônjuge deve sempre ter prioridade sobre sua família biológica. Lembre-se disso quando as duas coisas parecerem estar em conflito.

9. A complementaridade é tão importante quanto a compatibilidade. Permita ao outro o espaço para liderar em diferentes aspectos do relacionamento.

10. O seu amor é seu. Esqueça a aprovação de outros. Vocês não conseguirão fazer todos felizes. Aceitem isso e acolham um ao outro.

Vou finalizar com a bela frase da mulher de 94 anos que participou do exercício de aniversário que mencionei no início do livro:
"Na dúvida, ame. O mundo sempre pode se valer de mais amor."

O Jantar da Vida: criando um ritual de relacionamento mensal

Pilar: profundidade

O Jantar da Vida é um poderoso ritual mensal de relacionamento criado pelo empresário Brad Feld.

O problema: com o tempo, sua vida se torna cada vez mais agitada. É fácil permitir que o seu relacionamento amoroso fique em segundo plano enquanto você lida com as questões mais urgentes da vida cotidiana. Embora no curto prazo isso possa parecer bom, no longo prazo pode levar a problemas.

A solução: uma data mensal fixa para fazer uma refeição com seu parceiro e refletir sobre seu progresso pessoal, profissional e de relacionamento, além de desafios e objetivos. O Jantar da Vida é uma forma atenciosa de manter seu relacionamento próspero, apesar das restrições de tempo e das tensões da vida cotidiana.

Alguns detalhes para conduzir o seu ritual do Jantar da Vida:

- defina uma data mensal recorrente;
- escolha um restaurante favorito, explore um novo lugar ou prepare uma refeição em casa;
- se você não tiver tempo para uma refeição completa, faça o ritual durante um café ou drinque.

O objetivo é criar um ritual mensal sagrado. Três áreas a serem contempladas na conversa:

- pessoal;
- profissional;
- relacionamento.

Em cada área, ambos devem ter a palavra para refletir sobre o progresso e os desafios do mês anterior e discutir metas futuras. Depois que os dois tiverem seu momento, poderão discutir os itens principais em conjunto. O objetivo é que cada um tenha tempo para falar livremente antes da discussão em casal.

Minha esposa e eu adoramos o Jantar da Vida porque cria uma estrutura pela qual podemos crescer juntos. Desde que tivemos o nosso filho, em maio de 2022, o ritual tem sido uma parte crítica do nosso sistema para garantir que continuemos crescendo juntos, apesar de termos um bebê em casa.

Se você está em um relacionamento, mas acha difícil desacelerar diante do caos da vida, recomendo que experimente o Jantar da Vida. Na pior das hipóteses, vocês farão uma boa refeição juntos — mas aposto que vocês aproveitarão muito mais do que isso!

Como melhorar a comunicação no relacionamento: ajudar, ouvir ou abraçar

Pilar: profundidade

Sou o tipo de pessoa que gosta de resolver tudo: quando as pessoas me procuram com problemas, minha primeira reação é tentar solucioná-los. Isso, em geral, é bom num contexto profissional, mas, quando levo essa abordagem para os meus relacionamentos, os resultados podem ser variados. Ao longo dos anos, minha mentalidade de consertar as coisas levou a muitos momentos tensos com minha esposa, minha família e meus amigos. Eles vinham até mim com um problema, e eu logo começava a analisar a situação e a oferecer possíveis soluções. Ficava confuso quando a outra pessoa muitas vezes rejeitava minhas soluções e abandonava a conversa (ou até ficava com raiva de mim por oferecê-las).

Depois de muito tempo, percebi o seguinte: às vezes, as pessoas não querem que você conserte as coisas. Elas só querem que você esteja presente para elas.

O método "ajudar, ouvir ou abraçar" é usado por terapeutas, professores e conselheiros, mas também é extremamente útil para melhorar a forma de lidar com situações cotidianas dos relacionamentos. Ele permite que você dê a outras pessoas o que elas precisam.[19]

Quando alguém que você ama vem até você com um problema, pergunte: "Você quer ser ajudado, ouvido ou abraçado?"

- AJUDAR: analise o problema e identifique possíveis soluções. A mentalidade de consertar as coisas pode entrar em ação.

- OUVIR: ouça com atenção e permita que a outra pessoa se expresse (e desabafe) conforme a necessidade.

- ABRAÇAR: ofereça um contato físico reconfortante. Tocar é a linguagem do amor de muitas pessoas (incluindo minha esposa). Às vezes, as pessoas só querem sentir sua presença.

A ideia é fazer a pergunta para criar uma consciência mútua sobre o que é necessário na situação. Essa consciência me tirou da configuração padrão de consertar as coisas. Em vez de tentar ajudar os entes queridos da maneira que era conveniente e natural *para mim*, fui forçado a ajudá-los da maneira mais adequada *para eles*.

P.S.: Perguntar especificamente "Você quer ser ajudado, ouvido ou abraçado?" pode ser útil no início, mas, depois de um tempo, outro padrão familiar vai se desenrolar.

Se você é como eu e tem dificuldades para identificar adequadamente o que seu parceiro, amigo ou membro da família precisa em determinada situação, dê uma chance ao método "ajudar, ouvir ou abraçar".

Como iniciar uma conversa: os quatro princípios de um mestre da conversação

Pilar: amplitude

Ser qualificado para conversar pode assumir muitas formas:

- extrovertido ou introvertido;
- contador de histórias teatral ou cauteloso comunicador de informações;
- alguém que oferece mais ou absorve mais informações.

A questão é que sua predisposição natural não condiciona sua capacidade ou incapacidade de se tornar qualificado em conversação. O extrovertido que costuma fugir do assunto e nunca deixa que a outra pessoa fale é tão problemático quanto o introvertido que se recusa a aproveitar suas chances com escuta ativa ou progressões. O objetivo é aproveitar ao máximo nossos conjuntos de habilidades naturais e nos tornar os melhores possíveis em conversação.

Aqui estão quatro princípios básicos de um mestre na conversação que qualquer pessoa, independentemente da disposição natural, pode usar:

PRINCÍPIO 1: CRIAR MAÇANETAS

Um artista de improvisação se referiu certa vez ao conceito de "maçanetas" em conversas. A maioria das perguntas funciona como sinais de "pare": elas convidam a uma resposta que já seguiria o fluxo natural de encerrar a conversa. Maçanetas são perguntas ou declarações que convidam a outra pessoa a abrir essas portas e entrar. São um convite para que comecem a contar uma história.

Um exemplo:

- Pergunta sinal de "pare": onde vocês se casaram?
- Pergunta "maçaneta": como vocês decidiram o local do casamento?

É provável que a versão de sinal de "pare" leve a uma parada na conversa quando a pessoa responde com um local. Já a versão maçaneta culmina na possibilidade de se contar uma história. Cada história oferece novas oportunidades para você, o ouvinte, promover a conexão e a conversa. As perguntas maçaneta criam histórias — você deve usá-las mais.

Aqui está um conjunto de boas perguntas maçaneta que eu gosto de usar. Escolha algumas para incorporar ao seu kit de ferramentas e as utilize na próxima vez que estiver em uma situação social ou profissional pouco familiar. Eu recomendaria pensar em sua resposta a esses tópicos, pois é provável que você vá enfrentar situações em que a pessoa retorna as perguntas para você, fazendo a conversa evoluir.

INÍCIO DE CONVERSAS:

- Com o que você está mais animado atualmente, com a vida pessoal ou com a profissional?
- O que você mais gostava (ou menos gostava) em sua cidade natal?
- Qual é a origem do seu nome? Por que seus pais lhe deram esse nome?
- Qual foi a coisa mais interessante que você andou lendo ou aprendendo?
- Qual foi o último melhor filme ou programa que você viu? O que fez você se interessar tanto?
- O que tem feito você sorrir?
- Se você tivesse um dia inteiro para si com zero responsabilidades, o que faria?

DESENVOLVENDO A CONVERSA:

- Quais são os momentos mais transformadores da sua vida? O que os tornou tão importantes?
- Sobre o que você andou mudando de ideia?
- Se você pudesse jantar com três a cinco pessoas de qualquer momento histórico, quem escolheria e por quê?

- O que você comprou por pouco dinheiro que fez uma grande diferença em sua vida?
- O que você faz para dar uma escapada ou relaxar?
- Qual foi a coisa mais gentil que alguém já fez por você?

As questões não estão em uma ordem específica, mas todas foram eficazes e levaram a conexões profundas com novos e velhos amigos em minha vida.

PRINCÍPIO 2: SEJA UM "OUVINTE REATIVO"

Em seu best-seller do *New York Times Como conhecer bem uma pessoa*, David Brooks se referiu à ideia de ser um "ouvinte reativo". Isso pode assumir muitas formas, mas em geral os ouvintes procuram agir para que quem está falando saiba que está sendo ouvido e compreendido.

Alguns exemplos para ser um "ouvinte reativo":

- SONS: dizer "Sim" ou "Aham" ou "Uhum" para sinalizar a escuta e encorajar a energia contínua do orador.

- EXPRESSÕES FACIAIS: mudança de expressões faciais para reagir à história que está sendo contada.

- LINGUAGEM CORPORAL: uma postura inclinada para o orador sinaliza envolvimento e energia positiva. Nunca se afaste ou se vire de lado, pois isso sinaliza que você está tentando sair de uma conversa e no mesmo instante prejudica a energia do momento.

Todos nós já estivemos em conversas em que fica muito evidente que a outra pessoa não está interessada em quem somos ou no que temos a dizer. Nós conhecemos esse sentimento. Não faça o mesmo com os outros.

PRINCÍPIO 3: REPETIR E SEGUIR

A escuta ativa leva diretamente ao método "repetir e seguir": repita com suas palavras os pontos-chave para quem está falando e siga adiante com um comentário adicional, uma história ou uma pergunta maçaneta. Trata-se de uma oportunidade de transmitir o que você concorda ou discorda e mostra uma escuta engajada. Isso impulsiona a conversação e consolida a conexão.

PRINCÍPIO 4: FAÇA CONTATO VISUAL SITUACIONAL

O contato visual tem nuances — faça muito pouco, e você vai parecer esquivo; faça demais, e vai parecer psicótico.

Eu gosto do contato visual situacional:

- profundo e conectado enquanto a outra pessoa fala;
- orgânico enquanto você fala. Não há problema em olhar para o nada enquanto você pensa, mas use o contato visual para enfatizar pontos-chave e os momentos mais importantes em uma história.

Se você se concentrar nesses quatro princípios fundamentais, logo vai aprimorar sua capacidade geral de conversação. Seja introvertido, seja extrovertido, um contador de histórias ou um comunicador de informações, você tem o potencial para ter uma ótima conversação. Dominar a arte e a ciência da conversa compensa no campo profissional, porém, mais importante, compensa no pessoal à medida que leva às conexões significativas que fornecem nova dimensão e riqueza à vida.

Use os quatro princípios fundamentais para começar sua jornada e se tornar um mestre da conversação.

Como construir novos relacionamentos: o guia antinetworking

Pilar: amplitude

A dura verdade: o networking está morto... pelo menos no sentido tradicional da palavra. Você não chega a lugar nenhum acumulando milhares de conexões pessoais e profissionais transitórias, e sim construindo relacionamentos genuínos:

- dando sem intenção de receber em troca;
- agindo a serviço dos outros;
- criando valor para quem está ao seu redor.

Aqueles que investem na construção de relacionamentos em vez de networking vão colher as recompensas mais valiosas no longo prazo — saúde, riqueza e felicidade.

Farei uma confissão: não sou um construtor de relacionamentos nato. Na verdade, sou um pouco introvertido e sofro de ansiedade social, sobretudo em ambientes com grandes grupos, como conferências, coquetéis e eventos lotados. No entanto, construí uma profundidade e uma amplitude de conexões que me trouxeram grande alegria e valor ao longo dos anos.

Esteja você se mudando para uma nova área, iniciando um novo emprego, evoluindo em sua carreira atual, indo a um evento profissional ou apenas querendo fazer novos amigos, este guia vai ajudar.

Aqui estão quatro princípios antinetworking mais importantes, que qualquer um pode usar:

PRINCÍPIO 1: ENCONTRE AMBIENTES ALINHADOS AOS SEUS VALORES

O melhor conselho que já recebi quando se trata de construir novos relacionamentos: coloque-se em ambientes com uma alta densidade de indivíduos alinhados aos seus valores.

O que isso quer dizer: pondere sobre seus valores, hobbies e interesses profissionais e pessoais e, em seguida, reflita sobre quais "salas' são prováveis de filtrar pessoas com um conjunto de valores e interesses semelhante. Um exemplo: se você tem um cachorro e adora sair de casa, é provável que parques locais para cães, bares ao ar livre ou trilhas para caminhada terão uma alta densidade de outras pessoas com interesses semelhantes.

A questão aqui é que você pode aumentar suas chances de encontrar pessoas com quem irá se conectar ao se inserir em ambientes onde vários níveis de filtragem já ocorreram antes mesmo de você chegar.

- Se você é apaixonado por um estilo de vida fitness e saudável, frequente o mercado de agricultores locais, a academia no início da manhã e as trilhas de caminhada da sua região.

- Se está focado em sua carreira em marketing, procure algum evento ou encontro de marketing local e participe de conferências de mídia social ou de criadores.

- Se gosta de livros e arte, encontre um clube do livro local, vá às aberturas de exposições e se junte à comunidade do museu local.

Na área profissional, esses ambientes em geral são mais fáceis de encontrar, pois seu negócio ou sua empresa vai promover conferências, eventos, festas e jantares em que você será incentivado a participar. Em sua vida pessoal, você terá um pouco mais de trabalho para encontrar esses ambientes.

Insira-se nos ambientes certos e já estará bem posicionado para construir novos relacionamentos.

PRINCÍPIO 2: FAÇA PERGUNTAS ENVOLVENTES

Quando estiver nesses ambientes, inicie conversas com novas pessoas. Um "olá" caloroso e um sorriso em geral são um ótimo jeito para começar, pois isso tende a desarmar e reduzir a tensão em qualquer situação.

A partir daí, tenho algumas perguntas preferidas que iniciam uma conversa com bom nível de engajamento:

- Qual é a sua conexão com [inserir local ou evento atual]?
- Com o que você anda mais animado?
- Qual é a sua coisa favorita *fora* do trabalho?
- Qual é o seu livro favorito do momento?

Nota: sempre evite perguntar "O que você faz?". É uma pergunta genérica e costuma impulsionar uma resposta padrão, automatizada ou desconfortável caso a pessoa não tenha orgulho de seu trabalho. "Com o que você anda mais animado?" leva a respostas mais pessoais e interessantes e aumenta o embalo da conversa.

Se você tem ansiedade social, grande parte do seu nervosismo nessas situações surge de uma pressão autoinduzida para ser "interessante" para outras pessoas. Inverta a situação e busque ficar *interessado*. Faça perguntas envolventes. É muito mais fácil (e mais eficaz).

PRINCÍPIO 3: TORNE-SE UM OUVINTE DE NÍVEL 2 E NÍVEL 3

Há a ideia de que existem três níveis de escuta:

NÍVEL 1 - ESCUTA DO "EU": você está conversando, mas sua voz interna está relacionando tudo o que ouve com algo em sua vida. Sua voz interna se dispersa ao tangenciar a conversa. Você está pensando em sua vida enquanto a outra pessoa está falando. Está esperando para falar, sem ouvir para aprender. Esse é o modo padrão de escuta para todos.

NÍVEL 2 - ESCUTA DO "VOCÊ": você está conversando e está profundamente focado no que a outra pessoa está dizendo. Não está esperando para falar, e sim ouvindo para aprender.

NÍVEL 3 - ESCUTA DO "NÓS": você está mapeando a outra pessoa, entendendo como todas as novas informações que estão sendo compartilhadas se encaixam nesse mapa mais amplo da vida e do mundo da pessoa. Está ouvindo para entender, considerando as camadas que se escondem abaixo do que a outra pessoa está dizendo.

A maioria das pessoas tem o nível 1 como padrão, mas indivíduos carismáticos têm uma prática intencionada para as escutas de nível 2 e 3. Se você deseja construir relacionamentos novos e genuínos, precisa seguir esse caminho.

Seja um "ouvinte reativo". Depois de fazer perguntas, incline-se e mostre sua intenção e sua presença com linguagem corporal, expressões faciais e sons.

Ao ouvir, faça anotações mentais de alguns fatos pertinentes sobre os interesses da pessoa ou qualquer outro elemento que se destaque para você. Isso será relevante em associação ao princípio 4.

PRINCÍPIO 4: USE ACOMPANHAMENTOS CRIATIVOS

Quando uma conversa chega ao fim, não se sinta pressionado a continuar. Saia com elegância. Sempre achei que "Foi um prazer conhecê-lo, estou ansioso para vê-lo outra vez em breve!" funciona bem em qualquer ambiente pessoal ou profissional. Se fizer sentido, você pode sugerir a troca de contatos para conversas futuras.

Após a conversa, registre as anotações mentais que você fez no bloco de notas do seu celular ou em um caderninho e crie um plano para os dias seguintes.

Como exemplo, eu costumava falar sobre meus livros favoritos com pessoas novas. Se eu estivesse conversando com um novo contato profissional que parecesse um relacionamento que eu gostaria de aprofundar, enviava um exemplar do livro com uma nota manuscrita para o escritório da pessoa. Construí muitos relacionamentos excelentes com mentores usando essa estratégia como ponto de partida.

Algumas ideias para acompanhamentos pensados e criativos:

- compartilhe um artigo ou podcast que você acha que a pessoa vai gostar por um motivo específico;
- agregue valor na forma de uma nova ideia relacionada a um dos pontos de tensão profissional que foram revelados na conversa;
- ofereça-se para conectar a pessoa a um amigo que tem um interesse em comum.

O objetivo é mostrar que você estava ouvindo com atenção e que tomou a iniciativa de prosseguir com o contato. Parecer inacessível é uma atitude infantil. Invista energia na construção de relacionamentos novos e genuínos, e você será recompensado.

Nota: se você e a outra pessoa não compartilharam informações de contato, pode ser necessário fazer alguma pesquisa e se valer de certa sutileza para obter o endereço do escritório ou o e-mail. Por exemplo, se você não recebeu um endereço de e-mail no evento, tente adivinhar:

- [nome] @ [empresa] . com
- [inicial do nome] [sobrenome] @ [empresa] . com
- [nome] . [sobrenome] @ [empresa] . com
- [sobrenome] @ [empresa] . com

Os dados mostram que essas estruturas de sintaxe cobrem mais de 80% dos endereços de e-mail. Arriscar um pouco ajuda muito!

Lembre-se: a satisfação nos relacionamentos afeta a saúde! Os relacionamentos são literalmente tudo. Então pare de fazer networking. Use esses quatro princípios antinetworking e comece a construir relacionamentos genuínos — eles renderão dividendos em todas as áreas da sua vida ao longo de muitos anos.

Como construir um conselho pessoal de consultores: o grupo de confiança

Pilar: amplitude

A Pixar Animation Studios é considerada um dos estúdios mais criativos de todos os tempos; seus filmes colecionam juntos mais de vinte Oscars e inúmeros outros reconhecimentos. Ao longo de seus mais de trinta anos de história, o estúdio criou e promoveu filmes amados, incluindo *Toy Story*, *Procurando Nemo*, *Vida de inseto*, *Monstros S.A.*, *Os incríveis*, *Wall-E*, *A vida é uma festa*, *Divertidamente* e tantos outros. Se você tem filhos ou cresceu nos anos 1990 ou 2000, é provável que tenha se apaixonado por alguma história ou algum personagem da Pixar.

No entanto, esse tipo de produção criativa prolífica não acontece por acaso. Como Ed Catmull, o cofundador da Pixar, revelou em seu livro, o bestseller *Criatividade S.A.*, os sistemas e processos foram deliberadamente implementados para garantir a mais alta qualidade e consistência dos produtos ao longo das décadas.[20]

Um desses sistemas — conhecido na Pixar como Braintrust — é relevante especificamente como um modelo que pode ser aplicado em nossa vida.

O Braintrust da Pixar é um grupo de indivíduos que se reúne a cada poucos meses para discutir filmes em andamento. O grupo inclui os principais diretores dos filmes em discussão, bem como um conjunto de outros que não estão diretamente envolvidos nos filmes, mas fazem parte da empresa e têm interesse em seu sucesso. Como explicou Catmull: "Nossa tomada de decisão é melhor quando nos baseamos no conhecimento coletivo e nas opiniões sinceras do grupo em que confiamos [o Braintrust] para nos levar à excelência e eliminar a mediocridade. É o nosso principal canal para fazer uso dessas conversas francas."

Podemos aplicar o modelo geral de um grupo de confiança — em que diferentes perspectivas impulsionam perguntas e pressionam com suposições para melhorar a qualidade do produto final — em nossa vida, para nossas atividades pessoais e profissionais.

Por tradição, as pessoas recorrem a mentores para navegar por águas desconhecidas que encontram em novos estágios da vida. Contudo, o termo "mentoria" parece muito formal; indica uma cadência fixa e um compromisso de tempo. Do ponto de vista do mentor, pode parecer um grande compromisso, o que dilui a qualidade do relacionamento, da experiência e dos resultados. Além disso, ter um mentor muitas vezes fica aquém do que alguém precisa. Seu único mentor pode não ter identificado o desafio que você está enfrentando — essa pessoa pode não ter um mapa que você possa utilizar para navegar pelo seu território.

Em vez de encontrar um único mentor, você pode aproveitar a criação da Pixar para formar o próprio grupo de confiança — um conselho de consultores pessoais para sua vida. Assim como a Pixar usou esse grupo para melhorar a qualidade de suas decisões criativas, você pode utilizá-lo para melhorar a qualidade de suas decisões pessoais e profissionais.

Seu grupo de confiança é um grupo de cinco a dez pessoas. Algumas características importantes para o grupo:

1. imparcialidade (ideal que não sejam familiares);
2. experiências, perspectivas e pontos de vista diversos;
3. disposição a fornecer feedbacks sinceros e diretos;
4. interesse em seu sucesso (ou seja, o desejo de que você vença na vida).

À medida que constrói seu grupo de confiança, pode ser útil imaginar que cada membro se enquadra em um arquétipo específico:

- executivo sênior (orientação em hierarquias e cargos superiores);
- líder inspirador (princípios de liderança e gestão de pessoas);
- parceiro de debates intelectuais (muito disposto a testar seus pensamentos);
- pensador contrário (disposto a interpretar o advogado do diabo);
- conector (profundidade em relacionamentos e rede de contatos);
- par (em um estágio pessoal ou profissional semelhante ao seu).

Não se trata de ter o grupo de confiança mais *impressionante*. As pessoas devem ter um interesse real pelo seu sucesso. Com o tempo, você pode adicionar e subtrair pessoas do grupo — adicionar relacionamentos novos e profundos, subtrair as pessoas cujo valor diminuiu à medida que você ou elas mudaram ou progrediram.

Ao contrário da Pixar, você não vai precisar organizar reuniões formais de seu grupo de confiança (isso evita o desafio formal das mentorias em geral), portanto, os membros não precisam se conhecer ou saber que fazem parte de seu grupo de confiança. Ao enfrentar desafios, decisões importantes ou pontos de inflexão em sua vida pessoal e profissional, você pode recorrer com segurança aos membros do seu grupo para obter perspectivas fundamentadas, franqueza, feedback e conselhos.

Nosso tempo e energia são finitos. Portanto, o fato de essas pessoas estarem usando uma parte do tempo para apoiá-lo não é algo pequeno. Sempre diga a elas como são apreciadas. Compre livros, escreva mensagens em agradecimento por passar tempo com você. Pequenos gestos de gratidão fazem muita diferença.

Como criar autoridade: o guia para falar em público

Pilares: amplitude e status atribuído

Uma confissão: eu costumava ficar nervoso ao falar em público. Sei que não estou sozinho nessa — de fato, a partir de várias pesquisas descobriu-se que algumas pessoas colocam falar em público acima da morte em uma lista de seus maiores medos. No entanto, falar em público de forma confiante é uma habilidade crucial para a carreira e a vida de muitas pessoas. Essa capacidade expande seus potenciais círculos de relacionamento e cria autoridade e experiência que são indicadores de status atribuído. Ela tem o potencial de acelerar os esforços pessoais e profissionais de forma significativa. Você não pode simplesmente se esconder desse fato — precisa de um conjunto de estratégias para aumentar sua confiança e se apresentar como a melhor versão de si mesmo.

Abaixo estão as estratégias que usei para reforçar a autoridade da fala em público, que você pode começar a usar agora mesmo:

PREPARAÇÃO PRÉ-EVENTO

CRIE UMA ESTRUTURA BEM DEFINIDA

Os melhores palestrantes não fazem um discurso — eles contam uma história. Levam o público em uma jornada. Crie uma estrutura bem definida que seja familiar e fácil de seguir. Ajuda ser objetivo e explícito sobre essa estrutura com antecipação, seja nos materiais de apresentação, seja no início de sua fala.

CONSTRUA SEUS BLOCOS DE LEGO

Quando você está nervoso com um discurso, um brinde, uma apresentação ou uma conversa, seu viés natural é memorizar seu conteúdo palavra por palavra. A memorização se destina a servir como uma parede que o protege de seus medos. Você pode recitar algo mesmo estando semidessassociado do próprio ato.

Infelizmente, descobri (e observei) que a memorização em geral tem o efeito oposto.

Quando você memoriza o material, um pequeno deslize pode tirá-lo dos trilhos. Você conhece o material apenas em uma trajetória linear fixa, então não consegue se adaptar. Só é preciso uma falha nos slides, uma pergunta fora do roteiro vinda do público ou um leve tropeço na sua abertura, e toda a sua preparação vai pelos ares.

Minhas recomendações:

- construa seus blocos de Lego praticando os momentos-chave, como a abertura, as transições e as frases de efeito. Aperfeiçoe esses blocos;
- pratique o discurso em segmentos, e não de forma sequencial. Isso pode parecer contraintuitivo, mas deixará tudo mais dinâmico se as coisas não saírem como o planejado.

Outro truque *estranho* para um grande discurso: pratique-o uma vez enquanto caminha rápido ou faz uma leve corrida. Descobri que isso simula com eficácia o aumento da frequência cardíaca que você pode sentir quando sobe ao palco.

PREPARAÇÃO OPCIONAL: ESTUDE OS MELHORES

Se você quiser melhorar em qualquer coisa, estude os melhores profissionais. Vivemos em uma época incrível com acesso aos melhores treinadores de palestras do mundo a um clique de distância. Identifique de três a cinco palestrantes que você admira. Eles podem ser políticos, líderes empresariais, comediantes, treinadores motivacionais — tanto faz. Vá no YouTube e encontre vídeos das apresentações de cada um. Reduza a velocidade da reprodução e faça anotações.

Preste atenção ao seguinte:

- como eles estruturam suas falas?;
- qual é o ritmo das palavras deles? Quando fazem uma pausa e quando aceleram?;

- quando estão erguendo a voz? Quando falam mais baixo?;
- observe seus movimentos no palco. Como eles gesticulam?;
- como eles engajam com o público?

Ao estudar os melhores, é natural que incorporemos as características que identificamos.

PREPARAÇÃO PRÉ-APRESENTAÇÃO

ENFRENTE OS HOLOFOTES

O efeito holofote é um fenômeno psicológico recorrente em que as pessoas superestimam o grau em que os outros percebem ou observam suas ações, seus comportamentos, sua aparência ou seus resultados. Falar em público é um dos momentos em que o efeito holofote é mais presente (e potencialmente paralisante).

Para diminuir os holofotes, tente a abordagem "E daí?":

- enfrente seus piores medos sobre o que pode dar errado;
- imagine o pior medo se tornando realidade. Agora pergunte a si mesmo: *E daí?* E se você esquecer suas falas ou não as falar com perfeição? Você vai tropeçar, mas isso não mata. Sua família ainda o amará quando você chegar em casa e a vida vai seguir em frente.

Em geral, a resposta para o "E daí?" não é tão ruim quanto pensamos. Como escreveu Sêneca: "Sofremos mais na imaginação do que na realidade."

ENTRE NO PERSONAGEM

A invenção de personagens é uma técnica na qual você cria um personagem que pode aparecer e se apresentar em situações que provocam medo ou dúvida.

A estratégia geral: crie um personagem em sua mente que seja capaz de fazer um discurso perfeito e "vire a chave" para se tornar ele antes de ficar sob os holofotes.

Visualize esse personagem palestrante que você gostaria de incorporar:

- Que características ele possui?
- Como interage com o ambiente?
- Qual é a aparência dele para os outros?
- Qual é sua mentalidade?

Acione seu personagem e aproveite o momento com a nova energia sendo a melhor versão de si mesmo.

ELIMINE O ESTRESSE

O suspiro fisiológico é uma técnica notavelmente eficaz e confirmada pela ciência para eliminar o estresse com rapidez.

É um padrão de respiração marcado por uma longa inspiração, uma inspiração curta e uma longa expiração. As pessoas fazem isso naturalmente quando os níveis de dióxido de carbono na corrente sanguínea ficam muito altos. A ação cria uma sensação relaxante e libera muito dióxido de carbono de forma rápida.

Caso você sinta seu nervosismo aumentando antes do evento, tente:

- inspirar pelo nariz duas vezes, uma vez devagar, depois mais uma vez mais rápida;
- expirar pela boca por um longo intervalo;
- repetir de duas a três vezes.

O impacto positivo é imediato.

APRESENTAÇÃO

CORTE A TENSÃO

Poucos minutos antes de eu fazer a palestra principal de um evento em junho de 2023, os organizadores me perguntaram com qual música eu queria subir ao palco. Eles deviam ter pensado que eu escolheria alguma música animada e agitada. Respondi que queria "Girl on Fire", da Alicia Keys.

Eles pensaram que eu estava brincando, mas era sério. Por quê? Fazer algo inesperado e engraçado no início de uma palestra reduz logo a ansiedade e a tensão na sala. Quando entrei com aquela música, eu já tinha uma piada preparada!

"Você deve estar se perguntando por que acabei de entrar com 'Girl on Fire'... bem, é a música favorita do meu filho de 1 ano, e imaginei que ele ficaria mais animado para assistir ao vídeo depois se o pai dele entrasse com sua música favorita."

Minha ansiedade desapareceu quando vi os rostos sorridentes e os risos na multidão.

Lição: encontre uma forma simples de reduzir a tensão desde o início e fazer as pessoas ficarem do seu lado.

JOGUE O JOGO DA LAVA

Você deve se lembrar de jogar um jogo de infância no qual partes do piso são feitos de lava e você não pode pisar nelas. Durante um discurso, tento jogar um jogo semelhante. Penso nos meus bolsos e meu torso como lava — não posso tocá-los.

Esse truque simples força você a afastar os braços do corpo, fazer gestos amplos e expressar confiança.

Dica profissional: use gestos amplos e ousados de abertura corporal no início da palestra. Descobri que fazer isso gera confiança e impulsiona a atuação (considere meu reconhecimento à famosa pesquisa sobre "posturas de poder" feita por Amy Cuddy).

MOVA-SE COM PROPÓSITO

Andar de um lado para o outro como se estivesse ao telefone com sua paixão de infância não vai ajudar. Apenas o deixará mais nervoso.

Dê passos lentos, metódicos e intencionais. Mova-se com seriedade. Use seus movimentos para adicionar pausas dramáticas às suas palavras enquanto você navega pela sala.

Há pessoas que se movem por se mover, e há pessoas que se movem de forma intencional, pois estão indo a algum lugar. Sempre seja quem vai a algum lugar.

JUNTANDO TUDO

Estas nove estratégias farão maravilhas por você na hora de falar em público:

1. ESTUDE OS MELHORES: use o YouTube para estudar palestrantes que você admira.

2. CRIE UMA ESTRUTURA BEM DEFINIDA: tenha controle sobre o arco da sua narrativa.

3. CONSTRUA SEUS BLOCOS DE LEGO: pratique as falas de abertura, transições e as frases de efeito de maneira incansável, mas evite a memorização mecânica.

4. ENFRENTE OS HOLOFOTES: pergunte-se "E daí?" ao refletir sobre seus piores medos e pare de sofrer em sua imaginação.

5. ENTRE NO PERSONAGEM: ative seu personagem ideal antes de iniciar.

6. ELIMINE O ESTRESSE: use o suspiro fisiológico para eliminar o estresse.

7. CORTE A TENSÃO: encontre uma forma de cortar a tensão logo no início com uma piada ou observação autodepreciativa para deixar o público do seu lado.

8. JOGUE O JOGO DA LAVA: use gestos amplos e confiantes e evite tocar nos seus bolsos ou no seu torso.

9. MOVA-SE COM PROPÓSITO: caminhe de forma lenta, metódica e propositada.

Falar em público é uma habilidade que todos podemos desenvolver com algum esforço. Ao utilizar essas estratégias, você estará em um bom caminho.

Como jogar os jogos certos: os testes de status

Pilar: status atribuído

Denis Diderot foi um filósofo e escritor do século XVIII que construiu uma reputação nos círculos intelectuais como um grande pensador. Seu trabalho não o levou a nenhum tipo de riqueza financeira, fato que não parecia incomodar Diderot, mas, quando não conseguiu oferecer um dote por sua filha, sua falta de condições financeiras se tornou relevante em seu pensamento. Felizmente, seu trabalho lhe havia garantido muitos admiradores, incluindo Catarina, a Grande, imperatriz da Rússia. Ao ouvir sobre suas dificuldades financeiras, ela se ofereceu para comprar sua biblioteca e garantir seus serviços como bibliotecário pessoal, função pela qual pagaria de forma generosa.

Logo após alcançar esse bom status financeiro, Denis Diderot tornou-se proprietário de uma nova e sofisticada túnica escarlate. Ele gostava do status que a sofisticada peça lhe conferia, mas sentia que o restante de seus bens não se comparava à beleza e ao prestígio daquela roupa.

Como esperar que ele ornasse um manto daqueles, mas se sentasse em uma cadeira tão surrada, andasse com sapatos tão esfarrapados ou escrevesse numa mesa tão espartana? Em rápida sucessão de compras, Diderot adquiriu uma nova cadeira de couro, sapatos novos e uma elaborada escrivaninha de madeira, tudo o que parecia combinar da maneira adequada com seu manto escarlate — ou, talvez o mais importante, combinar adequadamente ao tipo de pessoa que usava a peça tão elegante.

A nova túnica criou uma nova identidade, à qual Denis Diderot se apegou e cuja face queria continuar mostrando ao mundo. Em um ensaio produzido mais tarde em sua vida, apropriadamente intitulado "Arrependimento pelo meu velho roupão", Diderot lamentou: "Eu era o mestre absoluto do meu antigo roupão. Eu me tornei escravo do novo."

Denis Diderot foi vítima dos perigos do status adquirido — a lenta e traiçoeira sede por cada vez mais, pela próxima coisa que o faria conquistar mais um nível de afirmação externa.

Identificar e evitar o jogo do status adquirido e jogar o do status atribuído é importante para a construção de uma vida de riqueza social. Aqui estão dois testes simples que você pode utilizar para identificar em que jogo está:

O TESTE DO STATUS ADQUIRIDO

Eu compraria essa coisa se não pudesse mostrar nem contar a alguém sobre ela?
O status adquirido é a posição social melhorada e fugaz obtida por meio de símbolos de status comprados. Fazer essa pergunta foge do ruído para determinar se o próprio item fornece felicidade ou utilidade, ou se o seu único objetivo é sinalizar sucesso ou conquista aos outros.

Por exemplo:

- Você está comprando um relógio sofisticado porque adora as complexidades da engenharia e os detalhes do objeto, ou porque deseja que as pessoas vejam que você tem algo sofisticado?

- Está comprando um carro veloz porque é obcecado por automóveis e sonha em dirigir em estradas pelas montanhas nos seus dias de folga, ou porque deseja que as pessoas o vejam no veículo e pensem que você é bem-sucedido?

- Está pagando pela mesa no evento de caridade porque acredita na missão da instituição e doaria o dinheiro em anonimato, ou porque deseja ser visto no evento como alguém que comprou uma mesa inteira?

É improvável que você elimine os jogos de status adquirido da sua vida, mas fazer essas perguntas sobre suas motivações subjacentes para uma determinada compra vai criar uma nova consciência e encorajar você a concentrar seu tempo e sua energia nos jogos de status atribuído.

O TESTE DE STATUS ATRIBUÍDO

A pessoa mais rica do mundo poderia adquirir amanhã a coisa que mais deseja?

O status atribuído é o grande nivelador. É o respeito, a admiração e a confiança verdadeiros, recebidos após muito esforço por suas conquistas:

- tempo livre;
- relações amorosas;
- trabalho com propósito, conhecimento e sabedoria;
- mente e corpo saudáveis;
- sucesso financeiro conquistado com muito esforço.

As pessoas mais ricas do mundo não conseguem adquirir essas coisas em um dia. Se você não fizer um esforço nítido para abrir espaço e priorizar de forma eficaz, cada um desses indicadores se mostrará fugaz. As pessoas mais ricas do mundo não conseguem construir um relacionamento amoroso mais rápido do que você. Elas não podem forjar uma mente e um corpo saudáveis mais rápido do que você. Nenhuma delas pode comprar um atalho até o conhecimento, a sabedoria ou o propósito. O dinheiro pode aumentar as probabilidades de adquirir alguns deles — tempo livre, por exemplo —, mas o esforço é inevitável. Como diz o ditado: "Roma não foi construída em um dia."

O empresário Naval Ravikant brincou certa vez: "Jogue jogos estúpidos, ganhe prêmios estúpidos."

Denis Diderot se envolveu em um jogo estúpido e ganhou um prêmio estúpido. Não caia na mesma armadilha: evite jogos de status adquirido e se concentre nos jogos de status atribuído, porque os prêmios são muito mais gratificantes.

16.

Resumo: riqueza social

Panorama da riqueza social

A GRANDE QUESTÃO: quem estará sentado na primeira fileira do seu funeral?

OS TRÊS PILARES DA RIQUEZA SOCIAL

- PROFUNDIDADE: conexão com um pequeno círculo de pessoas com laços profundos e significativos.
- AMPLITUDE: conexão com um círculo maior de pessoas para apoio e pertencimento, seja através de relações individuais, seja por meio de uma infraestrutura comunitária, religiosa, espiritual ou cultural.
- STATUS ATRIBUÍDO: o respeito, a admiração e a confiança duradouros de seus colegas que você recebe com base em símbolos de status atribuído, e não adquirido.

O placar da riqueza social: para cada afirmação abaixo, responda com 0 (discordo totalmente), 1 (discordo), 2 (neutro), 3 (concordo) ou 4 (concordo totalmente).

1. Tenho relacionamentos profundos e repletos de amor, que servem como rede de apoio.
2. Sou capaz de ser o companheiro, figura parental, membro da família e amigo que eu gostaria de ter.
3. Tenho uma rede de relacionamentos mais informais com os quais posso aprender e construir algo.

4. Tenho um profundo sentimento de ligação a uma comunidade (local, regional, nacional, espiritual etc.) ou a algo maior do que eu.
5. Não tento alcançar status, respeito ou admiração por meio de bens materiais.

Sua pontuação de referência (0 a 20):

METAS, ANTIMETAS E SISTEMAS

Use a estrutura de definição de metas para calibrar sua bússola da riqueza social:

- METAS: que pontuação você deseja alcançar dentro de um ano? Quais são os dois ou três checkpoints que você precisará alcançar no seu caminho para chegar a essa pontuação?
- ANTIMETAS: quais são os dois ou três resultados que você deseja evitar em sua jornada?
- SISTEMAS DE ALTA ALAVANCAGEM: quais são os dois ou três sistemas do guia da riqueza social que você vai implementar para tornar seu progresso tangível, acumulando progressos rumo a sua meta de pontuação?

SEU INÍCIO EM UMA SEMANA

Use o mapa de relacionamentos para desenvolver uma consciência de suas relações atuais e identificar oportunidades de profundidade e amplitude.

Comece por listar todos os principais relacionamentos que ocupam sua vida. Avalie cada um deles como sendo um relacionamento de apoio, ambivalente ou desrespeitoso e a frequência da interação em cada um. Utilizando essas informações, crie um mapa de seus relacionamentos mais importantes em uma grade de 2 x 2 com a *saúde do relacionamento* no eixo X (de desrespeito a apoio) e a *frequência do relacionamento* no eixo Y (de raro a diário).

Pense sobre como você pode priorizar os relacionamentos da zona verde (saudáveis, frequentes) e gastar mais tempo com os relacionamentos na zona de oportunidade (saudáveis, pouco frequentes).

Riqueza mental

17.

A grande questão

O que seu eu de 10 anos lhe diria hoje?

O SENHOR DE 90 ANOS se sentou na primeira fileira da sala de aula da faculdade e pegou seu caderno. Quando a aula começou, ele ouviu com atenção e tomou notas sobre o Big Bang, o Sistema Solar e o futuro destino do Sol. Quando a aula terminou, ele sorriu, arrumou suas coisas e saiu, *quase* se misturando à multidão de calouros de 18 anos que saíam da aula de Introdução à Astronomia em Harvard.

O nome do homem era Hank Behar, e, quando as pessoas me perguntam o que eu quero ser quando crescer, respondo que quero ser como Hank.

Hank Behar morava na mesma comunidade que meu pai e minha mãe quando eu era jovem. De certa forma, ele é uma pessoa bastante comum — não é particularmente rico, famoso ou poderoso —, mas, na soma, a sua *normalidade* vai se tornando *extraordinária*. Hank trabalhou por muito tempo como roteirista e diretor de Hollywood e ostenta um intelecto agudo e perspicaz. Ele está casado há mais de cinquenta anos com a mesma mulher, Phyllis, uma glamorosa estrela de novela que ele conheceu em um set e, como o próprio descreveu, de alguma forma convenceu a topar um encontro. Hank e Phyllis têm três filhos, quatro netos e dois bisnetos. Hank tem uma personalidade doce e amorosa que reluz, sempre pronto para uma piada autodepreciativa. Ele continua ativo apesar da idade, e o casal é conhecido pelos impulsos de pegar um avião ou embarcar em um cruzeiro rumo a uma nova aventura.

Em 2014, Phyllis perguntou a Hank o que ele queria para seu aniversário de 90 anos. Ambos estavam com boa saúde, e ela imaginou que o marido gostaria de tirar umas boas férias, escapar por um fim de semana ou talvez apenas desfrutar de um jantar especial.

A resposta a surpreendeu:

"Sempre quis ver o que aqueles gênios ficam fazendo em Harvard. Gostaria de passar um dia lá."

Sem nunca se deixar intimidar por um desafio, eles contataram meu pai, um antigo professor da instituição. Ele e alguns professores fizeram tratativas para que Hank assistisse às aulas por um dia — seu desejo se tornaria realidade. Algumas semanas depois, Hank acordou cedo, colocou uma bela calça, uma camisa e um suéter e fez a peregrinação até Cambridge, Massachusetts, para passar o dia em Harvard. Foi assim que esse homem de 90 anos se viu na primeira fileira de uma aula de Introdução à Astronomia, entre alguns dos jovens de 18 anos mais brilhantes do mundo. Ele foi um aluno exemplar: chegou cedo, tomou anotações e até fez perguntas quando não entendia algo.

A imagem por si só é suficiente para fazer qualquer pessoa sorrir. Contudo, o dia de Hank em Harvard é muito mais do que uma simples história bonita. Ela traz um conjunto mais profundo de insights e lições com implicações científicas sobre como você pode viver de maneira mais saudável e gratificante.

A VERDADEIRA FONTE DA JUVENTUDE

A curiosidade é a base de uma vida de riqueza mental.

Ela também faz parte de nós: literalmente nascemos curiosos. Se você tem filhos ou filhas ou passou um tempo com crianças, conferiu em primeira mão a curiosidade genuína e sem inibições. As crianças perseguem tudo com uma admiração sem filtros, de olhos arregalados. Novidades geram uma admiração sobre o mundo que parece impossível de ser contida. A curiosidade é como você aprende sobre o mundo e permanece vivo.

A ciência confirma essa ideia. A curiosidade, ao que parece, é muito, muito boa para você. É a verdadeira fonte da juventude.

Em um estudo de 2018, descobriu-se que os sistemas cerebrais ativados pela curiosidade contribuem para manter a função cognitiva, a saúde mental e a saúde física com o avanço da idade.[1] Além disso, a curiosidade foi relacionada a níveis mais altos de satisfação de vida e emoções positivas e níveis mais baixos de ansiedade.[2] A curiosidade nos mantém mais felizes, saudáveis e realizados. Se a curiosidade fosse uma pílula, todas as empresas farmacêuticas do mundo a chamariam de "supermedicamento" e disputariam seu mercado.

Riqueza mental está relacionada a aproveitar as bases da curiosidade que encorajam você a pesquisar, explorar, questionar e aprender. É por meio da curiosidade que você embarca na jornada para descobrir e viver seu **objetivo**, ter novas ideias e **crescer** ao longo da vida, além de procurar o **espaço** necessário para pensar, reiniciar, lidar com questionamentos e recarregar as baterias.

É difícil determinar como, mas, quando você vive com curiosidade genuína, inspirada e infantil, coisas boas tendem a acontecer, tanto no âmbito pessoal quanto no profissional.

Você pode encontrar exemplos do poder da curiosidade ao seu redor:

- os aspirantes a empreendedores que encontram suas "grandes ideias" explorando profundamente novos mercados e modelos de negócios que despertam seu interesse;
- os aposentados que mantêm a mente trabalhando ao aprender novos idiomas que consideram intrigantes;
- as pessoas que conhecem seus parceiros de vida indo a eventos que despertam sua emoção;
- os CEOs que creditam seus sucessos de longo prazo a um "Think Day" regular (um dia de folga para contemplar com liberdade os maiores desafios que o negócio enfrenta).

Uma coisa é certa: a sorte favorece os curiosos.

Infelizmente, a curiosidade infantil com a qual você nasceu diminui aos poucos ao longo da vida adulta. A realidade toma conta — a necessidade de sustento, a vida ocupada, a urgência de praticamente tudo —, e faz a curiosidade ficar de lado.

Isso não é mera especulação. Demonstrou-se em estudos que a curiosidade intelectual[3] e o grau de abertura a novas experiências[4] parecem diminuir com a idade, num processo que começa no fim da adolescência e continua ao longo da vida adulta. Um grupo de pesquisadores defende que o declínio é impulsionado por uma menor percepção do *tempo futuro*, o que significa que, à medida que envelhecemos, damos menos valor em agir com base na curiosidade, uma vez que isso traria benefícios sobretudo para uma janela de tempo no futuro que está se fechando com velocidade.

Minha suposição é que o declínio da curiosidade relacionado à idade pode ser uma característica de sobrevivência evolutiva inteligente, embora desatualizada. A curiosidade é útil nos primeiros anos de vida para aprender sobre o mundo; uma rápida subida na curva de aprendizado é o que viabiliza a sobrevivência até a idade reprodutiva na natureza. Entretanto, depois de descobrir como seu mundo funciona, é mais provável que a mesma curiosidade o mate nos seus últimos anos se ela o levar a explorar além da segurança da sua rotina. Infelizmente, em um mundo moderno, em que poucos precisam se preocupar com o risco de serem devorados por um leão caso fiquem curiosos com um som vindo dos arbustos, suponho que nossa redução de curiosidade causa mais mal do que bem.

Uma vida sem curiosidade é desprovida do desejo de pesquisar, explorar e aprender e carece da novidade que advém desse desejo. Uma vida sem curiosidade é vazia, estagnada e sem qualquer admiração.

Parafraseando um amigo sobre o assunto, dentro de cada octogenário existe uma criança de 10 anos que se pergunta: *Que p... a é essa que aconteceu?*

Contudo, as sementes desse sentimento são plantadas muitos anos antes, dos 20 aos 30 anos, para ser mais preciso, quando você para de se dedicar a quaisquer interesses ou hobbies fora do trabalho. Também nos 40 e 50 anos, quando você para de tentar entender o mundo e começa a dizer: "É assim que as coisas são." E nos seus 60 e 70 anos, quando você para de aprender coisas novas porque não vê mais utilidade nisso.

A maioria das pessoas perdeu o contato com sua criança de 10 anos — *mas não é tarde demais para se reconectar a ela.*

A viagem mental pelo tempo é um truque interessante para a autorreflexão. Na sua forma mais simples, envolve se separar do seu eu atual e entrar em uma versão passada ou futura do seu eu. É uma ferramenta útil para criar gratidão — imagine como o seu eu mais jovem estaria maravilhado com o que você realizou. E também lhe oferece uma perspectiva: imagine o que seu eu mais novo daria para estar onde você está hoje. Nesse caso, a viagem mental pelo tempo pode oferecer uma lente através da qual podemos avaliar com mais discernimento nossa riqueza mental.

Então, o que seu eu de 10 anos extremamente curioso e travesso diria a você hoje?

- Essa criança de 10 anos expressaria emoção com seu ânimo pela jornada, ou ressentimento por você se contentar com menos do que merece?
- Ficaria impressionada com seu entusiasmo pelo crescimento, desenvolvimento e aprendizado contínuos?
- Ficaria assustada com a falta de espaço, tranquilidade e silêncio em sua vida?

Seu eu de 10 anos o lembraria de se interessar pelo mundo e se divertir ao longo do caminho. Quando a vida o arrasta para a mesmice da idade adulta, estática e sem curiosidade, você deve lutar para manter sua admiração pelo universo.

Hank Behar fará 100 anos antes que este livro chegue às livrarias. Em seu aniversário de 90 anos, um de seus netos fez um breve documentário, no qual ele seguiu Hank por um dia e perguntou sobre seus segredos para uma vida longa. Seu café da manhã é café descafeinado com leite, arenque, cereal com leite desnatado, mirtilos e uma banana, dois biscoitos com geleia, e exatamente dez uvas; e depois que sua esposa, Phyllis, o ajuda a descascar a banana, ela se despede com um beijo na bochecha. Hank olha para a câmera e diz: "Como você chega aos 99? Se casando com uma boa mulher." Sua natureza amorosa e travessa transparece. Após o café da manhã, Hank entra em cena em sua poltrona reclinável, jornal em mãos, e diz com alegria: "Eu leio o jornal todos os dias. Gosto de saber o que está acontecendo, lógico — quem, o que, quando e onde!"

Espero que ele tenha muitos anos de aprendizado pela frente e que a história dele inspire cada um de vocês a se reconectar com sua criança interior. Suponho que há muitas razões pelas quais digo às pessoas que quero ser como Hank quando crescer, mas uma se destaca:

Hank construiu uma vida cheia de riqueza mental.

18.

Uma história tão antiga quanto o tempo

"Algumas pessoas morrem aos 25 anos e só são enterradas aos 65."
— AUTOR DESCONHECIDO

UM JOVEM PRÍNCIPE CRIADO em um mundo de luxo se aventura fora do palácio e encontra a realidade difícil que existe para além de seus muros. Ele vê um homem velho e frágil, que se aproxima do fim; uma pessoa doente sofrendo com a dor da enfermidade; um cadáver que já deixou este mundo para trás; e um eremita que renunciou à vida mundana. De repente, exposto à realidade mascarada por sua educação na realeza, ele decide embarcar em uma jornada para enfrentar e superar o sofrimento e alcançar maior compreensão da existência. Ele se desvencilha das vestes e dos ornamentos que representam seu status de príncipe e atravessa o rio para ir atrás do seu objetivo maior.

O jovem príncipe, Siddhartha Gautama, enfrenta um longo e árduo caminho de tentativas que culminam em sua meditação sob a árvore Bodhi. Lá ele alcança a iluminação, se torna o Buda e se compromete a compartilhar seus aprendizados sobre como superar o sofrimento. Hoje, mais de 500 milhões de pessoas em todo o mundo seguem seus ensinamentos.

Ao longo da história, a busca por uma vida de propósito, crescimento e reflexão tem sido parte central da experiência humana. Essa missão aparece de diferentes formas em uma variedade de culturas antigas.

Nas antigas tradições hindus, o conceito de *dharma* faz referência ao dever sagrado de alguém — o propósito de vida que permite lidar com o desconhecido com bravura e coragem. Seu *dharma* não precisa ser grandioso ou impressionante; deve simplesmente ser *seu*. Na cena de abertura do "Bhagavad Gita", texto hindu que faz parte do épico *Mahabharata*, o protagonista, Arjuna, está diante de um campo de batalha no início de uma grande guerra com seus rivais. Ao lidar com os conflitos internos de uma batalha que o levará a lutar contra membros da família, Arjuna busca a orientação de seu cocheiro, Krishna, uma encarnação mortal do deus Vishnu. Krishna o encoraja a centralizar suas ações em seu propósito: "O *dharma* pessoal de alguém executado de maneira imperfeita é melhor do que o de outro bem executado. É melhor se esforçar pelo próprio *dharma* do que ter sucesso no de outro. Nada se perde ao se seguir o próprio *dharma*. Mas a competição no *dharma* de outra pessoa gera medo e insegurança."

Na Grécia Antiga, o conceito de *arete* era usado para capturar a ideia de cumprir todo o potencial e o objetivo de alguém. *Arete* foi, em certo sentido, a primeira encarnação conhecida do movimento moderno de autoaprimoramento e incentivava as pessoas a buscar o crescimento e a excelência contínuos em uma série de áreas da vida, incluindo relacionamentos, atividades intelectuais, conduta moral e muito mais. O conceito se conecta intimamente à *eudemonia*, um estado de felicidade e realização que floresce e é alcançado apenas por meio da busca de crescimento, significado, propósito e autenticidade. Os filósofos gregos antigos acreditavam que, por meio da busca por *arete*, uma vida com intenção de crescimento e propósito, pode-se alcançar um estado de felicidade eudemônica.

Nos ensinamentos budistas do jovem e iluminado príncipe, o Nobre Caminho Óctuplo descreve as práticas fundamentais para alcançar a iluminação. Os oito elementos são divididos em três categorias: sabedoria (visão correta, pensamento correto, fala correta), conduta ética (ação correta, meio de vida correto, esforço correto) e disciplina mental (consciência correta, concentração correta). O Nobre Caminho Óctuplo é uma jornada ao longo de toda a vida que oferece aos praticantes um objetivo e uma direção evidente para sua prática diária. É costume que seja referenciado como Caminho do Meio — um caminho de vida que existe entre uma existência de pura autoindulgência e uma de puro autoflagelo, oferecendo a promessa de equilíbrio e praticidade no caminho para a libertação do sofrimento.

A busca por uma perspectiva era prática espiritual comum em várias culturas dos povos originários das Américas. O aspirante embarcaria em uma jornada pessoal que em geral incluía solidão, meditação e jejum. Era uma jornada realizada para entender a si mesmo e seu papel na família, na comunidade e no universo.

Os lendários centenários de Okinawa, no Japão, referem-se ao ikigai — uma combinação da palavra japonesa *iki*, que significa "vida", e *gai*, que significa "efeito" ou "valor". Juntas, elas representam "uma razão para a vida" — o impulso para seu vigor diário. O ikigai pode ser visualizado como quatro círculos sobrepostos: (1) o que você ama, (2) no que você é bom, (3) do que o mundo precisa e (4) pelo que você pode ser pago. A área onde os quatro círculos se sobrepõem representa seu ikigai.

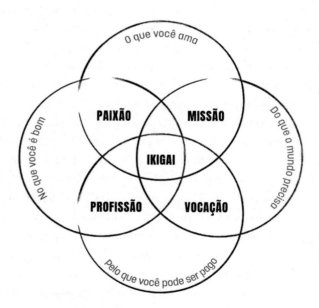

Embora a versão ocidentalizada do conceito tenha se concentrado no propósito por meio do trabalho ou do sucesso profissional, o original, e na verdade a versão dos centenários de Okinawa, busca transcender a carreira das pessoas. Ainda que o seu propósito decerto possa envolver a sua carreira e considerações econômicas, ele não precisa ser definido por elas. Por essa razão, minha interpretação do ikigai retira o quarto círculo do gráfico. *Do que o mundo precisa* pode ser interpretado de forma ampla para incluir ou excluir construções profissionais baseadas na sua situação pessoal.

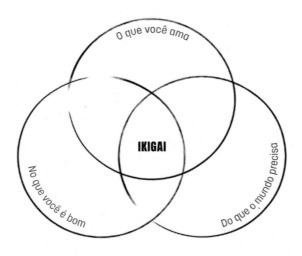

O arco narrativo da jornada do herói — um indivíduo em busca de um propósito que o defina atravessa os dolorosos desafios da vida, cresce por meio deles e encontra o seu verdadeiro eu no processo — é irresistível para a mente humana, porque é exatamente o caminho no qual a maioria das pessoas se encontra. Todos estamos procurando nosso propósito. É uma história tão antiga quanto o tempo, observada, escrita e transmitida pelas narrativas e pelos mitos de toda cultura, religião e sociedade. O caminho de Siddhartha Gautama, de príncipe protegido a professor iluminado, é um exemplo clássico da jornada do herói — um garoto escapa dos limites do destino que foi escrito para ele e cria o próprio.

Você está na sua jornada do herói, uma para descobrir e viver seu propósito, crescer por meio dele e se encontrar ao longo do caminho. Infelizmente, as forças que conspiram contra você na era moderna são poderosas. Essas forças ameaçam tirá-lo do caminho, confiná-lo a uma vida conforme os padrões.

Só você pode ser o herói da sua história — é hora de começar a agir como tal.

A LUTA MAIS IMPORTANTE DA SUA VIDA

Uma dura verdade: o mundo quer que você concorde com uma vida de estagnação. O mundo quer que você se acomode.

Em sua última carta aos acionistas antes de deixar o cargo de CEO, o fundador da Amazon, Jeff Bezos, citou uma passagem do livro *O relojoeiro cego*, de Richard Dawkins:

Escapar à morte é coisa trabalhosa. Abandonado a si mesmo — como acontece quando morre —, o corpo tende a regressar a um estado de equilíbrio com o seu ambiente... Se os seres vivos não se esforçassem para evitá-lo, todos acabariam por se fundir em seu ambiente e deixariam de existir como seres autônomos. É o que acontece quando morrem.

O equilíbrio com seu ambiente — esse estado de normalidade — é o seu estado natural. É fácil viver nesse estado natural, conformar-se ao caminho que lhe foi traçado, acreditar nos seus limites, aceitar as configurações-padrão de significado e propósito que lhe foram conferidas, permitir que a vida passe por você num piscar de olhos.

Refletindo sobre esse trecho, Bezos escreveu: "De que maneira o mundo pressiona você na tentativa de torná-lo normal? Quanto esforço é necessário para manter o que o faz diferente?... Na verdade, o que estou lhe pedindo para fazer é se preparar e ser realista sobre quanta energia é necessária para manter essa distinção. O mundo quer que você seja normal — de mil maneiras, ele pressiona você. Não deixe que isso aconteça. Você precisa pagar um preço por sua distinção, e esse preço vale a pena."

Você deve lutar para manter sua distinção — consistente e incansavelmente.

Distinção é escolher viver a *sua* história, e não a de outra pessoa:

- a mãe que define sua fase atual da vida em torno do desejo de estar ao lado dos filhos pequenos, em vez de continuar a subir a escada do mundo corporativo;
- o empresário que insiste naquela ideia maluca da qual todos riram;

- o recém-formado que segue um caminho criativo em vez da carreira óbvia que seus colegas de classe seguiram;
- o recém-aposentado que aprende um novo idioma, em vez de ficar sentado na praia;
- a gestora da média gerência que se dedica a um hobby excêntrico porque é o que lhe traz energia;
- o homem de 90 anos que passa seu aniversário em uma aula de astronomia em Harvard, em vez de ficar assistindo televisão em casa.

A luta contra a mediocridade é a mais importante de sua vida. Manter sua singularidade, viver sob os próprios termos em um mundo que o pressiona para não ser diferente é a única maneira de atingir todo o seu potencial e viver uma existência completa e cheia de nuances.

Por fim, é isto que significa construir uma vida de riqueza mental: viver de acordo com o seu propósito, acreditar em sua capacidade de crescer, mudar, aprender, desenvolver e encontrar sua definição de paz, calma e solitude em um mundo que nunca para.

Uma vida de riqueza mental é uma vida de vitória na luta contra a estagnação. É uma vida que paga o preço para se distinguir dos demais e colhe imensas recompensas por isso.

19.

Os três pilares da riqueza mental

EM UM DIA QUENTE e ensolarado em junho de 2005, Steve Jobs, o fundador e CEO da Apple, caminhou até o púlpito no estádio de Stanford em Palo Alto, Califórnia.

Na época, Jobs já era considerado por muitos um dos maiores empreendedores da história — ele havia fundado a Apple, a Pixar e a recém-criada NeXT —, e estava se recuperando de uma batalha travada em um terreno desconhecido, fora de seus estúdios de design, escritórios e das suas salas de reuniões favoritos. Em 2003, ele foi diagnosticado com uma forma rara de câncer de pâncreas, que exigiu tratamento e, em certo momento, cirurgia, após a qual ele voltou ao trabalho na Apple. Foi nesse contexto que Steve Jobs subiu ao palco para proferir o discurso de formatura na Universidade de Stanford à turma de formandos de 2005.

Embora todo o discurso seja forte, ele termina com uma observação particularmente impactante:

> Seu tempo é limitado, portanto, não o desperdice vivendo a vida de outra pessoa. Não fique preso a dogmas — o que significa viver de acordo com o pensamento de outras pessoas. Não deixe que o barulho das opiniões de outras pessoas abafe sua voz interior. E, o mais importante, tenha a coragem de seguir seu coração e sua intuição. De alguma forma, eles já sabem o que você de fato quer se tornar. Todo o restante é secundário... Continue faminto. Continue ignorante.

As palavras de Steve Jobs servem como uma introdução adequada aos três pilares fundamentais da riqueza mental:

- PROPÓSITO: o discernimento de definir sua visão e seu foco, que são únicos e criam significado ao alinhar a tomada de decisões de curto e longo prazo; a recusa em viver a vida de outra pessoa.

- CRESCIMENTO: a fome por progresso e mudança, impulsionada pela compreensão do potencial dinâmico de sua inteligência, habilidade e caráter.

- ESPAÇO: a criação de quietude e solitude para pensar, redefinir, lidar com questões e recarregar; a capacidade e a vontade de ouvir sua voz interior.

À medida que você mensura a riqueza mental como parte do seu novo placar de avaliação, os três pilares — propósito, crescimento e espaço — fornecem um planejamento das ações certas para desenvolvê-la. Ao compreender esses pilares e os sistemas de alta alavancagem que os afetam, você pode começar a alcançar os resultados desejados.

PROPÓSITO: VIVER A SUA VIDA

Em novembro de 2005, a revista *National Geographic* publicou uma matéria de capa que causou impacto em todo o mundo.

A matéria — "Os segredos da vida longa"— foi baseada nas descobertas de Dan Buettner, um intrépido ciclista e recordista transcontinental, produtor vencedor do prêmio Emmy e empresário que passou anos explorando e estudando a vida de centenários ao redor do mundo. Buettner notou esses pontos importantes para a longevidade em suas aventuras como ciclista — entre elas uma viagem de 25 mil quilômetros de Prudhoe Bay, no Alasca, até Tierra del Fuego, na Argentina, e um passeio de quase 20 mil quilômetros de Bizerte, na Tunísia, até Cabo das Agulhas, na África do Sul —, e começou a estudá-los com mais diligência ao construir uma empresa educacional focada na pesquisa global, dirigida por estudantes. Após vender sua empresa e deixar para trás as tarefas operacionais, Buettner iniciou uma busca formal para fazer a engenharia reversa dos princípios da longevidade por meio do estudo das sociedades que pareciam ter desvendado esse segredo. Ele fez uma parceria com Michel Poulain e Giovanni Pes — dois pesquisadores de longevidade que cunharam o termo "zona azul" para se referir a uma área geográfica caracterizada por extraordinária longevidade humana —, e então partiu para identificar e decodificar todas essas zonas azuis ao redor do mundo.

Três anos depois, após expandir sua pesquisa, Buettner lançou um livro sobre o tema intitulado *Zonas Azuis: A solução para comer e viver como os povos mais saudáveis do planeta*, explorando os hábitos das populações longevas dessas regiões. Eis um hábito comum particularmente interessante das pessoas mais longevas do mundo: todas encontraram seu propósito de vida.

Esse propósito garante significado a cada dia. Cria uma identidade, uma compreensão de quem você é, o que você representa e para onde está indo. Ele define como você se conecta com o mundo ao seu redor.

Por exemplo, o meu é simples: causar efeitos positivos no mundo por meio do que escrevo e do meu conteúdo, dos negócios que inicio ou nos quais invisto e dos meus relacionamentos. Esse propósito único (e um tanto abstrato) proporciona discernimento às minhas ações. Quando escrevo, concentro-me em como as palavras e o tema podem criar reações em cadeia no mundo — como os leitores podem ser estimulados a agir para que tenham um impacto positivo na vida. Quando construo ou invisto, foco em como a empresa pode criar valor na vida dos diversos interessados. Quando amo, concentro-me em como posso elevar os outros a novos patamares, dar-lhes uma nova perspectiva de mundo e desbloquear todo o seu potencial. A maneira como me envolvo com meu propósito muda a cada dia, mas ele é o mesmo para mim — é parte de quem sou.

Seu propósito é a sua espada na luta por distinção, uma luta que é vencida quando você se espalha para muito além do seu eu e manifesta esse propósito no mundo.

Viver uma vida de propósito significa se conectar com regularidade a algo maior que você — algo fora de si mesmo que define sua identidade e guia suas ações diárias. Pode ser a construção de uma empresa que influencie milhões de vidas, prover seus entes queridos, trazer alegria a um grupo que quase nunca tem oportunidade de se sentir assim ou ser um membro útil da sua comunidade local. Seu objetivo não precisa ser impressionar ou parecer grande para ninguém — ele é pessoal, é seu.

É importante ressaltar que, como é indicado por meio da pesquisa sobre as zonas azuis e dos vários estudos científicos, viver com propósito está ligado a uma vida mais longa, feliz e realizada. Robert Butler, um lendário gerontologista considerado um dos pioneiros da pesquisa de envelhecimento saudável, liderou um estudo de onze anos para avaliar o papel que um propósito desempenha na longevidade.[5] Ele constatou que aqueles que expressavam um propósito bem definido viviam cerca de sete anos mais e tinham uma qualidade de vida mais alta do que aqueles que não tinham um propósito. Em um estudo mais recente de 2019 no *Journal of the American Medical Association*, analisou-se sete mil norte-americanos e vinculou-se um forte senso de propósito a um menor risco de mortalidade por todas as causas após os 50 anos.[6]

Seu propósito não precisa estar relacionado à sua carreira. De fato, entre os mais de cem leitores que entrevistei e disseram ter um forte discernimento de propósito, menos de 20% afirmou que o emprego era seu propósito.

Nesse grupo, o propósito era, essencialmente, como um floco de neve que nunca se forma duas vezes da mesma maneira:

- Um homem na casa dos 40 anos e casado tinha um projeto pessoal de orientar jovens vulneráveis de sua comunidade local. A oportunidade de ser a força positiva que ele achava que faltara em sua infância era um poderoso fator de motivação.

- Uma mulher na casa dos 50 anos, mãe de três filhos, contou que seu envolvimento mais a fundo com sua igreja dera ao seu mundo um novo sopro de vida desde que seus filhos saíram de casa.

- Uma mulher na casa dos 30 anos identificou a criação de filhos felizes e amorosos como o objetivo da fase atual de sua vida. Ela tinha sido uma diretora criativa de alta categoria na fase anterior, mas sentiu mais motivação intrínseca em torno desse propósito novo e não vinculado ao emprego, mais do que jamais teve por qualquer coisa antes.

- Uma mulher solteira de quase 30 anos estava focada no ativismo político e climático. A oportunidade de inspirar outros a desencadear mudanças foi um grande incentivo.

- Uma mulher na casa dos 40 anos e casada apontou seu amor por seus colegas de trabalho e pela perspectiva compartilhada dentro da empresa para aprimorar a qualidade das narrativas nas marcas com as quais trabalhavam.

- Um aposentado no início dos seus 70 anos afirmou que seu objetivo era investir em sua esposa em seus anos dourados, depois de todos os sacrifícios que ela havia feito pela família nos últimos cinquenta anos.

- Um homem de 50 anos, casado e pai de quatro estava totalmente focado em prover seus filhos. Ele chamou isso de seu "dever sagrado" e disse que o fazia se sentir mais conectado ao trabalho.

- Um homem solteiro de quase 40 anos identificou como seu maior objetivo desenvolver sua startup para, em algum momento, influenciar um bilhão de vidas.

Se você encontra propósito e significado profundos por meio do seu emprego, isso é ótimo, mas, se não for o caso, lembre-se de que você está longe de estar sozinho, e ainda assim pode viver uma vida cheia de propósito fora do trabalho.

Lembre-se da lição do "Bhagavad Gita": "O *dharma* pessoal de alguém executado de maneira imperfeita é melhor do que o *dharma* de outro bem executado." Seu objetivo não precisa ser grandioso ou importante para mais ninguém — deve ser apenas *seu*.

CRESCIMENTO: PERSEGUINDO SEU POTENCIAL ILIMITADO

A esposa de Hank Behar, Phyllis, é dez anos mais jovem que ele. Aos 88 anos, ela tem um sorriso e um brilho jovial pelo qual minhas amigas na casa dos 30 anos matariam. Quando falei com ela para ouvir suas perspectivas sobre a visita de aniversário do marido a Harvard e reunir algumas fotos que ela tivesse daquele dia, Phyllis mencionou com casualidade uma nova fonte de alegria em sua vida: "Estou convencida de que a pintura me enche de vida. Aos 88 anos, estou em duas turmas de pintura, que são maravilhosas fontes de inspiração e companheirismo."

Uma senhora de 88 anos, aprendendo e encontrando alegria na busca de novas habilidades que não têm utilidade para além do puro prazer que ela obtém da experiência e do crescimento pessoal. A busca ativa e contínua por novos interesses e novas curiosidades, independentemente de sua utilidade direta, como observou Phyllis Behar, é algo que *nos enche de vida*.

É pelo crescimento que você fica à frente das forças da natureza que conspiram contra você. A busca por aprimoramento é um ato corajoso em um mundo em que a maioria das pessoas evita o atrito a todo custo. Por que aprender um novo idioma quando você pode usar o Google Tradutor? Por que iniciar um novo hobby quando você pode se sentar no sofá e assistir ao mais recente programa de televisão? Por que se esforçar para dominar uma nova habilidade profissional quando você pode sobreviver com sua competência atual?

Por que fazer tudo isso? Porque você é capaz de muito mais do que imagina — e perseguir todo esse potencial, embora seja algo difícil, é uma busca digna ao longo da vida que o mantém afiado e prova que você pode mudar, se desenvolver e se adaptar.

Curiosamente, a procura por crescimento como um meio sem fim desejado produz, muitas vezes, os fins mais interessantes. A história está repleta de exemplos de pessoas que foram aprendizes ao longo da vida e que alcançaram resultados extraordinários.

Benjamin Franklin teria um perfil impressionante no LinkedIn. Durante sua vida, ele construiu um império midiático, ajudou a criar os primeiros documentos fundadores dos Estados Unidos e inventou o para-raios, os óculos bifocais e muito mais. A profundidade de sua experiência em qualquer área era admirável, mas a amplitude de sua experiência em áreas variadas era impressionante. No seu dia a dia, ele dedicava uma hora todas as manhãs a aprender. Acontece que essa prática é algo comum entre os maiores empreendedores do mundo. De Elon Musk e Bill Gates a Oprah Winfrey e Warren Buffett, as pessoas mais bem-sucedidas profissionalmente parecem dedicar tempo diário ao aprendizado e ao crescimento.

Felizmente, a ciência mostra que a busca pela melhoria — a capacidade e a vontade de explorar o seu potencial ilimitado — é fruto de uma mentalidade, e não de uma aptidão intrínseca. Em outras palavras, não é algo reservado aos superdotados — qualquer um pode praticar.

Em 1998, Carol Dweck, então professora de psicologia da Universidade de Columbia (e agora professora da Universidade de Stanford), publicou vários estudos relacionados a sua pesquisa sobre o impacto da mentalidade e elogios sobre a motivação e seus resultados. Em uma pesquisa, Dweck e seus colegas aplicaram uma série de testes de quebra-cabeça com quatrocentas crianças pequenas. As crianças elogiadas por sua "inteligência" após a conclusão do primeiro quebra-cabeça tiveram menos probabilidade de escolher um quebra-cabeça mais difícil para o teste seguinte em comparação aos colegas elogiados por seu "esforço". Em um estudo relacionado aos adolescentes, Dweck e seus colegas aplicaram um teste de QI não verbal a um grupo e mais uma vez elogiaram os alunos por sua inteligência ("Você deve ser inteligente!") ou seu esforço ("Você deve ter se esforçado muito!"). As crianças elogiadas pela inteligência tiveram um desempenho pior quando recebiam um conjunto mais difícil de problemas, enquanto as crianças elogiadas pelo esforço tiveram melhor desempenho no segundo conjunto. Além disso, os elogiados pela inteligência subsequentemente evitaram novas tarefas desafiadoras e até mentiram sobre seu desempenho nas tarefas, enquanto os elogiados pelos esforços procuraram as tarefas mais desafiadoras como novas oportunidades de aprendizado.

Em seu best-seller *Mindset: A nova psicologia do sucesso*, a dra. Dweck se baseou em seu extenso corpo de pesquisa para construir um modelo geral sobre como as crenças que temos sobre nós — em particular a crença em nossa capacidade de crescer, melhorar e mudar — afeta todas as áreas da nossa vida. Dweck resume: "Durante vinte anos, minha pesquisa mostrou que a visão que você adota sobre si mesmo afeta profundamente a maneira como você leva sua vida. Ela pode determinar se você vai se tornar a pessoa que deseja ser e se vai conseguir as coisas que valoriza."

De acordo com sua pesquisa, existem duas mentalidades principais:

1. a mentalidade fixa, que considera habilidade, inteligência e caráter como características estáticas;
2. a mentalidade de crescimento, que considera habilidade, inteligência e caráter como características dinâmicas.

A mentalidade fixa tem como base a crença central de que tudo sobre quem você é como indivíduo é imutável — está gravado em pedra. Como a dra. Dweck mostrou em sua pesquisa, essa crença tem grandes implicações na forma como você trabalha, vive e até ama. A mentalidade fixa cria uma necessidade por afirmação externa, recompensas e aprovação, um medo profundo do fracasso e da rejeição e uma conclusão equivocada de que, se as coisas não estão boas agora, nunca vão estar.

Em contrapartida, a mentalidade de crescimento é baseada na crença central de que tudo sobre quem você é como indivíduo é maleável — que um esforço honesto pode cultivar a mudança, o crescimento e a melhoria contínuos. A mentalidade de crescimento cria um foco na motivação intrínseca, nos insumos e no processo, uma aceitação do fracasso como aprendizagem e uma crença fundamental de que as circunstâncias iniciais não determinam os resultados finais.

Aqueles que adotam uma mentalidade de crescimento estão preparados para enfrentar os inevitáveis desafios da vida com uma perspectiva positiva, otimista e resiliente. Eles evitam a armadilha de vincular demais sua identidade a um único conjunto de resultados, preferindo fundamentar a identidade de forma mais ampla em seus esforços e na sua energia para aprimoramento. Eles são capazes de trabalhar em algo, tanto no âmbito pessoal quanto no profissional, porque compreendem que coisas boas não surgem do nada: elas são conquistadas pelo esforço. Em um mundo em que a imperfeição é bela e a *perfeição* fica reservada aos contos de fadas, aqueles que acreditam em sua capacidade de mudar, que se concentram nos ingredientes, nos processos e nas melhorias diárias sempre encontrarão uma maneira de prosperar.

A riqueza mental é construída sobre essa crença fundamental — na capacidade de crescer, aprender e mudar —, mas a crença é apenas o começo. Como Hank Behar assistindo às aulas de astronomia em Harvard e Phyllis Behar tendo aulas de pintura no Centro Comunitário Local, quem possui riqueza mental age nesse rumo todos os dias.

Como Mahatma Gandhi disse: "Viva como se fosse morrer amanhã. Aprenda como se você fosse viver para sempre."

ESPAÇO: ENCONTRANDO O SEU JARDIM

Um monge de meia-idade se sentou com calma com centenas de sensores e fios elétricos presos ao seu rosto e à sua careca, enquanto suas tradicionais vestes budistas vermelhas e douradas acentuavam a brancura asséptica dos 256 sensores.

Matthieu Ricard obteve um doutorado em genética celular antes de deixar o meio acadêmico para trás e se mudar para a Índia para se tornar um monge budista. Ao longo do caminho, ele trabalhou como intérprete de francês para o Dalai Lama, tornou-se um autor best-seller e ganhou o prêmio da Ordem Nacional de Mérito da França.

Contudo, o seu feito mais interessante é aquele sobre o qual ele se sente mais desconfortável em falar: Matthieu Ricard é o homem mais feliz do mundo.

Em um estudo do início dos anos 2000 sobre o impacto da meditação conduzido por pesquisadores da Universidade de Wisconsin, o psicólogo Richard Davidson pediu a Ricard que meditasse coberto por sensores e fios. Davidson observou que o cérebro de Ricard produzia ondas gama — que estão ligadas à consciência, atenção, aprendizagem e memória — em níveis "nunca registrados antes na literatura de neurociência".[7] Além disso, o monitoramento identificou um aumento da atividade em seu córtex pré-frontal esquerdo, comparado ao direito, o que os pesquisadores sugeriram que pode ser o que dá a Ricard uma alta capacidade de felicidade. Essas descobertas, aliadas a um pouco de criatividade jornalística, levaram Matthieu Ricard a ser apelidado de "o homem mais feliz do mundo".

Embora Ricard não goste muito do apelido ("É um bom título para os jornalistas usarem, mas não consigo me livrar dele. Talvez na minha tumba estará escrito: 'Aqui jaz a pessoa mais feliz do mundo.'"), o insight que ele nos traz pode ser do interesse de todos. A prática da meditação e, de maneira mais ampla, da atenção plena, leva a mudanças no funcionamento do cérebro em relação à consciência, atenção, aprendizado, memória e felicidade, que podem contribuir para uma existência mais saudável e rica.

No entanto, como isso funciona para aqueles de nós que não conseguem se imaginar meditando por doze horas ao dia durante décadas (a prática comum entre as pessoas pesquisadas)? E quanto à atenção plena para todos nós que não somos monges?

Parafraseando uma citação de origem desconhecida bastante atribuída a Viktor Frankl, o seu poder está no espaço que existe entre o estímulo e a resposta. Essa ideia — de criar e aproveitar o *espaço* — é como você pode desbloquear a sua atenção plena, de forma semelhante à de um monge.

Em um mundo de constante conexão, espaço é algo incrivelmente raro. Quantas vezes você passou um dia inteiro sem sentir que um único momento foi de fato seu? Você acorda, pega seu celular, recebe uma enxurrada de mensagens e notificações, vai para o trabalho, pula de reunião em reunião, volta para casa, come rapidinho enquanto confere e-mails e então vai dormir.

Ou quantas vezes você sentiu que o tempo passado no chuveiro foram os únicos minutos do dia que você teve para si mesmo? Sem celular, sem mensagens, sem e-mails, nada. Só você, seus pensamentos e a água. E, algo relacionado, quantas vezes você teve um momento de catarse enquanto estava no chuveiro? Uma nova perspectiva sobre um problema de relacionamento, uma ideia criativa para um negócio, um pensamento que levou a um grande projeto de trabalho.

Isso não é por acaso: *nosso poder está no espaço*.

Existe espaço entre o estímulo e a resposta. O estímulo e a resposta são barulhentos — envolvem entradas, ações e saídas. O espaço é silencioso — é desprovido de insumos externos como entrada e não exige nenhum resultado como saída. É quietude, solidão. Você pode criar espaço literalmente indo a um lugar para ficar sozinho e desconectado, ou metaforicamente, indo a esse lugar em sua mente. A parte importante é que você vá a esse lugar (e faça isso com regularidade).

Prezar por esse espaço não é um símbolo de preguiça — pelo contrário, o espaço é combustível para a sua mente.

O espaço é o que permite pensar, redefinir, lutar com grandes questões que ainda não têm respostas, gerenciar o que provoca estresse e recarregar as energias. É o que acaba com bloqueios e permite que você ouça sua voz interior. É o lugar onde as ideias se conectam e se misturam em sua mente.

É onde você é capaz de pensar de um jeito diferente, abordar problemas de novas formas interessantes, conectar-se espiritualmente com um poder superior ou formular insights que podem mudar sua vida.

John D. Rockefeller foi um dos homens mais bem-sucedidos — e impiedosos — da história. Desde sua origem humilde, Rockefeller transformou a Standard Oil em um conglomerado gigantesco com alcance global e influência desproporcional em todas as áreas. No auge da empresa, Rockefeller tinha um patrimônio líquido estimado de 1,4 bilhão de dólares, um número que era aproximadamente 3% do PIB dos Estados Unidos na época. Rockefeller era conhecido por sua incansável ética de trabalho e uma agenda lotada. Era a única maneira de ele permanecer no topo da incompreensível rede de instituições e transações de seu império.

No entanto, Rockefeller também tinha um hábito curioso e digno de nota: ele podia ser encontrado todas as tardes em seus jardins, sem trabalho, livros ou anotações à vista. Rockefeller — um dos homens mais empenhados e poderosos do mundo — fazia vários intervalos diários para simplesmente caminhar e respirar.

Agora, com certeza, a maioria de nós não aspira ser John D. Rockefeller (por diversas razões!), mas há um ponto importante nesta história: o espaço não significa virar as costas às suas posses mundanas — vender sua Ferrari metafórica (ou literal) e sair pelas montanhas em busca do seu verdadeiro eu. Encontrar espaço é simples como ter a sua versão do jardim de Rockefeller — um refúgio onde você pode desacelerar e respirar novos ares em sua vida.

O espaço é algo pessoal e pode assumir muitas formas:

- caminhada de quinze minutos pela manhã longe de qualquer tecnologia;
- prática diária de oração ou leitura de um texto religioso;
- escrever com liberdade em seu diário à noite, antes de dormir;
- pausas de cinco minutos entre as reuniões para se movimentar;
- mergulhar em água gelada ou fazer sauna diariamente para focar a respiração e a sua voz interior;

- treinos, corridas ou passeios de bicicleta com música leve;
- rituais de meditação ativos ou passivos;
- um encontro espiritual.

O ponto é: não importa quem você é, onde está ou o que está fazendo, você pode abraçar o poder encontrado no *espaço* do seu jardim mental pessoal — não é necessário fazer nenhum voto para virar monge.

Estabelecida a compreensão dos três pilares, podemos seguir para o guia da riqueza mental, que fornece ferramentas e sistemas específicos para construir esses pilares e cultivar uma vida de riqueza mental.

20.

O guia da riqueza mental

Sistemas para o sucesso

O GUIA DA RIQUEZA MENTAL a seguir apresenta sistemas de alta alavancagem para construir cada um dos pilares de uma vida de riqueza mental. Não se trata de um modelo único para todas as pessoas, e você não deve se sentir obrigado a ler cada um deles. Folheie e selecione aqueles que lhe parecem mais relevantes e úteis.

Ao avaliar e executar os sistemas para o sucesso trazidos pelo guia, use suas respostas para cada declaração do teste do placar da riqueza mental para concentrar seu foco nas áreas em que você precisa fazer o maior progresso (aquelas em que respondeu *discordo totalmente*, *discordo* ou *neutro*).

1. Incorporo uma curiosidade infantil com certa frequência.
2. Tenho um objetivo definido que oferece sentido diário e alinha minhas tomadas de decisão de curto e longo prazo.
3. Busco crescimento e procuro alcançar todo o meu potencial.
4. Tenho uma crença fundamental de que sou capaz de mudar, desenvolver e me adaptar de maneira contínua.
5. Tenho rituais regulares que me permitem criar espaço para pensar, respirar, lidar com questões e recarregar as energias.

Algumas antimetas mais comuns para evitar em sua jornada pela riqueza mental:

- não me conectar a um propósito maior que eu;
- desistir de todo o aprendizado que não traga ganho financeiro direto;
- perder todo o espaço da minha vida enquanto busco novas atividades e crescimento.

Aqui estão dez sistemas comprovados para a construção de riqueza mental:

1. Estratégias para riqueza mental que eu gostaria de saber aos 22 anos — 234
2. O poder do ikigai | Propósito — 237
3. O mapa de buscas | Propósito — 239
4. A Técnica Feynman | Crescimento — 245
5. O método da repetição espaçada | Crescimento — 248
6. O método socrático | Crescimento e espaço — 250
7. O dia do pensamento | Crescimento e espaço — 253
8. A caminhada rápida | Espaço — 255
9. O ritual pessoal de desativação | Espaço — 257
10. O método do diário 1-1-1 | Espaço — 259

Estratégias para riqueza mental que eu gostaria de saber aos 22 anos

Uma colaboração com Susan Cain, autora de *O poder dos quietos: Como os tímidos e introvertidos podem mudar um mundo que não para de falar* e *O lado doce da melancolia: A arte de transformar a dor em criatividade, transcendência e amor*, best-sellers do New York Times.

1. Seu propósito de vida não precisa estar relacionado ao seu trabalho. Seu propósito de vida não precisa ser grandioso ou ambicioso; precisa apenas ser *seu*.
2. O segredo da vida é se colocar sob a luz certa. Para alguns, é um holofote da Broadway; para outros, uma mesinha com abajur. Use seus poderes naturais de persistência, concentração e ideias para fazer o trabalho que você ama e o trabalho que importa. Resolva problemas, produza arte, pense de maneira profunda.
3. Não há nenhuma correlação entre ser a pessoa que fala melhor e a que tem as melhores ideias.
4. Escolha um projeto criativo de cada vez e o desenvolva da maneira mais dedicada possível.
5. Sabemos por mitos e contos de fadas que existem muitos tipos de poder neste mundo. Uma criança recebe o poder de um sabre de luz, outra recebe a sabedoria de um mago. O segredo não é acumular todos os tipos de poder, e sim usar bem o tipo que se tem.
6. Refletir sobre o passado é uma boa maneira de impulsionar seu crescimento, mas residir nele é uma forma de inibi-lo. A maioria das pessoas está inclinada ou à reflexão, ou à ação. Contudo, todos precisamos de um pouco de ambas.
7. A neuroplasticidade sugere que as experiências podem alterar fundamentalmente a estrutura e a função do seu cérebro. Suas ações e seus movimentos podem moldar sua realidade física, mental e espiritual. Esse poder está dentro de você.

8. Se quiser melhorar em qualquer coisa, pratique todo os dias por trinta minutos durante trinta dias seguidos. É fácil complicar o caminho para o progresso sem necessidade nenhuma. Um pequeno esforço dedicado a cada dia é tudo o que você precisa. Novecentos minutos de esforço acumulado são suficientes para você melhorar de forma impressionante em qualquer coisa.

9. A solitude é importante e, para algumas pessoas, é o ar que respiram.

10. Damos muito valor às aparências e não damos valor suficiente ao conteúdo e ao pensamento crítico.

11. Quando você está tentando aprender algo novo, tente ensinar a um amigo ou familiar. Observe quais perguntas eles fazem e como essas perguntas expõem as lacunas em seu conhecimento. Estude mais para preenchê-las. O ato de ensinar é a forma mais poderosa de aprendizado.

12. Na escola, você pode ter sido incentivado a *sair da sua concha*, uma expressão prejudicial por não levar em conta que alguns animais naturalmente carregam seu abrigo a todos os lugares — e alguns humanos fazem o mesmo.

13. Saia para comer sozinho uma vez por mês. Leve caderno, caneta e seu livro favorito e deixe seu telefone na bolsa. Deixe sua mente viajar com liberdade.

14. A tentativa de transformar dor em beleza é um dos grandes catalisadores da expressão artística.

15. Pare de tentar lembrar as coisas e simplesmente escreva tudo. Use seu aplicativo de anotações do celular — ou, melhor ainda, tenha sempre um caderninho e uma caneta. O jeito antiquado de fazer as coisas ainda produz maravilhas.

16. Escreva três coisas pelas quais você é grato todas as noites antes de ir para a cama. Diga uma delas em voz alta todas as manhãs quando você acordar.

17. Não consuma notícias, a menos que você tenha muita certeza de que aquilo vai ser importante daqui a um mês. Consumir mais notícias se tornou uma forma garantida de entender menos sobre o mundo. Concentre-se em doses menores de conteúdo de alto valor e evite o fluxo constante das "notícias da última hora!", que se tornou o padrão na mídia.

18. Transforme qualquer dor da qual você não consegue se livrar em seu impulso criativo.

19. A criatividade tem o poder de pegar a dor e transformá-la em outra coisa.

20. Você pode ler milhares de livros na vida, mas apenas alguns transformarão você profundamente. Releia-os todos os anos. Sua experiência com o livro mudará, assim como você, ganhando novas perspectivas. E isso vai lembrá-lo que você pode se apaixonar pela mesma coisa (ou pessoa) repetidas vezes.

Como encontrar seu propósito: o poder do ikigai

Pilar: propósito

Os lendários centenários de Okinawa, Japão, usam o conceito de ikigai para definir seu propósito de vida. Você pode usar o conceito com um exercício simples para começar a explorar o seu também.

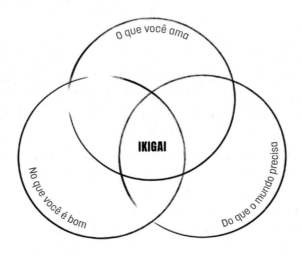

O seu ikigai — seu propósito de vida — está no centro dos três círculos sobrepostos:

1. O QUE VOCÊ AMA: as atividades que lhe dão vida.
2. NO QUE VOCÊ É BOM: as atividades que você parece fazer sem esforço.
3. DO QUE O MUNDO PRECISA: as atividades que seu mundo precisa que você realize atualmente.

Em uma folha de papel, anote suas respostas para as seguintes perguntas:

1. O QUE VOCÊ AMA: quais atividades ou responsabilidades geram alegria em sua vida? O que você estava fazendo nos momentos em que sentiu a felicidade de forma mais natural? Faça uma lista das atividades que lhe trazem vida.

2. NO QUE VOCÊ É BOM: o que parece fácil para você que pode ser difícil para os outros? Em que pontos suas habilidades naturais e adquiridas se destacam? O que outras pessoas parecem reconhecer como seus atributos ou suas habilidades? Faça uma lista das atividades em que você tem uma competência diferenciada.

3. DO QUE O MUNDO PRECISA: que atividades seu mundo precisa que você desempenhe nesta fase da vida? Como você define qual é o seu mundo varia ao longo das fases da sua vida. Seu mundo pode ser definido de forma mais estreita pelo círculo interno composto por você e sua família em certos momentos, pelo círculo mais amplo da sua comunidade em outros, e pelo círculo mais amplo de todo o mundo. No arco mais comum, a definição de *mundo* começa pequena, cresce ao longo do tempo e volta a estreitar no fim. Pode começar a se concentrar no eu e na família nos anos iniciais, expandir para se concentrar na comunidade e, em uma escala maior, nos anos intermediários e depois voltar ao seu eu e à família nos anos finais. Quando atende às necessidades do seu mundo atual, você se sente à vontade para expandir essa definição para o próximo nível. Essa é uma razão fundamental pela qual é provável que as pessoas de sucesso financeiro que tinham o objetivo de prover suas respectivas famílias em seus primeiros anos vão precisar se ajustar a um mundo mais amplo para manter uma sensação definida de propósito. Defina seu mundo atual e faça uma lista das atividades que ele precisa de você.

A interseção das três listas é um grande ponto de partida para você explorar e descobrir seu grande propósito de vida. Lembre-se que seu objetivo não precisa estar ligado à sua profissão. Mergulhe neste exercício e embarque na jornada para aproveitar o poder do ikigai, assim como os habitantes de Okinawa.

Como escolher seus objetivos de vida: o mapa de buscas

Pilar: propósito

> "A forma como passamos nossos dias, é lógico,
> é a forma como passamos nossa vida. O que fazemos com essa hora,
> e com aquela outra, é o que estamos fazendo."
> — ANNIE DILLARD, *The Writing Life*

Seu tempo aqui é finito, portanto, é essencial escolher as atividades — pessoais e profissionais — que tragam os maiores retornos nesse tempo.

Você vai encontrar muitos conselhos para seguir seus interesses e suas paixões, mas sempre achei que as orientações são um pouco complicadas. O que essas palavras — "interesses" e "paixões" — de fato significam? Não conheço você, mas tendo a mentir para mim mesmo e digo que tenho interesse em coisas em que sou bom, então o interesse pode enganar. E *paixão* é um termo forte, sobre o qual nunca estou totalmente convencido de estar usando da maneira correta quando se trata da minha vida.

Minha solução: concentro-me na energia, não em interesses ou paixões. Siga sua energia, porque ela é o recurso que de fato é escasso. Quando tem energia para algo, você se aprofunda, trabalha para crescer, ganha vida ao fazer. Você se enche de vida com isso.

Então, ao contemplar a grande questão da sua vida — como devo gastar meu tempo? —, a energia deve estar no centro da sua reflexão. Utilizo um exercício que chamo de "mapear as buscas" para identificar as atividades que é provável que vão trazer muitas alegrias e recompensas para minha vida.

Veja como funciona (e como você pode usar o exercício para mudar sua vida):

ETAPA 1: CRIE SEU MAPA

O mapa de buscas é uma matriz de 2 x 2 em branco com nível de competência (de baixa a alta competência) no eixo X e de energia (do gasto de energia à criação de energia) no eixo Y.

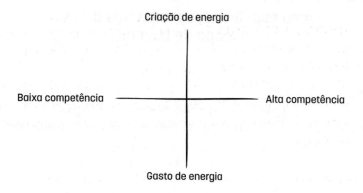

Eu defino os termos da seguinte maneira:

- CRIAÇÃO DE ENERGIA: uma busca que cria energia em sua vida; essas atividades fazem você se sentir energizado — elas carregam sua bateria.

- GASTO DE ENERGIA: uma busca que drena energia de sua vida; essas atividades fazem você se sentir esgotado — elas descarregam sua bateria.

- ALTA COMPETÊNCIA: uma busca na qual você é hábil; essas atividades parecem não exigir esforço.

- BAIXA COMPETÊNCIA: uma busca na qual você parece um novato; essas atividades parecem desafiadoras.

O primeiro passo é colocar as buscas — tanto pessoais quanto profissionais — nessa matriz. Para os propósitos deste exercício, as atividades podem ser definidas de forma ampla (por exemplo, consultoria de estratégia) ou específicas (para pesquisas de mercado). Esta etapa deve incluir as duas atividades nas quais você está atualmente envolvido e aquelas que você pode tentar no futuro.

Para buscas nas quais você está envolvido:

- DEFINA A ENERGIA: como você se sente enquanto se envolve nessa atividade? Como se sente depois? Você considera que essa busca lhe dá mais vida?
- AVALIE A COMPETÊNCIA: qual é a sua opinião sobre o seu nível de competência? Pergunte às pessoas que trabalharam com você nessa busca e peça respostas honestas sobre o seu nível de competência.

Com base em suas respostas e nas reunidas de outras pessoas, coloque cada busca atual na grade de acordo com os níveis de energia e de competência.

Para buscas nas quais você não está envolvido:

- REÚNA INFORMAÇÕES: converse com pessoas envolvidas nessas mesmas buscas. Pergunte sobre os detalhes das atividades para criar uma estimativa de referência para sua energia. Lembre-se de que a visão superficial a respeito de uma busca pode não ser precisa — você pode pensar que ser advogado parece ótimo, mas está baseando isso em um personagem de televisão ou no trabalho real que é necessário no dia a dia? Procure entender os verdadeiros detalhes que se escondem na rotina de uma determinada atividade, e não apenas as informações que estão sobre a superfície.
- EXPERIMENTE: a escolha das atividades certas envolve experimentos. Saiba mais sobre sua energia para determinada busca ou atividade passando um dia envolvido nela. Acompanhe alguém da área para testar; assuma o novo papel como um exercício. Reúna informações mais profundas valendo-se de ações pequenas e reversíveis.
- SUPONHA TER BAIXA COMPETÊNCIA: com qualquer nova busca ou atividade, é justo supor que você começará com um nível de competência baixo (ou pequeno). Até você gerar evidências para provar o contrário, essa é a suposição mais segura.

A partir das informações coletadas nas discussões e na experimentação, coloque cada busca em potencial na grade de acordo com seus níveis de energia e competência.

Com o mapa de buscas preenchido, você pode prosseguir para a etapa 2.

ETAPA 2: IDENTIFIQUE SUAS ZONAS

Existem três zonas principais a serem consideradas no seu mapa de buscas:

1. ZONA DO GÊNIO: em *The Big Leap*, livro lançado em 2010, o autor Gay Hendricks propôs como novidade a ideia da "Zona do Gênio", definida como a gama de atividades em que você tem excelente competência e alto interesse ou paixão. No contexto da minha matriz do mapa de buscas, considero a Zona do Gênio sendo o quadrante superior direito, em que sua competência e energia se encontram. Essa é a sua terra prometida, o ponto ideal de buscas, onde você deveria passar a maior parte do seu tempo, tanto profissional quanto pessoal.

2. ZONA DE HOBBY: esta é a gama de atividades que criam energia em sua vida, mas em que você tem um nível de competência mais baixo. O ideal é que você gaste a segunda maior parte do seu tempo aqui. Tudo bem se certas buscas continuarem nessa zona de hobby (não há problema em ser ruim realizando qualquer atividade!), mas você vai perceber que as atividades que trazem muita energia tendem a se deslocar aos poucos para a direita à medida que você melhora nelas. Buscas que começam na Zona de Hobby em geral acabam na Zona do Gênio ao longo do tempo.

3. ZONA DE PERIGO: esta é a gama de atividades que drenam sua energia, mas na qual você tem um nível de competência mais alto. É um lugar perigoso para gastar seu tempo, porque você vai receber feedback positivo sobre seu desempenho e por isso vai se sentir tentado a gastar mais do seu tempo aqui. O objetivo é evitar a armadilha dessas atividades ou encontrar maneiras de torná--las mais energizantes.

IDENTIFIQUE SUAS ZONAS

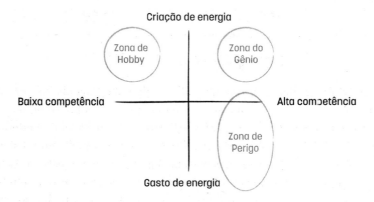

Nota: *o quadrante esquerdo inferior é o que eu consideraria a zona morta, pois as atividades aqui em geral devem ser evitadas por drenarem sua energia e pela sua baixa competência nelas. Dito isto, há situações em que algo se torna criador de energia à medida que você melhora (por exemplo, muitos corredores iniciantes se apaixonam por correr à medida que melhoram sua condição física), portanto, descartar essas atividades pode ser má ideia.*

Para avaliar a probabilidade de uma busca passar a criar energia à medida que sua competência melhora, pergunte-se: Eu amo a melhor versão disso? *Em outras palavras, caso você se imagine em um nível de competência pequeno ou aprimorado nessa atividade, ela lhe dará energia?*

ETAPA 3: ALINHE SEU TEMPO

Ao colocar suas várias buscas no mapa e identificar suas principais zonas, você criou uma imagem das buscas nas quais deve ocupar seu tempo.

As mudanças não vão acontecer da noite para o dia; o objetivo é trabalhar aos poucos rumo a melhorias incrementais:

1. A maior parte do seu tempo deve ser gasta nas buscas que estão na sua Zona do Gênio.

2. Seu tempo restante deve ser gasto em buscas na sua Zona de Hobby.
3. Minimize o tempo gasto em atividades da sua Zona de Perigo.
4. Elimine o tempo gasto em atividades na Zona Morta (com exceção daquelas que sobrevivem ao teste da nota anterior).

Se você trabalha em uma empresa, a melhor abordagem é ter uma conversa objetiva e sincera com suas equipes e gerentes sobre o seu mapa de buscas e as respectivas zonas. Se você estiver em um papel de liderança, incentive toda a equipe a participar de um exercício semelhante — se cada um possui o próprio mapa, fica mais fácil juntar o quebra-cabeça. Se estiver tendo dificuldades com uma empresa ou gestor que não admite suas perspectivas, pode ser hora de mudar. O mercado vai acabar determinando quais empresas vão sobreviver, permitindo o fluxo livre de talentos aos locais que permitam aos funcionários prosperarem na sua melhor forma e função.

Se você trabalha por conta própria, seja honesto consigo mesmo sobre quais das suas buscas e atividades se enquadram em cada zona. Seja implacável em terceirizar para maximizar o tempo gasto em sua Zona do Gênio. Seus resultados e seu desempenho vão melhorar de acordo com sua capacidade.

Escolher as jornadas certas é o caminho para uma vida mais cheia de propósitos, gratificante, produtiva e bem-sucedida. Aprenda a seguir sua energia e você não vai se desviar. Faça o exercício do mapa de buscas e comece aos poucos a trabalhar rumo a um mundo onde seu tempo é investido nas atividades que trazem as maiores recompensas.

Como aprender qualquer coisa: a Técnica Feynman

Pilar: crescimento

Richard Feynman foi um físico teórico dos Estados Unidos, nascido em 1918 na cidade de Nova York. Feynman começou a falar muito tarde — ele não proferiu uma só palavra antes dos 3 anos —, mas desde jovem ficou evidente que era extremamente observador e inteligente. Seu pai e sua mãe valorizavam o pensamento não convencional; eles incentivavam com frequência o jovem Richard a fazer perguntas e pensar de forma independente. Feynman aprendeu matemática avançada por conta própria quando adolescente, se formou pelo Instituto de Tecnologia de Massachusetts e fez seu doutorado na Universidade de Princeton. Ele ficou famoso por seu trabalho em eletrodinâmica quântica e recebeu o Prêmio Nobel de Física em 1965 por suas contribuições para o campo.

Richard Feynman era inteligente. Contudo, há muitas pessoas inteligentes no mundo. A verdadeira genialidade de Feynman era sua capacidade de transmitir ideias complexas de maneira simples e elegante. Ele observou que a complexidade e o uso de jargões são utilizados com frequência para mascarar a falta de entendimento profundo sobre algo.

A Técnica Feynman é um modelo de aprendizado que potencializa o ensino e prioriza a simplicidade para ajudar a desenvolver o entendimento profundo sobre qualquer tópico.

Ela envolve quatro etapas principais:

1. preparar o cenário;
2. ensinar;
3. analisar e estudar;
4. organizar, transmitir e revisar.

Vamos falar sobre cada etapa:

ETAPA 1: PREPARAR O CENÁRIO

Escreva o tópico que deseja aprender em uma folha e anote tudo o que sabe sobre o assunto. Comece o processo de pesquisa e aprendizado do tópico:

- assista a palestras;
- leia;
- assista a vídeos;
- discuta com outras pessoas;
- coloque em prática.

Comece pelo geral, depois aprofunde.

ETAPA 2: ENSINAR

Tente ensinar o tópico a alguém que não tenha uma compreensão básica sobre ele. Pode ser um amigo, parceiro, colega de trabalho ou de classe. O único requisito é que seja alguém que você considere que não tenha conhecimento sobre o tópico.

Esta etapa exige que você filtre e simplifique o aprendizado. Evite jargões técnicos e acrônimos.

Nota: se você não tiver uma pessoa para ensinar, faça isso em outra folha. Anote tudo o que sabe sobre o seu tópico, mas finja que está explicando para uma criança. Use linguagem simples.

ETAPA 3: ANALISAR E ESTUDAR

Peça feedback e reflita sobre seu desempenho para construir uma avaliação honesta:

- Você conseguiu explicar o tópico à pessoa leiga no assunto?
- Quais perguntas a pessoa fez?
- Em que ponto você ficou frustrado?
- Em que ponto você recorreu ao jargão técnico?

Suas respostas a essas perguntas vão lançar luz sobre as lacunas em seu entendimento.

Retorne à etapa 1 e estude mais para preenchê-las.

ETAPA 4: ORGANIZAR, TRANSMITIR E REVISAR

Transforme sua compreensão elegante e simples sobre o tópico em uma história ou narrativa objetiva e convincente. Transmita essa narrativa a algumas pessoas, depois repita e refine conforme o necessário. Revise seu novo e profundo entendimento a respeito do tópico.

A Técnica Feynman é uma estrutura poderosa para aprender qualquer tema. Os melhores empreendedores, investidores e pensadores já se valeram dessa técnica, sabendo ou não! Sua genialidade comum é a capacidade de romper com a complexidade e transmitir ideias de maneiras simples e digeríveis.

É fácil complicar e intimidar — todos conhecemos pessoas que fazem isso. Entretanto, não se deixe enganar: complexidade e jargões técnicos são muito usados para mascarar a falta de um entendimento mais profundo.

Use a Técnica Feynman: encontre beleza na simplicidade.

Como memorizar tudo: o método da repetição espaçada

Pilar: crescimento

A repetição espaçada se vale da ciência cognitiva para ajudá-lo a reter novas informações. Ela reproduz a maneira como nosso cérebro trabalha para converter a memória de curto prazo em longo prazo. Com a repetição espaçada, as informações são consumidas em intervalos crescentes até que sejam transformadas em memória de longo prazo.

O psicólogo alemão Hermann Ebbinghaus foi o primeiro a identificar o efeito da repetição espaçada na retenção de memória. Em um artigo de 1885, ele formulou a curva de esquecimento de Ebbinghaus (EFC, na sigla em inglês). Essa curva mapeia a perda exponencial de informações aprendidas recentemente.

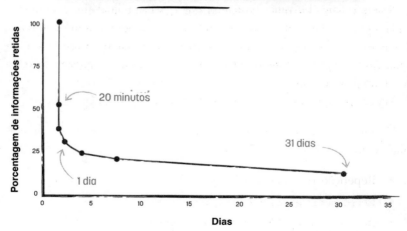

Ebbinghaus observou que cada vez que as informações recém-aprendidas eram revisadas, a curva era redefinida no ponto de partida, mas com uma *queda mais lenta*. As repetições espaçadas tiveram o efeito de achatar a curva de decaimento de retenção da memória.

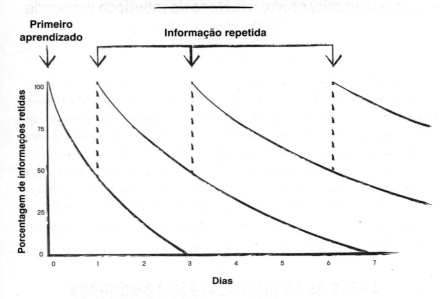

Por que isso funciona? Pense no seu cérebro como um músculo — cada repetição é uma flexão desse músculo. Ao aumentar os intervalos entre as repetições em uma constante, você está forçando o músculo com uma carga cada vez mais desafiadora. Está forçando o crescimento do músculo da retenção.

Veja como implementar o método da repetição espaçada:

Vamos imaginar que você consumiu novas informações às oito da manhã. Agora você inicia as repetições:

- Repetição 1: às 9 horas (uma hora depois)
- Repetição 2: às 12 horas (três horas depois)
- Repetição 3: às 18 horas (seis horas depois)
- Repetição 4: às 6 horas (doze horas depois)

E assim por diante. A memória é fortalecida em intervalos crescentes. Da próxima vez que estiver tentando manter novas informações, use o método cientificamente comprovado da repetição espaçada. Ele funciona.

Como pensar de maneira diferente: o método socrático

Pilares: crescimento e espaço

Em 2009, Tina Seelig, professora de negócios de Stanford, escreveu em seu livro *Se eu soubesse aos 20* sobre um interessante experimento que ela conduziu. Seelig dividiu sua classe em catorze equipes e deu a todos um desafio: cada grupo receberia 5 dólares de financiamento inicial e teria duas horas para ganhar o máximo de dinheiro possível. Ao fim do desafio, cada grupo faria uma breve apresentação à classe sobre sua abordagem e seus resultados.

Ao receber esse desafio, a maioria dos entrevistados adotaria uma abordagem linear e lógica, como fazer trocas. Essas opções gerariam um retorno modesto sobre os 5 dólares em capital inicial.

Alguns grupos do experimento original ignoraram os 5 dólares e, em vez disso, pensaram em maneiras de ganhar o máximo de dinheiro possível nas duas horas de tempo previsto:

- fizeram reservas nos melhores restaurantes da cidade e as venderam;
- encheram pneus de bicicleta no centro do *campus* ao custo de 1 dólar cada.

Tais grupos conseguiram um retorno melhor sobre seus 5 dólares iniciais. O grupo vencedor também ignorou o dinheiro inicial, mas adotou uma abordagem totalmente diferente. Eles reconheceram que o ativo mais valioso não era o dinheiro ou as duas horas que receberam pelo desafio, e sim o tempo de apresentação em frente a uma classe de estudantes de Stanford. Analisando o valor desse ativo, eles venderam o tempo de apresentação para uma empresa que busca o recrutamento de estudantes de Stanford por 650 dólares, um enorme retorno sobre os 5 dólares do capital inicial.

Os grupos perdedores pensaram em termos lineares e lógicos e alcançaram um resultado linear e lógico. O grupo vencedor pensou de maneira diferente.

O questionamento socrático (ou o método socrático) é o processo de fazer e responder perguntas que estimulam o pensamento crítico para expor e examinar a lógica e os pressupostos subjacentes. Para colocá-lo em ação, siga esta estrutura geral:

- comece com perguntas abrangentes;
- proponha ideias com base nessas perguntas;
- teste essas ideias questionando de forma progressiva;
- repita até que as melhores ideias estejam desenvolvidas.

Veja como você pode aplicar o questionamento socrático para pensar de forma diferente:

- COMECE A FAZER PERGUNTAS: qual é o problema que você está tentando resolver? Muitas vezes perdemos tempo e energia tentando resolver o errado. Identifique o problema certo antes de tentar resolvê-lo. Para os alunos da turma da faculdade de negócios, o errado era como usar os 5 dólares para ganhar mais dinheiro; o certo era como ganhar o máximo de dinheiro, dado o tempo atribuído ao exercício.
- PROPONHA SUA IDEIA ATUAL SOBRE O PROBLEMA: qual é a sua hipótese? Quais são as origens desse pensamento?
- ESTEJA ABERTO A PERGUNTAS DIRECIONADAS: por que você acha isso? A ideia é muito vaga? Em que ela é baseada?
- DESAFIE OS PRESSUPOSTOS SUBJACENTES AO PENSAMENTO ORIGINAL: por que você acredita que isso seja verdade? Como você sabe que é verdade? Como você saberia se estivesse errado? Identifique a fonte das crenças sobre um problema. Seja implacável ao avaliar a integridade e validade dessas crenças.

- AVALIE AS EVIDÊNCIAS QUE SUSTENTAM O PENSAMENTO: que evidências concretas você tem? Qual sua credibilidade? Que evidências ocultas podem existir?

- ENTENDA AS CONSEQUÊNCIAS DE ESTAR ERRADO: um erro poderia ser corrigido logo? Qual o custo desse erro? Sempre entenda o que está em jogo.

- AVALIE AS POSSÍVEIS ALTERNATIVAS: que crenças ou pontos de vista alternativos podem existir? Por que eles podem ser melhores? Por que os outros acreditam que eles são verdadeiros? O que eles sabem que você não sabe? Avalie essas alternativas com base em seus méritos e faça as mesmas perguntas fundamentais sobre elas.

- APÓS CONCENTRAR SEU FOCO, AFASTE-SE PARA VER DE LONGE: qual foi a sua ideia original? Estava correta? Caso contrário, em que ponto você errou? Que conclusão pode extrair do processo sobre erros sistêmicos no seu pensamento? No experimento da faculdade de negócios, gastar tempo fazendo perguntas para identificar o problema certo foi o que permitiu ao grupo pensar de maneira diferente sobre os ativos à disposição e, enfim, chegar a uma solução mais criativa.

O questionamento socrático toma tempo. Ele não deve ser usado em decisões de baixo custo e que podem ser revertidas com facilidade. No entanto, quando você encontra uma decisão de alto risco com o potencial de recompensas assimétricas em seus negócios, sua carreira ou vida, vale a pena fazer esse exercício. Ele vai viabilizar que você pense de maneira diferente e descubra o caminho que tem a maior probabilidade de gerar os retornos assimétricos de acordo com os riscos.

Como desbloquear um novo crescimento: o dia do pensamento

Pilares: crescimento e espaço

Na década de 1980, Bill Gates iniciou uma tradição anual que chamou de "Think Week", ou "semana de pensamento". Gates se isolava em um local remoto, desligava a comunicação e passava uma semana se dedicando à leitura e a todo tipo de pensamento.

Para Gates, a semana do pensamento era um momento para ser criativo e buscar nova profundidade e amplitude em suas ideias. Assim ele conseguia fugir das demandas da rotina de um dia de trabalho e treinar sua visão de forma mais ampla.

Se você é como eu, não tem uma semana inteira para se dedicar a pensar, mas pode adaptar algo com uma ideia básica similar.

O dia do pensamento foi a minha adaptação.

Escolha um dia por mês para se afastar de todas as suas demandas profissionais diárias:

- isole-se (mental ou fisicamente);
- programe uma resposta automática dizendo que você está fora do escritório;
- desligue todos os seus dispositivos eletrônicos.

O objetivo: passe o dia inteiro lendo, aprendendo, escrevendo em seu diário e *pensando*.

Ao fazer isso, você cria o tempo livre para se afastar e olhar as coisas de longe, abrir sua mente e pensar com criatividade sobre o quadro geral da vida.

As ferramentas essenciais para o dia do pensamento:

- diário e caneta;
- livros/artigos que você quer ler;
- local isolado (na própria residência, numa casa alugada ou na rua);
- tópicos iniciais para ativar suas ideias.

Oito questões para ativar o pensamento que me foram particularmente úteis:

1. Se eu repetisse meu dia típico atual por cem dias, minha vida seria melhor ou pior?
2. Se as pessoas observarem minhas ações por uma semana, quais elas diriam que são minhas prioridades?
3. Se eu fosse o personagem principal de um filme da minha vida, o que o público estaria implorando que eu fizesse?
4. Estou caçando antílopes (grandes problemas importantes) ou ratinhos (pequenos problemas urgentes)?
5. Como posso fazer menos, porém melhor?
6. Quais são as minhas crenças mais fortes? O que seria preciso fazer para mudar de ideia quanto a elas?
7. Quais são algumas das coisas que sei agora que gostaria de saber cinco anos atrás?
8. Quais atitudes tomadas cinco anos atrás me deixam constrangido hoje? Que atitudes estou tomando que podem me constranger daqui a cinco anos?

Tento reservar uma janela de oito horas dividida em blocos de sessenta minutos de foco, com caminhadas em meio a cada um desses blocos.

Em um mundo obcecado por velocidade, os benefícios da desaceleração são excelentes. Desacelerar permite que você:

- restaure sua energia;
- observe elementos que você perdeu;
- tome atitudes mais deliberadas;
- concentre-se nas oportunidades de maior alavancagem;
- vá devagar e se mova rapidamente.

O dia do pensamento pode ajudar. Dê uma chance e experimente os benefícios da solitude intencional.

Como criar um novo espaço: a caminhada rápida

Pilar: espaço

Há uma ferramenta simples e totalmente gratuita que você pode usar para encontrar e agregar mais espaço em sua vida: a caminhada.

Já faz tempo que os filósofos sabem do poder da caminhada sobre o discernimento mental, a criatividade e a recuperação. Aristóteles fundou o que ficou conhecido como Escola Peripatética de Filosofia — uma palavra que literalmente se traduz como "caminhante" ou "dado a perambular" —, já que ele tinha uma propensão a andar enquanto lecionava ou conversava. O filósofo dinamarquês Søren Kierkegaard escreveu: "Acima de tudo, não perca seu desejo de andar. Todo dia eu me entretenho a um estado de bem-estar e me afasto de todas as doenças. Cheguei aos meus melhores pensamentos caminhando e não conheço nenhum pensamento tão pesado que não possa ser afastado por uma caminhada."

Essas percepções sobre os benefícios da caminhada são mais do que apenas anedotas; elas são sustentadas por um grande e crescente número de pesquisas científicas:

- Pesquisadores de Stanford descobriram que os alunos tinham um desempenho significativamente melhor em testes que medem o pensamento criativo e divergente durante e após caminhadas. De fato, a caminhada aumentou o pensamento criativo em uma média de 60%, e os benefícios duraram muito além da própria caminhada.[8]

- Pesquisadores de Illinois descobriram que as crianças demonstravam melhor desempenho cognitivo após vinte minutos de caminhada em comparação com vinte minutos sentadas em silêncio.[9]

- Pesquisadores da Universidade de Hong Kong demonstraram que conversar durante uma caminhada lado a lado com alguém leva a sentimentos mais profundos de conexão, o que implica que reuniões em caminhadas podem de fato trazer melhores resultados.[10]

- Em um estudo feito pela *NeuroImage* em junho de 2021, sugeriu-se que uma caminhada diária pode melhorar a plasticidade de massa branca do cérebro em adultos mais velhos, o que leva a melhores curvas de retenção de memória.[11]

O argumento a favor de caminhar é bastante explícito. Se houver um único hábito que você possa iniciar e que logo vai criar espaço, aprimorar sua criatividade, reduzir seu estresse e melhorar sua riqueza mental em geral, trata-se de uma caminhada diária.

Encontre maneiras de adicionar caminhadas curtas e longas à sua rotina:

- faça uma caminhada de cinco minutos entre as reuniões, após uma refeição ou antes de uma apresentação importante;
- faça uma caminhada de quinze minutos logo de manhã. A luz solar, o movimento e o ar fresco têm um impacto positivo direto sobre seu humor, ritmo circadiano, metabolismo, digestão e muito mais;
- desfrute de caminhadas mais longas, passivas e sem tecnologia quando tiver tempo. Essas caminhadas de trinta a sessenta minutos são feitas em um ritmo lento e tranquilo, sem uso de tecnologia. A mente deve estar livre para vagar. Permita que suas ideias se misturem. Eu daria como sugestão levar um pequeno caderno de bolso para registrar qualquer coisa interessante que venha à sua cabeça (pois isso vai acontecer!).

Caminhar com seus pensamentos é uma ferramenta de criação de espaço extremamente poderosa, disponível para todos nós, e gratuita.

Como definir limites precisos: o ritual pessoal de desativação

Pilar: espaço

Um ritual de desativação é uma sequência fixa de ações e comportamentos que criam espaço em sua vida, marcando mental e fisicamente o fim do seu dia de trabalho. A ideia se originou com o autor Cal Newport, que escreveu uma postagem em seu blog mais de uma década atrás. Um exemplo da minha sequência seria algo parecido com isso:

- verificar o e-mail para qualquer última demanda que exija ação;
- verificar a agenda e as listas de tarefas para o dia seguinte;
- fazer quinze minutos de preparação para as tarefas prioritárias da manhã seguinte;
- desligar todos os aplicativos e tecnologias pelo restante da noite.

Os benefícios que observei por ter um ritual de desativação:

- LIMITES PRECISOS: o ritual cria limites precisos para separar atividades profissionais e pessoais. Nós nos tornamos mais presentes em ambas as áreas da nossa vida.
- MELHOR PRODUTIVIDADE PELA MANHÃ: ao incluir um pouco de preparação para a manhã seguinte como parte do meu ritual, notei uma melhora evidente na minha produtividade na primeira tarefa do dia seguinte. Fico pronto para começar com tudo.
- MAIS SAÚDE MENTAL: eu me sinto muito melhor à noite após o ritual de desativação. Estou mais presente com minha esposa e filho, não estou preocupado com as notificações aleatórias que chegam e consigo adormecer com mais rapidez.

Para criar o próprio ritual, incorpore esses três elementos-chave:

1. COMPLETE AS TAREFAS FINAIS: quais são as últimas tarefas que você precisa conferir para encerrar as obrigações do dia e ter certeza de que não há mais nada em aberto? Para a maioria das pessoas, isso envolve a verificação de e-mails e aplicativos de mensagens empresariais, além de uma olhada rápida também em projetos abertos.

2. PREPARE-SE PARA O AMANHÃ: quais são suas prioridades para amanhã? Qual é a primeira tarefa em que você deseja avançar quando começar a trabalhar? Faça de dez a quinze minutos de um trabalho de preparação para começar nessa tarefa prioritária com total dedicação.

3. INICIE A DESATIVAÇÃO: crie um gatilho mental que indique a conclusão do ritual de desativação. Cal Newport tinha uma frase mágica ("Desligamento programado, completo"), mas você pode criar uma versão menos nerd, se quiser.

Use esses três elementos para esboçar como seria um ritual de desativação para você. Como em tudo, começar a agir constrói o movimento. Experimente esta semana e veja o que acontece.

Como melhorar sua saúde mental: o método do diário 1-1-1

Pilar: espaço

Manter um diário é uma ferramenta extremamente poderosa para criar espaço e melhorar a saúde mental. Infelizmente, o diário é um hábito difícil para a maioria das pessoas. O eu que aspiramos é capaz de ter trinta minutos de silêncio à noite e energia para sentar e se estender na escrita de uma série de tópicos complexos e interessantes. Já o eu da vida real... não consegue fazer isso. Como resultado, a maioria de nós pressupõe que não temos tempo para manter uma prática tão significativa e valiosa como a do diário.

A realidade: mesmo cinco minutos de escrita em um diário todos os dias podem ter um grande impacto em sua saúde mental.

Para criar um hábito de escrita em diário que funcione no contexto da minha realidade, desenvolvi uma solução muito simples: o método 1-1-1.

Todas as noites, ao fim do dia, abra seu diário (ou bloco de notas favorito) e escreva três simples tópicos:

- Uma vitória do dia
- Um ponto de tensão, ansiedade ou estresse
- Um motivo para gratidão

Todo o processo leva cerca de cinco minutos (embora possa ir mais longe se você se sentir inspirado por qualquer aspecto em particular).

O método 1-1-1 funciona devido a sua simplicidade:

- Uma vitória permite que você aprecie seu progresso.
- Um ponto de tensão permite que você tire o tópico da sua mente e o coloque no papel. É terapêutico.
- Um motivo para gratidão permite que você reflita sobre as coisas mais importantes da sua vida.

Com uma estrutura simples e baixo custo de tempo, o método 1-1-1 é uma maneira fácil de começar a criar uma prática de escrita em diário que vai melhorar sua saúde mental.

Para incluir mais uma camada de compromisso e consolidar a rotina, crie um grupo de bate-papo com outras pessoas interessadas em fazer do diário um hábito no próximo ano. O grupo será usado apenas para enviar um "Feito" quando você concluir seu diário à noite. Use para manter o engajamento de todos e garantir a continuidade do ritual.

21.

Resumo: riqueza mental

Panorama da riqueza mental

A GRANDE QUESTÃO: o que seu eu de 10 anos lhe diria hoje?

OS TRÊS PILARES DA RIQUEZA MENTAL:

- **PROPÓSITO:** o discernimento de definir sua visão e foco, que são únicos e criam significado ao alinhar a tomada de decisão de curto e longo prazo; a recusa em viver a vida de outra pessoa.
- **CRESCIMENTO:** a fome por progresso e mudança, impulsionada pela compreensão do potencial dinâmico de sua inteligência, sua habilidade e seu caráter.
- **ESPAÇO:** a criação de quietude e solitude para pensar, redefinir, lidar com questões e recarregar; a capacidade e a vontade de ouvir sua voz interior.

O placar da riqueza mental: para cada afirmação abaixo, responda com 0 (discordo totalmente), 1 (discordo), 2 (neutro), 3 (concordo) ou 4 (concordo totalmente).

1. Incorporo uma curiosidade infantil com certa frequência.
2. Tenho um objetivo definido que oferece sentido diário e alinha minhas tomadas de decisão de curto e longo prazo.
3. Busco crescimento e procuro alcançar todo o meu potencial.
4. Tenho uma crença fundamental de que sou capaz de mudar, desenvolver e me adaptar de maneira contínua.

5. Tenho rituais regulares que me permitem criar espaço para pensar, respirar, lidar com questões e recarregar as energias.

Sua pontuação de referência (0 a 20):

METAS, ANTIMETAS E SISTEMAS

Use a estrutura de definição de metas para calibrar sua bússola da riqueza mental:

- METAS: que pontuação você deseja alcançar dentro de um ano? Quais são os dois ou três "checkpoints" que você precisará alcançar no seu caminho para chegar a essa pontuação?
- ANTIMETAS: quais são os dois ou três resultados que você deseja evitar em sua jornada?
- SISTEMAS DE ALTA ALAVANCAGEM: quais são os dois ou três sistemas do guia da riqueza mental que você vai implementar para tornar seu avanço tangível, acumulando progressos rumo à sua meta de pontuação?

SEU INÍCIO EM UMA SEMANA

Use o exercício do ikigai para começar a explorar e descobrir seu propósito e como ele pode se conectar aos seus atuais projetos de vida.

Crie três listas separadas:

1. O QUE VOCÊ AMA: as atividades que lhe dão vida, que trazem alegria.

2. NO QUE VOCÊ É BOM: as atividades que você parece fazer sem esforço.

3. DO QUE O MUNDO PRECISA: defina qual é seu mundo atual e as atividades que ele precisa de você.

Identifique a sobreposição das três listas — esse é o ponto de partida para você explorar e descobrir seu propósito de vida.

Riqueza física

22.

A grande questão

Você vai dançar na sua festa de 80 anos?

UM JOVEM AINDA ESTAVA na casa dos 20 anos, mas sabia que, se algo não mudasse, iria acabar morrendo.

Dan Go foi criado em uma pequena cidade em Ontário, filho de dois imigrantes sino-filipinos que se mudaram para o Canadá em busca de melhores oportunidades quando ele tinha 2 anos. Desde pequeno, ele sofria considerável pressão psicológica, resultado do forte bullying por parte das outras crianças na escola. Recordando o tormento daqueles primeiros anos, ele lembra: "Eles me diziam que eu era pequeno, burro e não valia nada. Quando você é criança, se falam algo para você com muita frequência, você começa a acreditar nisso."

Ele começou a seguir por um caminho obscuro e solitário. Ao acreditar que seus algozes estavam certos, Dan Go abandonou o ensino médio. Sua autoestima se deteriorou, e ele começou a agir de forma destrutiva para tentar enterrar sua dor e conflitos interiores — comer, beber e festejar de maneiras que nunca havia feito antes. Suas ações levaram a uma profecia cruel e autorrealizável: a mudança negativa em sua aparência física corroeu ainda mais sua autoestima, acarretando comportamentos destrutivos e uma espiral descendente. "Eu estava na casa dos 20 anos, mas não conseguia ver um futuro. Acordava, ia para o trabalho de telemarketing que odiava, onde ganhava 15 dólares por hora, comia e bebia até dormir e acordava para fazer tudo de novo. Eu não conseguia me olhar no espelho."

Em seu momento mais difícil, quando ele não via mais a luz no fim do túnel, um único fato aleatório mudou tudo.

Seu pai comprou um passe de um mês para uma academia e o deu ao irmão de Dan. Ele não quis, e o repassou para Dan.

Refletindo sobre o que o levou a aceitar a matrícula na academia — que seria um desafio, dado seu estado físico naquele momento —, ele simplesmente diz: "Percebi que, se continuasse vivendo dessa maneira, acabaria morrendo."

Dan apareceu no primeiro dia e subiu em uma esteira. Em alguns minutos, ele estava sem fôlego, encharcado de suor e totalmente entediado. Não conseguia imaginar repetir a atividade, mas, no dia seguinte, ele se convenceu a voltar e tentar algo diferente. Dan usou todas as máquinas de peso da academia e, embora não soubesse o que estava fazendo, sentiu uma onda de energia pela experiência. Na manhã seguinte, ele acordou com uma dor como não havia sentido em toda a sua vida e a encarou como um sinal de que o levantamento de peso funcionara. O terceiro e o quarto dia foram difíceis, houve mais fadiga muscular, mas, no sétimo dia, ele começou a se sentir mais confortável, capaz de se esforçar um pouco mais. Depois de duas semanas, ele estava animado com a perspectiva de ir à academia. Passado um mês, no dia em que sua matrícula venceria, algo interessante aconteceu enquanto ele se vestia para ir trabalhar: Dan teve que usar o furo seguinte do cinto para afivelá-lo à calça.

Naquele momento, ele soube: toda a sua vida havia mudado.

Aquele pequeno resultado — um simples furo a mais no cinto — representava algo maior: Dan Go reconheceu o poder das suas ações. Ele havia recuperado o controle sobre sua vida.

Ainda focado em sua saúde, ele foi aos poucos adotando uma abordagem cada vez mais científica sobre como se exercitava, cuidava da alimentação e se recuperava. Dan acompanhava os estudos mais recentes e incorporava as novas ideias à rotina, e então começou a ver tudo mudar ao redor. Seu cérebro passou a funcionar com mais eficácia; ele se lembrava de informações, dos nomes, das pessoas, dos lugares. Sua voz interior mudou — ele começou a acreditar que era capaz de qualquer coisa, decerto muito mais do que jamais havia acreditado. "Eu tinha uma atitude derrotista. De repente, tudo mudou. Passei a ter a mentalidade de que havia um mundo de possibilidades para mim. Eu provei que poderia apertar um botão com minhas ações e criar mudanças no meu mundo, e, se podia fazer isso com minha saúde, poderia fazer isso com qualquer coisa."

Hoje, Dan Go está na casa dos 40 anos, mas parece estar na casa dos 20. Ele está em forma e vibrante, é um marido amoroso e pai de duas crianças lindas. Também é um empreendedor que está erguendo um negócio multimilionário, pelo qual influencia vidas positivamente por meio de transformações como a que ele viveu. O futuro de Dan Go passou de sombrio e incerto a brilhante e ilimitado — e tudo começou quando ele foi à academia e subiu na esteira. Quando assumiu o controle de suas ações e construiu uma vida de riqueza física.

A busca disciplinada por uma vida de riqueza física é um catalisador para o crescimento: ela provoca uma mudança de mentalidade — lembrando que você está no controle, que você tem o poder. Essa mudança de mentalidade cria ondas que se propagam para muito além do seu núcleo e alcançam todas as áreas da vida.

Logo depois de iniciar sua carreira corporativa na casa dos 20 anos, Kevin Dahlstrom foi derrubado por uma doença misteriosa que deteriorou sua saúde. Ele tinha uma fadiga esmagadora, ataques de pânico e infecções recorrentes. "É difícil olhar para as minhas fotos desse período", ele me disse. "Eu nem me reconheço." Em vez de confiar nos tratamentos oferecidos pelos médicos para mascarar os sintomas, ele assumiu o controle e passou centenas de horas pesquisando alternativas e adotando uma nova rotina com base em exercício, nutrição e recuperação. Em meses, seus sintomas crônicos desapareceram, e seu físico atlético, bem como sua personalidade vibrante e sua alta energia, retornou. Por meio de sua busca pela riqueza física, Kevin Dahlstrom havia recuperado o controle — e ele não tinha intenção de perdê-lo outra vez.

Anos depois, ele chegava ao topo da montanha corporativa como executivo, ganhando um salário de sete dígitos, e foi esse sentimento de controle alcançado vários anos antes que o fez decidir se afastar de tudo aquilo. Enquanto me contava sobre a decisão, ele explicou: "Cheguei ao topo da hierarquia corporativa dos Estados Unidos e percebi que essa vida não oferece nenhum controle. As evidências eram nítidas — as pessoas mais 'bem-sucedidas' não eram pessoas em quem eu queria me inspirar — elas tinham muita riqueza financeira, mas zero riqueza física. Então resolvi me afastar."

Hoje, Kevin Dahlstrom vive sua vida dos sonhos. Ele calcula que abriu mão de cerca de 10 milhões de dólares em ganhos futuros ao deixar a carreira, mas sua energia vibrante e um amplo sorriso mostram que ele não se arrepende. Kevin passa a maior parte do tempo fazendo escaladas com a esposa e os filhos, ou trabalhando em qualquer um dos seus projetos profissionais flexíveis que lhe dão emoção e energia. Ao refletir sobre a decisão que ele tomou na casa dos 20 anos para priorizar a riqueza física, Kevin diz: "Muitas pessoas adiam a construção da riqueza física por pensarem que podem fazer isso depois de alcançarem outros objetivos, mas simplesmente não funciona assim. Qualquer tipo de riqueza leva tempo e acumulação para ser construída, e o controle que você obtém pela construção de riqueza física é um catalisador e um lembrete do controle que você tem em todas as outras áreas da sua vida."

Em seu livro *Imaginável*, a autora best-seller do *New York Times* Jane McGonigal descreve uma ferramenta chamada "pensamento futuro" que busca "inspirar você a tomar atitudes hoje que preparam para sua futura felicidade e seu futuro sucesso". McGonigal orienta os leitores em um exercício guiado de pensamentos futuros, que os faz prever, em detalhes vívidos, seus futuros eus. O que você está vestindo? Onde está? O que está perto de você? Quem está perto? O que ouve e do que sente cheiro? O que planejou para o dia? O esforço de criação dessa tela futura, a que os cientistas chamam de "pensamento futuro episódico" (EFT, na sigla em inglês), consolida um futuro imaginado em sua memória, o que significa que você pode retornar a essa "memória" e usar suas lições para fazer mudanças ou tomar decisões no presente.

Em um artigo escrito para o site *Ideias TED*, McGonigal escreveu: "O pensamento futuro episódico não é uma fuga da realidade. É uma maneira de brincar com a realidade, descobrir riscos e oportunidades que você pode não ter considerado... É uma poderosa ferramenta para tomada de decisão, planejamento e motivação. Ela nos ajuda a decidir: este é um mundo em que quero acordar? O que eu preciso fazer para estar pronto para isso? Devo mudar o que estou fazendo hoje para tornar esse futuro mais ou menos provável?"[1]

E, o mais importante, imaginar o futuro desejado reforça a necessidade de ações específicas no presente para criar aquele resultado.

Vamos tentar. Feche os olhos e respire fundo. Imagine que você está na sua celebração de 80 anos. Todas as suas pessoas favoritas estão entrando com cartões, flores e grandes sorrisos no rosto. Você está sentado à mesa principal, aproveitando sua bebida e suas comidas favoritas, quando a música ambiente começa a ficar mais alta. É a sua música predileta. Você começa a bater no chão embaixo da mesa no ritmo da melodia. Memórias de momentos maravilhosos com aquela música inundam sua mente. As pessoas começam a se levantar e caminhar até o centro do espaço. Todo mundo está olhando para você.
O que acontece a seguir?

- Você se levanta e começa a dançar com seus entes queridos?
- Ou você está preso, forçado a apreciar a música, sentado em sua cadeira?

A dura verdade é que as respostas para essas perguntas foram escritas muito tempo antes de você chegar ao seu aniversário de 80 anos. Suas ações diárias ao longo do caminho determinaram se você estaria dançando naquela festa, ou só assistindo.

Essa visualização do seu futuro deve trazer discernimento ao presente:

- Se você continuar suas ações diárias atuais, estará dançando ou ficará sentado?
- Que ações você precisa adicionar ou ajustar no presente para deixar seu futuro mais próximo da sua visão ideal para ele?
- O que seu eu de 80 anos gostaria que você fizesse hoje?

Uma vida de riqueza física se baseia na execução das ações diárias — **movimento** regular, **nutrição** adequada e **recuperação** cuidadosa — para um presente cheio de vida e um futuro idealizado. Seu eu atual é a principal parte interessada em seu mundo, mas seu futuro eu é o herdeiro das suas ações no presente acumuladas no longo prazo.

Seu eu de 80 anos lembraria que você tem apenas esse corpo, e a maneira como você o trata hoje será refletida e amplificada na maneira que ele vai tratar você nos anos futuros.

Poucas pessoas reconheceram e agiram com base nessa perspectiva com mais discernimento do que o quarterback de futebol americano Andrew Luck. Durante a temporada de 2018, ele estava no auge de sua carreira no esporte. O quarterback de 29 anos estava saindo de uma temporada cheia de lesões em 2017, mas estava de volta, em forma para o combate, estabelecendo novos recordes na carreira e levando o Indianapolis Colts aos *playoffs*. Ele recebeu o prêmio de Retorno do Ano da NFL e foi selecionado pela quarta vez para o Pro Bowl. Parecia que sua carreira estava de volta aos trilhos e que ele estava destinado à glória do Hall da Fama do esporte. Entretanto, em 24 de agosto de 2019, pouco antes do início da temporada, Andrew Luck subiu ao palco no Lucas Oil Stadium e anunciou sua aposentadoria em um discurso feito com os olhos marejados.

A decisão chocou o mundo dos esportes. Ao se aposentar, Luck estava abrindo mão de mais de 58 milhões de dólares em valor de contrato do seu acordo com o Colts, além de lucrativos contratos de propaganda. O proprietário do Colts, Jim Irsay, foi citado como tendo dito que Andrew Luck estava abrindo mão de até 450 milhões de dólares ao decidir se aposentar. É uma quantia quase inimaginável para a maioria de nós — e é ainda mais inimaginável desistir dela.

No entanto, foi exatamente isso que Andrew Luck fez. O que o levou a tomar essa decisão? A consciência de que sua saúde atual e futura valia mais do que qualquer contrato poderia oferecer.

Nas seis temporadas da NFL, Luck, que tinha um estilo de jogo físico e nunca se esquivava do contato, suportou a cartilagem rasgada em duas costelas, uma ruptura parcial de um músculo abdominal, um rim lacerado que lançou sangue em sua urina, pelo menos uma concussão documentada e um músculo labrum rasgado no ombro do braço que usava para lançar a bola. Isso sem contar as outras lesões não registradas de sua longa e ilustre carreira como amador e universitário, quando ele foi finalista do Prêmio Heisman, levando a equipe da Universidade de Stanford a vários títulos de Copas e a ficar entre as dez melhores do país. Em seu discurso de aposentadoria, Luck sinalizou para o futuro: "Foram quatro anos nesse ciclo de dor e lesões. Para que eu possa seguir com a vida da forma que desejo, ela [não] pode envolver o futebol." As lesões constantes, a dor e a pressão afetaram sua vida dentro e fora do campo. Para viver a vida que ele imaginou para si mesmo, sua esposa e seus filhos, Andrew Luck olhou para além da riqueza financeira e encarou a vida de maneira mais ampla.

É apropriado lembrar o poderoso conselho compartilhado por um dos anciãos sábios entrevistados na seção de abertura deste livro, um senhor de 80 anos com profundo arrependimento pelo estilo de vida de muito álcool e poucos exercícios ao longo da sua carreira profissional:

"Trate seu corpo como um templo no qual você viverá por mais setenta anos."

Seu corpo é, literalmente, a casa em que você viverá pelo restante da sua vida. No entanto, muitas pessoas tratam essa casa como lixo — elas bebem e comem demais, não dormem o suficiente, quase nunca se movimentam e evitam os investimentos e reparos básicos necessários para sua manutenção.

Você está no controle do estado atual e futuro de sua casa. Mantenha as fundações e o telhado em boas condições, corrija problemas menores assim que surgirem e faça os pequenos investimentos diários, semanais e mensais necessários para garantir que ela dure por muito, muito tempo.

Assim como uma casa, se você cuidar de seu corpo hoje, ele cuidará de você nos anos futuros.

Vamos garantir que você esteja dançando na sua festa de 80 anos.

23.

A história do nosso mundo menor

NO SÉCULO I A.C., quando Júlio César governava um império romano em expansão, um jovem talentoso chamado Marcus Vitruvius Pollio serviu silenciosamente em seu exército, projetando máquinas de batalha para superar os vários inimigos de Roma. Mais tarde, ele se tornou um conhecido estudioso de arquitetura, escrevendo a obra *De architectura*, que é considerada o primeiro grande trabalho sobre a teoria da arquitetura.

Marcus Vitruvius Pollio acreditava firmemente na conexão entre a forma humana e o universo. Seus princípios de design físico refletiam essa crença. Ele escreveu: "O design de um templo depende da simetria. Deve haver uma relação precisa entre seus componentes, como no caso dos de um homem bem-formado."[2] Ele ditou os ideais explícitos de um homem bem-formado (e seu impacto no design estrutural do templo) em detalhes. Por exemplo: "O comprimento do pé é um sexto da altura do corpo; do braço anterior, é um quarto; e a amplitude do peito também é um quarto." A precisão e a curiosidade presentes nos escritos de Marcus Vitruvius Pollio despertaram um intenso fascínio no mais célebre estudioso do período da Renascença: Leonardo da Vinci.

A obsessão de Leonardo com a descrição de Marcus Vitruvius Pollio sobre a forma humana ideal o levou à criação do famoso desenho do Homem Vitruviano — uma representação da forma humana ideal em duas posições diferentes, uma sobreposta à outra, estabelecendo as medidas perfeitas. Embora alguns outros estudiosos do período tenham tentado criar a imagem ideal, produzindo desenhos e diagramas soltos e de traço livre, foi Leonardo quem assumiu a tarefa com o alto grau de arte e ciência característico de todos os seus trabalhos.

Nessa época, Leonardo escreveu: "Os antigos diziam que o homem era um mundo menor, e decerto o uso desse nome é bem aplicado, porque o corpo é um análogo para o mundo." Seu fascínio pela anatomia humana, por linhas, proporções e movimentos foi uma parte crucial de um próspero movimento humanista na Renascença, inspirando um interesse público pela forma humana, interesse esse que foi perdido durante a Idade das Trevas, quando o corpo humano passou a ser visto como pecaminoso.

A extensão do legado da obsessão de Leonardo é presente em um interesse cultural pelo corpo e pela fisicalidade que continua se acelerando hoje em dia. É um legado que vai do impressionante *David* de Michelangelo até as paredes espelhadas de nossas academias modernas.

A NATUREZA DO CORPO HUMANO

Durante milhares de anos, a riqueza física — a saúde interna e externa e a vitalidade de um indivíduo — estava arraigada no estilo de vida humano. Nossos primeiros ancestrais eram caçadores-coletores nômades, o que significa que percorriam grandes faixas de terra em busca de comida e abrigo. Esse estilo de vida exigia e contribuía para um alto nível de bem-estar físico. Os homens, que em geral eram responsáveis pela caça das maiores fontes de proteínas, estavam sempre em movimento, correndo, pulando, escalando, usando ferramentas de caça e muito mais; as mulheres, que em geral eram responsáveis pela criação dos filhos e pela coleta de frutas, sementes, raízes e nozes comestíveis, também estavam em movimento constante, caminhando, equilibrando, carregando peso e muito mais. A sobrevivência era baseada na capacidade de realizar bem essas atividades, o movimento constante sem dúvida moldando sua forma física, os músculos, ossos e ligamentos ganhando força pelo movimento necessário para sobreviver e se desenvolver até a idade reprodutiva.

Quando a Revolução Agrícola ocorreu, mais ou menos em 10.000 a.C., as demandas físicas diárias do humano comum mudaram muito. Aqueles povos agrários não enfrentavam a imprevisibilidade inerente ao estilo de vida de caçadores-coletores; elas experimentavam uma rotina mais repetitiva que enfatizava um punhado de movimentos e ações realizadas num ritmo contínuo (como quando preparavam o solo) e uma dieta de culturas básicas. Os antropólogos observam que os restos mortais das sociedades agrárias denotam densidade óssea reduzida, provável que resultado de menos demandas físicas do dia a dia, e menor massa muscular geral, particularmente na parte superior do corpo. Embora aspectos de fisicalidade ainda fizessem parte da vida, eles assumiram um papel menor em uma cultura mais sedentária, embora com uma expectativa de vida modestamente mais alta — 24,9 anos para os agricultores em comparação aos 21,6 anos para os caçadores, de acordo com uma estimativa[3] — devido à diminuição dos riscos da vida cotidiana.

Nos milhares de anos que se seguiram, a humanidade entrou em um período de guerras e conquistas além da escala das disputas menores que é provável que caracterizaram as primeiras sociedades nômades e agrárias. Impérios foram construídos com base em exércitos enormes, logística complexa e cadeias de suprimentos que se estendiam por milhares de quilômetros e cobriam territórios perigosos. De repente, o arquétipo físico do guerreiro foi colocado em destaque nos holofotes da cultura, e os homens treinaram tendo em vista a glória militar, com uma chance de imortalidade conferida a grandes heróis guerreiros como Aquiles. Os atributos físicos e a performance do guerreiro — a grande força na parte superior do corpo para carregar escudos e armas pesadas e um alto grau de aptidão cardiovascular para suportar longas marchas e batalhas — eram glorificados. Talvez o exemplo mais extremo tenha sido encontrado em Esparta, uma cidade-estado grega conhecida por seu poder militar, que atingiu o pico entre os séculos VI e IV a.C. Os homens espartanos eram inspecionados no nascimento, e os julgados fracos eram deixados em uma montanha próxima para morrer. Aos 7 anos, os meninos eram retirados dos cuidados da mãe e enviados para iniciar seu treinamento no *agoge*, um campo militar. Durante anos, eles eram submetidos a uma vida de guerra e ensinados a se fortalecer contra a dor e o sofrimento. O treinamento era tão intenso que Plutarco comentou: "Eles eram os únicos homens do mundo para quem a guerra servia como pausa ao seu treinamento para a guerra."

Nessa época, a celebração e glorificação do arquétipo do guerreiro cruzaram a fronteira do esporte. Embora os seres humanos tenham se envolvido em jogos e shows de proezas atléticas desde o início da sociedade civilizada, foram os Jogos Olímpicos, uma criação dos gregos antigos, que conquistou a notoriedade de reunir atletas de uma ampla faixa de territórios e cidades-estados para competir uns contra os outros pela glória em um fórum público. O primeiro relato registrado dos Jogos Olímpicos, em 776 a.C., contou com uma única corrida de 192 metros.[4] O evento foi criado como um festival para homenagear Zeus, o mais poderoso dos deuses, e realizado em Olímpia, um local sagrado no sul da Grécia. Os jogos eram realizados a cada quatro anos, e o número e a diversidade dos eventos aumentaram gradualmente. A importância do exercício e da dieta para a saúde física e para a vitalidade foi enfatizada por filósofos gregos famosos. Platão escreveu: "A falta de atividade destrói as boas condições de todo ser humano." E Aristóteles acrescentou: "Tanto exercícios em excesso quanto a falta deles destroem a força de uma pessoa, assim como comer e beber muito ou pouco destrói sua saúde, enquanto a quantidade correta a produz, aumenta e preserva."

Os Jogos Olímpicos desapareceram aos poucos depois que a Grécia foi conquistada pelo Império Romano no século II a.C., e a celebração e a importância cultural da forma física humana caíram em desuso com a ascensão do Cristianismo e o início da Idade Média. A autora Maria Popova resumiu o período: "Sob a doutrina cristã, o corpo era um instrumento muito pecaminoso para ser celebrado em público ou nas homilias particulares. A atmosfera erudita da catedral substituiu a alegria da fisicalidade dos ginásios, onde grupos outrora se reuniam tanto para tonificar o corpo quanto aprimorar a mente nas palestras de Platão e Aristóteles, e foi assim que a ideia do exercício físico deixou o imaginário popular por um milênio."[5]

Esse período de ocaso durou cerca de mil anos, até o fim do século XV, quando Leonardo, Michelangelo e um grupo de humanistas renascentistas trouxeram novos ares para o estudo e a importância da forma física humana. Curiosamente, foi um médico italiano menos conhecido chamado Girolamo Mercuriale, que, em 1573, publicou *De arte gymnastica* (ou *A arte do exercício*) e formalmente deu início ao movimento moderno pela saúde e pelo bem-estar que persiste ao longo dos séculos. Nesse trabalho,

Mercuriale escreveu: "Tomei para mim a responsabilidade de trazer de volta à luz a arte do exercício, antes tão estimada, e hoje mergulhada na mais profunda obscuridade, totalmente perdida. Por que ninguém mais assumiu esta missão, não ouso dizer. Só sei que esta é uma tarefa de utilidade máxima e enorme trabalho." Seu livro, que se baseou em anos de estudo das práticas gregas e romanas antigas em torno do exercício e da dieta, serviu como influência primordial para aqueles que defenderam a importância da educação física na Europa centenas de anos depois.

Outra sutil aceleração ocorreu em 1859, quando Charles Darwin publicou sua obra *A origem das espécies*, em que comentava os mecanismos da sua teoria da seleção natural. Um polímata inglês chamado Herbert Spencer cunhou a expressão "sobrevivência dos mais aptos" em seu resumo do trabalho de Darwin produzido em seguida. De repente, a aptidão física entrou na cultura convencional como um símbolo de status — era uma maneira de medir-se contra os outros e subir nos degraus visíveis ou invisíveis da hierarquia da sobrevivência primordial.

Os Jogos Olímpicos, uma tradição esportiva há muito esquecida, foram revividos pelos esforços de um francês chamado barão Pierre de Coubertin, um firme defensor das tradições e dos movimentos pela educação física. Em 1892, ele propôs a ideia de uma competição atlética internacional a ser realizada a cada quatro anos e, em 1894, recebeu a aprovação do Comitê Olímpico Internacional, a organização dirigente dos Jogos Olímpicos que existe ainda hoje. Em 1896, os Jogos Olímpicos foram realizados em Atenas, na Grécia, com participação de 280 atletas masculinos de doze nações em 43 eventos.[6] Na oitava edição dos jogos, em 1924, o ganho de escala e popularidade já era evidente, e contava com a participação de 3 mil atletas (homens e mulheres!) de 44 nações participantes. Em 2004, os Jogos Olímpicos retornaram a Atenas pela primeira vez desde seu renascimento em 1896. Onze mil atletas de 201 países competiram nos eventos. Um deles era um nadador norte-americano chamado Michael Phelps, que ganhou oito medalhas e se tornou o atleta olímpico mais premiado de todos os tempos. Outro era um corredor jamaicano pouco conhecido chamado Usain Bolt, que não conseguiu chegar às finais em sua estreia olímpica, mas depois seria considerado o maior velocista de todos os tempos.

O esporte e a obsessão pelo desempenho físico humano se tornaram oficialmente parte do *zeitgeist* cultural.

NOSSA OBSESSÃO MODERNA

Atualmente, é difícil passar um único dia sem encontrar uma nova moda de saúde ou bem-estar com promessas de juventude, força, beleza ou o vigor que somos programados a buscar. A partir de programas de dieta como a Atkins (carboidratos são do demônio!), a South Beach (coma alimentos com baixo índice glicêmico), a cetogênica (carboidratos são do demônio outra vez!), a vegana (coma apenas plantas) e a carnívora (coma apenas carne) até regimes de exercícios como CrossFit, Peloton e Hot Yoga, somos bombardeados por informações e marketing sofisticado, em que cada opção alega ser a melhor entre todas.

A indústria de saúde e bem-estar se tornou um grande negócio. Em 2020, o Global Wellness Institute estimou que a economia global de bem-estar havia atingido 4,4 trilhões de dólares,[7] abrangendo os seguintes tipos de indústria:

- cuidados pessoais e beleza: 955 bilhões de dólares;
- alimentação saudável, nutrição e perda de peso: 946 bilhões de dólares;
- atividade física: 738 bilhões de dólares;
- turismo de bem-estar: 436 bilhões de dólares.

Com as promessas de abdominais perfeitos em novos equipamentos fitness e vigor juvenil a cada novo alimento saudável milagroso, somos forçados a uma batalha silenciosa contra a energia e a poderosa força dos melhores profissionais de marketing do mundo. O trabalho deles depende de convencê-lo de que você precisa de tudo isso para ter uma vida saudável e feliz — e eles são muito, muito bons no que fazem. Jogam luz sobre as imperfeições do seu mundo atual, mostram como seu mundo perfeito poderia ser e, em seguida, apresentam o equipamento X ou o alimento saudável Y como a única coisa entre você e tal mundo perfeito.

Vamos direto ao ponto: é (quase) tudo besteira.

O princípio de Pareto — em geral chamado de "regra 80/20" — refere-se à ideia de que 80% dos resultados vêm de 20% das causas. Sua origem remete a Vilfredo Pareto, um economista italiano que observou que 80% da terra da Itália era de propriedade de apenas 20% da população. Quando notou mais tarde que 80% das ervilhas em seu jardim tinham vindo de apenas 20% das plantas, Pareto levantou a hipótese de que aquilo seria uma espécie de proporção "mágica" da natureza.

Para simplificar: a regra 80/20 diz que um pequeno número de entradas, ou insumos, produz a maior parte das saídas, ou resultados.

O mercado em torno de toda a área de saúde e bem-estar segue essa regra: a maioria dos resultados é impulsionada por alguns insumos simples — garantir um nível diário básico de movimentação, consumir alimentos integrais e não processados e priorizar o sono e a recuperação.

Isso não quer dizer que não haja nenhum valor na aparentemente interminável lista de produtos de saúde, serviços, alimentos e bebidas — usei, testei e gostei de muitos deles —, mas isso serve para dizer que eles deveriam sempre estar em segundo plano, nunca sendo confundidos com os fundamentos básicos da riqueza física.

Em um mundo que deseja ver você correndo atrás de tudo, em todos os lugares, de uma só vez, você deve restringir seu foco. Buscar o secundário antes de terminar o primário é jogar o jogo no nível mais difícil. Para evitar isso, você deve desenvolver uma compreensão básica sobre os pilares fundamentais que desbloqueiam o nível fácil do jogo, para executá-los de forma consistente em sua jornada rumo à riqueza física.

24.

Os três pilares da riqueza física

BRYAN JOHNSON É UM empresário de muito sucesso. Em 2013, vendeu para a PayPal a empresa de processamento de pagamento fundada por ele por 800 milhões de dólares. Para a maioria das pessoas, esse teria sido o fim da história: um empreendedor alcança seu sonho de construir uma empresa transformadora, vende essa empresa por uma quantia capaz de mudar sua vida e sai navegando rumo ao pôr do sol.

No entanto, Bryan Johnson não é como a maioria das pessoas.

Aos 45 anos, ele está gastando mais de 2 milhões de dólares por ano em uma única busca focada: não morrer.

Segundo Johnson, todo humano tem uma idade cronológica (o número de anos desde o seu nascimento) e uma idade biológica (a idade ajustada das várias células, dos vários tecidos e órgãos com base em sua aparência e desempenho fisiológicos relativos). Embora você não possa mudar sua idade cronológica, sua biológica é influenciada por seus genes, bem como por uma série de fatores controláveis, incluindo seu ambiente, dieta, exercício, recuperação e hábitos de sono. Em 2021, Bryan Johnson começou a colaborar com uma equipe de mais de trinta médicos e especialistas para não apenas retardar como também reverter na prática o avanço de sua idade biológica. A ideia era usar Johnson como uma cobaia humana para uma longa lista de monitoramento, tratamentos e intervenções, variando de princípios bem estabelecidos na ortodoxia médica aos conceitos mais ousados nas fronteiras da pesquisa sobre longevidade e saúde.

O programa, que Johnson e a equipe chamam de Projeto Blueprint, pode ser acessado em seu site, e Johnson publica atualizações regulares dos últimos testes, experimentos e resultados nos seus perfis nas redes sociais. No momento da escrita deste livro, ele possui milhões de seguidores. Entre outras coisas, o regime de testes de Johnson inclui:

- verificação diária de sinais vitais, peso corporal, IMC, temperatura de vigília e desempenho do sono;
- testagem regular de biofluidos (incluindo sangue, fezes, urina e saliva);
- verificações regulares de ressonância magnética de corpo inteiro, ultrassom, colonoscopias e exames de densidade óssea.

Ele começa todos os dias com uma rotina que se tornou lendária entre os chamados "biohackers":

- Acordar às 5 horas da manhã, medir os sinais vitais e consumir a primeira rodada dos suplementos matinais.
- Realizar terapia matinal de luz e meditar.
- Fazer e beber sua mistura pré-treino; consumir a segunda rodada de suplementos matinais.
- Realizar um treino rigoroso envolvendo uma variedade de movimentos e zonas de frequência cardíaca.
- Tomar banho e realizar sua rotina de cuidados com a pele.
- Comer a refeição pós-treino (legumes, lentilhas, nozes e outros ingredientes veganos cozidos no fogão).
- Realizar mais terapia de luz e consumir a terceira rodada dos suplementos matinais.

A dieta de Johnson é tão controlada quanto suas manhãs: as refeições são feitas durante uma janela de alimentação a partir das cinco às onze da manhã e consistem em quatro componentes:

- A gigante verde: mistura matinal pré-treino com água, espermidina (pó verde), aminoácidos, creatina, peptídeos de colágeno, flavonoides de cacau, e canela.

- A super veggie: combinação vegana de alta proteína com lentilhas pretas, brócolis, couve-flor, cogumelos e uma variedade de acompanhamentos, incluindo alho, raiz de gengibre, entre outros.
- Pudim de castanhas: pudim rico em gorduras saudáveis composto por leite de noz de macadâmia, nozes de macadâmia, nozes, sementes de chia, sementes de linhaça, castanha-do-pará, cacau em pó, frutas vermelhas, cerejas, entre outros acompanhamentos.
- Uma terceira refeição variável: em geral uma salada cheia de vegetais ou batata-doce recheada.

Enquanto pesquisava sua abordagem única (ok, extrema!), tive a oportunidade de passar uma tarde com Johnson em sua casa. Dada a minha formação como atleta e o meu interesse pessoal em saúde e bem-estar, fiquei empolgado ao conhecer o homem que estava levando o conhecimento público sobre esses tópicos a um novo patamar. Era mais do que uma visita de interesse pessoal; como alguém cuja missão é descomplicar o complexo e torná-lo simples e acessível, eu queria ver se era possível fazer isso com os protocolos e as rotinas de Johnson. Acontece que essa também é uma missão importante para Johnson, que faz esforços extraordinários para destilar suas ideias e transformá-las em conteúdo gratuito compartilhado em seu perfil nas redes sociais.

Durante a tarde, pude ter noção de sua rotina diária, experimentei seu pudim de castanhas (delicioso) e passei por alguns de seus protocolos de fitness e recuperação. Percebi que sua abordagem era construída sobre alguns princípios simples:

- Seu rigoroso regime de treinamento é construído sobre o princípio básico do movimento diário.
- Seu plano alimentar detalhado é construído sobre o princípio básico da nutrição adequada.
- Suas rotinas disciplinadas de sono, meditação e outras terapias são construídas sobre o princípio básico da recuperação consciente.

Também passei um tempo compreendendo as rotinas de outras pessoas de grande desempenho físico em diferentes áreas, incluindo atletas profissionais e membros da elite das Forças Armadas. Em todos os lugares em que pesquisei, encontrei os mesmos princípios subjacentes: para toda complexidade na superfície, havia uma simplicidade comum na base, três pilares principais sobre os quais toda rotina era construída.

Estes são os três pilares controláveis da riqueza física:

- MOVIMENTO: o movimento diário do corpo por meio de uma combinação de exercícios cardiovasculares e treinamento de resistência; atividades para promover estabilidade e flexibilidade.

- NUTRIÇÃO: consumo de alimentos, sobretudo integrais e não processados, para atender às principais necessidades de nutrientes, fazendo uso de suplementos para atender a quaisquer necessidades de micronutrientes.

- RECUPERAÇÃO: sono de alta qualidade e desempenho consistente, além de outras atividades que promovam recuperação.

Embora os três pilares da riqueza física sejam simples, eles podem parecer intimidadores, sobretudo quando você leva em conta toda a informação detalhada disponível para cada pilar e os níveis extremos aos quais as pessoas parecem levar essas informações.

Para superar essa intimidação, acho útil fazer uso de uma analogia dos videogames: existem níveis dentro de cada pilar, do 1 ao 3. Se você é um jogador novo no nível 1, não há necessidade de se comparar a Bryan Johnson (que, em uma escala de 1 a 3, busca alcançar o nível 100!). Em vez disso, concentre-se na execução do nível 1 de forma consistente antes de subir para o nível 2 e, em algum momento, para o nível 3.

Bryan Johnson pode gastar 2 milhões de dólares por ano para viver na vanguarda das práticas de saúde e longevidade, mas você não precisa disso para construir uma vida de riqueza física. Você não precisa de uma rotina complexa e sofisticada para alcançar os resultados que deseja — só precisa tomar esses três pilares como base. À medida que você mensura a riqueza física em seu novo placar, os pilares oferecem o plano de ação correto para alcançá-la. Ao desenvolver uma compreensão desses pilares e dos sistemas de alta alavancagem para transformá-los, você pode começar a alcançar os resultados certos.

MOVIMENTO: ACIONE O CORPO

Movimentar-se não é algo novo para a cultura humana, mas a compreensão científica do papel do movimento em viabilizar que tenhamos uma vida longa e saudável se expandiu na última década.

Em seu livro *Outlive: A arte e a ciência de viver mais e melhor*, best-seller do *New York Times*, Peter Attia aborda os surpreendentes benefícios do movimento. "Os dados não deixam dúvida: o exercício não apenas retarda a morte, como também previne o declínio cognitivo e físico mais do que qualquer outra intervenção." Ele afirma que essa é a ferramenta mais poderosa que temos em nosso kit de ferramentas para melhorar a saúde — incluindo nutrição, sono e remédios.

Em um artigo de 2012 publicado no *Journal of Aging Research*, os pesquisadores descobriram que a mortalidade por todas as causas foi reduzida em impressionantes 30% a 35% entre as pessoas fisicamente ativas em comparação às inativas.[8] Em um estudo mais recente publicado na *Circulation*, a revista da Associação Americana do Coração, os pesquisadores analisaram trinta anos de registros médicos e dados de mortalidade de mais de 116 mil adultos. Eles descobriram que as pessoas que seguiram diretrizes mínimas para atividade física (atividade de intensidade moderada por 150 a 300 minutos por semana ou atividade de intensidade vigorosa por 75 a 150 minutos por semana) reduziram o risco de morte precoce em até 21%. Aqueles que praticaram duas a quatro vezes esses níveis mínimos reduziram seu risco em até 31%.[9]

Em outras palavras, um pouco de exercício ajuda muito, e muito exercício ajuda ainda mais.

Dentro do pilar do movimento, existem três subcategorias principais de treinamento a serem entendidas (cada uma com o próprio conjunto de benefícios para sua saúde, desempenho e aparência geral):

TREINAMENTO CARDIOVASCULAR

O termo cardiovascular significa qualquer coisa relacionada ao coração ou aos vasos sanguíneos. O treinamento dessa natureza fortalece esses sistemas através do movimento.

Os dois tipos de treinamento dessa natureza a serem entendidos:

- AERÓBICO: baixa intensidade; depende do oxigênio que você respira para sustentar a atividade.
- ANAERÓBICO: alta intensidade; depende da quebra de açúcares para sustentar a atividade.

Para simplificar: durante o treinamento cardiovascular aeróbico, você aumenta a respiração para absorver mais oxigênio, e seu coração bombeia em um ritmo mais veloz para poder fornecer sangue rico em oxigênio aos músculos de forma eficiente. O treinamento cardiovascular aeróbico regular fortalece todo esse processo, fazendo seu coração e pulmões se tornarem mais eficazes em suas funções. As formas mais comuns de treinamento aeróbico incluem caminhadas, ciclismo, caminhada rápida, corrida, natação e remo. O treinamento cardiovascular aeróbico é um ótimo ponto de partida para quem está começando, pois pode ser concluído com eficácia em um ritmo de conversação (o ritmo no qual você pode manter uma conversa, às vezes chamada de "treinamento Zona 2"). Isso significa que você, enquanto for um iniciante, pode ter companhia e evitar o intenso desconforto que pode resultar de exercícios de maior intensidade.

Durante o treinamento cardiovascular anaeróbico de maior intensidade, seus pulmões não podem fornecer oxigênio suficiente para atender às demandas do seu corpo, de modo que o corpo decompõe os açúcares armazenados e os transforma em energia. O treino anaeróbico às vezes é chamado de "treinamento Zona 5" e em geral envolve tiros curtos de atividade intensa (ciclismo, remo, corrida, levantamento de peso e assim por diante), com períodos de recuperação prolongados entre eles. O treino anaeróbico é bem mais desconfortável e deve ser considerado apenas após a realização de atividades aeróbicas básicas de forma consistente.

FORÇA

O treinamento de força é o uso da resistência (por exemplo, pesos e faixas elásticas) para desenvolver músculos, potência e força em geral. O desenvolvimento e a preservação dos músculos, poder e força são cruciais para uma vida saudável e agradável. De acordo com Andy Galpin, professor de cinesiologia da Universidade Estadual da Califórnia, em Fullerton, e especialista em ciência da performance, "exercícios de resistência e treinamento de força são a melhor maneira de combater o envelhecimento neuromuscular".

O treinamento de força pode ser feito de várias formas, dependendo do acesso e nível de habilidade, entre exercícios usando o próprio peso corporal (flexões, levantamentos, agachamentos), pesos livres (halteres, kettlebells), movimentos de barra compostos (agachamentos, levantamento terra, supino, desenvolvimento) e máquinas (equipamentos que mantêm o usuário em uma amplitude de movimento controlada para atingir músculos específicos).

Para a maioria dos iniciantes, o foco na técnica adequada com exercícios básicos de peso corporal, máquinas e pesos livres vai garantir uma base sólida. À medida que avança em sua capacidade de força e treinamento, você pode progredir para movimentos mais avançados e adicionar peso para aumentar a intensidade.

ESTABILIDADE E FLEXIBILIDADE

Estabilidade é a base para o movimento adequado, pois permite que o corpo se mova e produza força de maneira eficiente e efetiva. De acordo com o dr. Attia, "[estabilidade] é o fundamento sobre o qual sua força, seu desempenho aeróbico e anaeróbico são gerados. E é por sua causa que você consegue fazê-lo de maneira segura." O treinamento de flexibilidade emprega alongamento estático e dinâmico para provar a amplitude de movimento nos músculos e articulações do seu corpo. Em estudos recentes, mostrou-se que o alongamento estático oferece uma gama de benefícios à saúde, incluindo melhor equilíbrio, postura e desempenho físico, além de redução em dores e inflamações.[10]

Você pode criar estabilidade e flexibilidade por meio de rotinas dedicadas de alongamento e movimento, além de atividades dinâmicas como ioga e pilates.

OS TRÊS NÍVEIS DE MOVIMENTO

Os três níveis do pilar do movimento:

- NÍVEL 1: movimente seu corpo por pelo menos trinta minutos por dia.
- NÍVEL 2: movimente seu corpo por pelo menos trinta minutos por dia. Realize duas a três sessões de treinamento cardiovascular

por semana e uma a duas sessões de treinamento de resistência por semana.

- NÍVEL 3: movimente seu corpo por pelo menos trinta minutos por dia. Realize três ou mais sessões de treinamento cardiovascular por semana (para um total de pelo menos 120 minutos de treinamento aeróbico e vinte minutos de treinamento anaeróbico) e pelo menos três sessões de treinamento de resistência por semana, incorporando treinamento de estabilidade e flexibilidade.

O desenvolvimento de uma rotina consciente de movimentação para cobrir as três principais subcategorias é uma meta a ser perseguida. O guia no fim desta seção fornece um exemplo de rotina (com links para vídeos e tutoriais). Essa rotina vai viabilizar que você utilize as três subcategorias principais do treinamento para movimento, e assim atinja seus objetivos de curto prazo em relação à performance e aparência e construa seus objetivos de longo prazo em relação à saúde e longevidade. A construção de uma rotina de movimento hoje vai viabilizar que você viva um presente melhor e se prepare para um futuro melhor.

Cada dia adiado é uma oportunidade perdida. O presente e o futuro que você imagina estão ao seu alcance, mas apenas se você começar a agir agora.

NUTRIÇÃO: ABASTEÇA O CORPO

Durante décadas, a nutrição tem sido um foco central no discurso dominante sobre desempenho e aparência física, mas muitas vezes por razões erradas. Dietas da moda com princípios extremos incentivados por magos da propaganda tomaram conta do entendimento cultural sobre nutrição ao longo dos anos, mas, ao contrário do que esses profissionais de marketing especializados podem dizer, a melhor nutrição é bastante simples. Você não precisa de regimes extremos ou complexos para construir esse pilar em sua vida.

Existem quatro princípios centrais que garantem uma forte base nutricional:

TOTAL DE CALORIAS INGERIDAS

Trata-se do número total de calorias que você consome em um dia. Sua ingestão calórica total determina as referências que levam ao seu peso corporal e desenvolvimento muscular. Um excedente de calorias (ingerir mais do que você gasta) leva ao ganho de peso. Um déficit (ingerir menos do que você gasta) leva à perda de peso. Um equilíbrio (consumir exatamente o que você gasta) leva à estabilidade do peso.

MACRONUTRIENTES

Os macronutrientes (às vezes chamados apenas de "macros") são os principais nutrientes que seu corpo precisa para funcionar.

Os três macronutrientes são:

- PROTEÍNAS: os blocos de construção necessários para o crescimento muscular, reparo de tecidos e muitas outras funções.

- CARBOIDRATOS: uma fonte primária de energia para nosso corpo.

- GORDURAS: uma fonte de energia que ajuda no crescimento celular, na saúde dos órgãos e muitas outras funções.

Duas regras básicas que todos devem seguir em relação aos macros:

1. PRIORIZE A PROTEÍNA: a proteína é essencial para todas as funções do corpo, mas muitas pessoas não consomem o suficiente. Procure manter uma boa fonte de proteína em cada refeição.

2. GARANTA A QUALIDADE DA FONTE: em vez de adotar uma perspectiva dogmática sobre o equilíbrio específico dos diferentes macronutrientes, concentre-se na qualidade das suas fontes. Isso quer dizer obter os macronutrientes sobretudo de fontes não processadas (alimentos em seu estado natural que não foram modificados ou tenham ingredientes sintéticos adicionados a eles). Uma boa regra é comer alimentos com o menor número possível de ingredientes, pois mais ingredientes em geral indicam processamento sintético.

MICRONUTRIENTES

Os micronutrientes são as vitaminas e minerais essenciais para o funcionamento de um corpo saudável, a prevenção de doenças e o bem-estar geral, mas que são necessários em quantidades muito menores que os macronutrientes. Eles incluem ferro, vitamina A, vitamina D, iodo, folato e zinco, entre outros. Os micronutrientes não podem ser criados no corpo, portanto devem ser consumidos por meio da alimentação ou de suplementos.

HIDRATAÇÃO

Todos precisamos de água para sobreviver, mas muitos de nós somos cronicamente desidratados. A Academia Nacional de Medicina dos Estados Unidos recomenda uma base de treze xícaras (cerca de 3 litros) de líquido por dia para homens e nove xícaras (cerca de 2 litros) para mulheres. Esses números aumentam com base no seu nível de atividade e devem ser considerados uma referência mínima para a hidratação.

OS TRÊS NÍVEIS DE NUTRIÇÃO

Os três níveis do pilar da nutrição:

- NÍVEL 1: coma alimentos integrais e não processados 80% das vezes. *Nota: como referência, supondo que você coma três refeições por dia, isso significa que cerca de 17 das 21 refeições por semana serão compostas por alimentos integrais e não processados.*

- NÍVEL 2: coma alimentos integrais e não processados 90% das vezes. Priorize a ingestão diária de proteínas (cerca de 1,76 grama de proteína por quilo de peso corporal) e o consumo geral de macronutrientes e se certifique de ingerir as quantidades recomendadas de líquido.

- NÍVEL 3: coma alimentos integrais e não processados 95% das vezes. Priorize a ingestão diária de proteínas (cerca de 1,76 grama de proteína por quilo de peso corporal) e o consumo geral de macronutrientes. Suplemente conforme o necessário com os principais micronutrientes para obter um perfil nutricional completo. Faça a ingestão das quantidades recomendadas de líquido.

A nutrição é um fator de estilo de vida controlável, com uma longa lista de benefícios positivos. Como diz o velho dito popular: "Você é o que você come."

RECUPERAÇÃO: RECARREGUE SEU CORPO

O sono é a droga milagrosa da natureza, embora siga sendo muito subestimado e subutilizado.

Nos Estados Unidos, cerca de 33% dos adultos e 75% dos alunos do ensino médio não dormem o suficiente de maneira regular.[11] De acordo com uma pesquisa global do sono da Philips, na qual perguntou-se a 11 mil participantes de doze países sobre seus hábitos de sono, 62% dos adultos não dormem bem. Eles tiveram uma média de 6,8 horas de sono nas noites de dias úteis, muito abaixo das oito horas recomendadas.[2] Além disso, 80% dos participantes afirmaram que queriam melhorar a qualidade do seu sono.

O sono era pouco mencionado entre os tópicos mais discutidos para a performance física até 2017, quando Matthew Walker, um neurocientista da Universidade da Califórnia, em Berkeley, publicou *Por que nós dormimos*, best-seller instantâneo que fez milhões de pessoas que encaravam o sono como algo desnecessário repensarem seu papel De acordo com a pesquisa do dr. Walker, a privação do sono tem diversos efeitos negativos no cérebro, incluindo a diminuição da atenção, do foco, da concentração e do controle emocional, e tem sido associada a uma longa lista de doenças, incluindo Alzheimer, doenças cardíacas, diabetes e certos tipos de câncer.

Além de simplesmente atenuar esses efeitos negativos, dormir o suficiente melhora a função cerebral e corporal. Existem vários processos físicos cruciais que ocorrem enquanto você dorme, incluindo:

- processamento e integração de memórias, consolidação e conexão de novas informações e aprendizados;
- "limpeza" do cérebro, que envolve a remoção de toxinas acumuladas durante o dia;

- alternância para o sistema nervoso parassimpático (responsável pelo repouso e pela recuperação), promovendo processos fisicamente restauradores;
- recuperação emocional e equilíbrio de humor.

Andrew Huberman, um neurocientista da Universidade de Stanford e apresentador do popular podcast Huberman Lab, resumiu a importância do sono em um episódio de 2023 do podcast *The Tim Ferriss Show*: "Na ausência de sono de qualidade por mais de dois ou três dias, você vai estar destroçado. Com sono suficiente e de qualidade por dois ou três dias, você vai funcionar em um nível incrível. Há um ganho de função e uma perda de função por essa causa. Não é só se você dorme mal que vai funcionar pior. Se dormir melhor, você vai funcionar muito melhor."[13]

Aqui estão as principais estratégias que os cientistas recomendam para um sono de alta qualidade:

- QUANTIDADE: sete a oito horas por noite, com um cronograma consistente para os horários de dormir e despertar.
- AMBIENTE: o ambiente do sono deve estar escuro, silencioso e fresco.
- ROTINA: relaxar com uma rotina noturna promove a liberação de sinais químicos de que é a hora de dormir. Visualizar a luz do sol da manhã por apenas cinco a dez minutos em um dia claro ou quinze a vinte minutos em um dia nublado, e a luz solar da tarde de um ângulo mais baixo, demonstrou regular a liberação de cortisol e o ritmo circadiano (nosso relógio interno químico e natural).

Embora o sono seja sua ferramenta primária e secundária para recuperação, existem diversos outros métodos de recuperação, antigos e novos, que podem ser utilizados para melhorar ainda mais a capacidade do seu corpo para recarregar quando suas necessidades básicas de sono forem atendidas. Esses métodos incluem, entre outros, terapia a quente e frio, massagem terapêutica e protocolos de meditação e respiração. Esses métodos de recuperação adicionais devem ser levados em conta, experimentados e priorizados apenas após os processos básicos de recuperação (pelo sono!) serem executados com consistência de 90%.

OS TRÊS NÍVEIS DE RECUPERAÇÃO

Os três níveis básicos para o pilar do sono e da recuperação:

- NÍVEL 1: sete a oito horas de sono.

- NÍVEL 2: sete a oito horas de sono em um ambiente de sono otimizado (um cômodo escuro, fresco e silencioso).

- NÍVEL 3: sete a oito horas de sono em um ambiente de sono otimizado; uma janela fixa de tempo de sono com exposição à luz solar da manhã e da tarde para regular o ritmo circadiano e melhorar a qualidade do sono; métodos de recuperação adicionais.

Uma abordagem cuidadosa para dormir, descansar e se recuperar é essencial para o seu desempenho, sua aparência e longevidade. A mentalidade de "vou poder dormir quando morrer" é um erro, e, por mais irônico que seja, uma ótima maneira de morrer muito mais cedo. Priorize sua recuperação e você vai começar a funcionar e prosperar em um nível totalmente diferente.

Você é o jogador número 1 no seu jogo da riqueza física. Comece no nível 1 — movimente seu corpo por pelo menos trinta minutos por dia, consuma alimentos integrais e não processados 80% das vezes e durma sete a oito horas por noite —, uma base inicial que todos devem buscar para uma vida saudável no presente, preparando-se para ter saúde no futuro. A partir daí, defina seus objetivos e suba nos níveis como você achar melhor. Esses investimentos pagam dividendos pelo restante da sua vida.

Com uma compreensão estabelecida para os três pilares, podemos seguir adiante para o guia da riqueza física, que traz ferramentas e sistemas específicos para construir esses pilares e cultivar uma vida de riqueza física.

25.

O guia da riqueza física

Sistemas para o sucesso

O GUIA DA RIQUEZA FÍSICA a seguir apresenta sistemas específicos de alta alavancagem para construir cada um dos pilares de uma vida de riqueza física. Não se trata de um modelo único para todas as pessoas, e você não deve se sentir obrigado a ler cada um deles. Folheie e selecione aqueles que parecem mais relevantes e úteis para você.

Ao avaliar e executar os sistemas para o sucesso trazidos pelo guia, use suas respostas para cada declaração do teste do placar da riqueza física para concentrar seu foco nas áreas em que você precisa de maior progresso (aquelas em que respondeu *discordo totalmente*, *discordo* ou *neutro*).

1. Sinto-me forte, saudável e com vitalidade para a minha idade.
2. Coloco meu corpo em movimento com regularidade por meio de uma rotina estruturada e tenho um estilo de vida ativo.
3. Consumo sobretudo alimentos integrais e não processados.
4. Durmo sete horas ou mais por noite com regularidade e me sinto descansado e recuperado.
5. Tenho um plano definido para permitir que eu tenha um físico próspero nos meus anos derradeiros.

Algumas antimetas mais comuns para evitar em sua jornada pela riqueza física:

- permitir que minha força e meu condicionamento físico se deteriorem enquanto busco objetivos financeiros;
- não movimentar meu corpo todos os dias devido a outras demandas de vida;
- estar cronicamente privado de sono e não recuperado de forma adequada.

Aqui estão seis sistemas comprovados para a construção de riqueza física.

1. O desafio de trinta dias para a riqueza física | Movimento, nutrição e recuperação — 294
2. Uma rotina matinal aprovada pela ciência | Movimento e nutrição — 296
3. Um plano de treinos nível 3 funcional | Movimento — 299
4. A dieta do bom senso | Nutrição — 302
5. Nove regras para dormir | Recuperação — 306
6. Protocolos de respiração aprovados pela ciência | Recuperação — 308

O desafio de trinta dias para a riqueza física

Pilares: movimento, nutrição e recuperação

Para construir uma vida de muita riqueza física, você precisa criar práticas diárias que sustentem esse objetivo. Os níveis dentro de cada pilar fundamental da riqueza física fornecem uma estrutura simples na qual você pode construir e aprimorar uma rotina funcional.

O desafio de trinta dias para a riqueza física é uma forma de iniciar sua jornada por meio de práticas diárias disciplinadas ao longo de um mês.

Como funciona o desafio:

- escolha um nível de desafio entre as três opções a seguir. O nível bronze é um bom lugar para começar se você é iniciante nessas práticas, enquanto o nível ouro é mais apropriado caso se considere mais avançado;
- utilize uma planilha ou tabela simples para acompanhar sua execução diária. Você pode encontrar um modelo de planilha em the5typesofwealth.com/tracker (site em inglês);
- comprometa-se a encontrar um parceiro (ou parceiros) para enfrentar o desafio com você. Crie um grupo de mensagens ou um sistema para comunicar seu desempenho no desafio diário. Escreva a mensagem "Feito" após a conclusão de cada item na lista;
- depois de concluir um nível do desafio, você pode pensar em passar para o próximo no mês seguinte.

Os três níveis do desafio são os seguintes:

DESAFIO BRONZE

- Movimentar seu corpo trinta minutos por dia.
- Comer alimentos integrais e não processados em 80% de suas refeições.
- Dormir por sete horas todas as noites.

DESAFIO PRATA

- Executar uma rotina matinal a cada dia da semana.
- Movimentar seu corpo por 45 minutos por dia.
- Comer alimentos integrais e não processados em 90% de suas refeições.
- Aumentar o consumo de proteínas (1,76 grama de proteína por quilo de peso corporal é uma boa referência).
- Dormir de sete a oito horas todas as noites, com horários fixos para dormir e despertar durante a semana.

DESAFIO OURO

- Beber dois copos de água quando acordar.
- Executar uma rotina matinal a cada dia da semana.
- Movimentar seu corpo por sessenta minutos por dia, incluindo pelo menos três sessões de treinos de força por semana.
- Comer alimentos integrais e não processados em 95% de suas refeições.
- Definir e atingir as metas de consumo de macronutrientes (proteínas, carboidratos, gorduras).
- Dormir oito horas todas as noites, com horários fixos para dormir e despertar.
- Completar um método de recuperação adicional a cada dia (por exemplo, protocolos de respiração, meditação, terapia com frio ou calor).

Como ganhar o dia: uma rotina matinal aprovada pela ciência

Pilares: movimento e nutrição

"Quando você despertar pela manhã, pense no precioso privilégio de estar vivo — respirar, pensar, desfrutar, amar."
— MARCO AURÉLIO

A primeira hora da sua manhã define o tom do restante do dia. Movimento e nutrição conscientes durante essa janela farão você se sentir mais energizado, focado e produtivo e vai gerar uma sensação de estrutura e estabilidade em um mundo imprevisível.

Aqui, vou compartilhar os cinco princípios de uma rotina matinal eficaz, mostrar como os incorporo às minhas manhãs e apresentar um modelo que você pode usar para construir a própria rotina:

PRINCÍPIO 1 DA ROTINA MATINAL: ACORDAR

A ciência comprovou que manter um horário consistente para despertar todos os dias garante benefícios à saúde como a regulação do ritmo circadiano do corpo, melhora da função cognitiva e o aumento dos níveis de energia, humor e saúde em geral.

MINHA APLICAÇÃO: acordar cedo é a maneira mais fácil de aumentar suas chances de sucesso. Você não precisa acordar cedo para ser bem-sucedido, mas é raro encontrar alguém que cultive esse hábito e não esteja se dando bem. Para mim, isso significa acordar às 4h30 durante a semana e por volta das 5 horas nos fins de semana (ou mais cedo, se meu filho decidir vir à minha cama!). *Nota: tento dormir por volta das 20h30 durante a semana para obter de sete a oito horas de sono.*

PLANO DE IMPLEMENTAÇÃO: defina um horário fixo para acordar durante a semana e outro para o fim de semana (o ideal é uma diferença de trinta a sessenta minutos, para evitar que afete seus ciclos naturais de sono de maneira negativa). Se precisar de um incentivo extra, coloque seu celular no banheiro (ou a pelo menos 3 metros da sua cama), para ser obrigado a sair da cama e desligar o alarme.

PRINCÍPIO 2 DA ROTINA MATINAL: HIDRATAÇÃO

A maioria de nós é cronicamente desidratado. Isso afeta toda a nossa saúde. A hidratação matinal impulsiona seu metabolismo, melhora a memória e aumenta a energia. Além disso, a hidratação pela manhã pode levar a uma melhor digestão e melhora a saúde da pele, liberando toxinas do dia (ou da longa noite) anterior.

MINHA APLICAÇÃO: eu me hidrato pela manhã com um coquetel de dois copos de água, pó verde e eletrólitos.

PLANO DE IMPLEMENTAÇÃO: certifique-se de beber dois copos de água ao acordar. Se quiser turbinar a água, considere adicionar limão, eletrólitos ou pó verde para ampliar seus efeitos.

PRINCÍPIO 3 DA ROTINA MATINAL: MOVIMENTO

Movimentar seu corpo todos os dias deve ser algo inegociável. Fomos feitos para o movimento. A atividade diária (de trinta a sessenta minutos) é essencial para a saúde, a função cerebral e a felicidade. Quando você está começando, basta se movimentar da maneira que desejar — passear, dançar, caminhar, correr, musculação, qualquer coisa. Fazer o simples é melhor que complicar.

MINHA APLICAÇÃO: mantenho uma rotina 5-5-5-30 — cinco flexões, cinco agachamentos, cinco afundos e uma prancha de 30 segundos. Você pode fazer esse circuito enquanto seu café está passando ou logo depois de acordar. Isso lhe dará uma carga instantânea de energia e de fluxo sanguíneo.

PLANO DE IMPLEMENTAÇÃO: escolha alguns movimentos simples para começar o seu dia. Eles podem ser exercícios de força (como os meus), de mobilidade ou alongamentos e podem ser fáceis. O objetivo é fazer seu corpo se movimentar e o sangue fluir.

PRINCÍPIO 4 DA ROTINA MATINAL: SAIR DE CASA

A exposição à luz do sol da manhã amplia seu foco, melhora seu humor por meio do aumento da produção de serotonina e serve como uma fonte natural de vitamina D. Ao passar algum tempo junto à natureza e longe das telas, você vai experimentar a redução de estresse e a melhora geral em seu discernimento mental.

MINHA APLICAÇÃO: a caminhada de trinta minutos que faço com meu filho é uma parte inegociável da minha rotina matinal. Essa atividade sempre me faz sentir saudável, feliz e criativo.

PLANO DE IMPLEMENTAÇÃO: saia e faça uma caminhada para começar o seu dia. Quinze minutos são tudo de que você precisa. Deixe seu celular no silencioso (ou em casa). Permita-se pensar com liberdade e respirar.

PRINCÍPIO 5 DA ROTINA MATINAL: FOCO

A maioria das pessoas não está programada para trabalhar das 9 horas às 17 horas. A cultura de trabalho moderna é um resquício de uma época anterior — períodos longos fazendo as mesmas tarefas monótonas constantes. Se o seu objetivo é criar, você deve trabalhar como um leão. Corra quando estiver inspirado. Descanse. E então repita.

MINHA APLICAÇÃO: sempre começo meu dia com duas horas de trabalho focado nas tarefas mais importantes.

PLANO DE IMPLEMENTAÇÃO: defina as suas tarefas mais importantes para o dia seguinte na noite anterior. Encare-as durante um bloco de trabalho focado para começar sua manhã.

Resumindo os cinco princípios básicos e aprovados pela ciência para uma ótima rotina matinal:

1. ACORDAR: defina um horário para despertar durante a semana e outro para o fim de semana.

2. HIDRATAÇÃO: beba dois copos de água (com suplementos conforme o desejado).

3. MOVIMENTO: escolha alguns movimentos simples de força, mobilidade ou flexibilidade para colocar seu corpo em movimento e fazer seu sangue circular.

4. SAIR DE CASA: quinze minutos de movimento do lado de fora de casa definem o tom do dia.

5. FOCO: defina um bloco de tempo para trabalhar nas tarefas mais importantes do dia.

Se adotar uma versão própria desses cinco princípios, você estará no caminho para criar uma rotina matinal perfeita.

Plano de movimento: um plano de treinos nível 3 funcional

Pilar: movimento

Esta é uma colaboração com Ben Bruno, personal trainer e treinador de força que trabalha com atletas profissionais, celebridades, empresários famosos, entre outros.

A seguir, apresentamos um modelo para uma semana de treinamento que você pode usar e adaptar depois de atingir o nível 3 em sua jornada de movimento. Os níveis 1 e 2 são focados em movimentos diários e na construção do hábito. O nível 3 é uma combinação mais avançada das subcategorias primárias de treino — cardiovascular, força, estabilidade e flexibilidade — necessárias para sua saúde, seu desempenho e sua aparência geral.

Cada semana no nível 3 deve consistir em três exercícios de força para o corpo inteiro, dois exercícios cardiovasculares e aeróbicos de baixa intensidade e um treino cardiovascular anaeróbico de alta intensidade. Os dias exatos para cada treino dependem de você. Portanto, não sinta pressão para manter uma rotina rígida se você tiver uma agenda ocupada ou imprevisível. O ideal é que dê a si mesmo um dia de repouso entre cada treino de força para todo o corpo.

A composição de uma semana de treinamento é a seguinte:

- Dia 1: treino de força para o corpo inteiro mais cardio aeróbico opcional
- Dia 2: cardio aeróbico (sessenta minutos)
- Dia 3: treino de força para o corpo inteiro mais cardio aeróbico opcional
- Dia 4: cardio aeróbico (sessenta minutos)
- Dia 5: treino de força para o corpo inteiro mais cardio aeróbico opcional
- Dia 6: cardio anaeróbico (vinte minutos)
- Dia 7: recuperação leve e descanso

TREINO DE FORÇA PARA O CORPO TODO

Suas sessões de treino de força para o corpo inteiro devem incorporar uma rotina de aquecimento, alongamento estático e trabalho dinâmico de estabilidade e mobilidade. Embora a rotina a ser seguida para os treinos de força seja de sua escolha, você pode encontrar uma recomendada em the5typesofwealth.com/movementplan (site em inglês), incluindo tutoriais em vídeo para cada movimento.

CARDIO AERÓBICO

Suas sessões aeróbicas de cardio são exercícios mais longos e de baixa intensidade. Para uma pessoa comum, a forma mais eficaz e repetível de treinamento cardiovascular aeróbico é de baixa intensidade, às vezes referido como treinamento da Zona 2. Do ponto de vista científico, a Zona 2 é o nível de esforço no qual o corpo está usando oxigênio para converter a gordura em combustível. Embora varie de pessoa para pessoa, a Zona 2 pode ser estimada como o nível em que sua frequência cardíaca é elevada, mas você ainda pode ter uma conversa e respirar pelo nariz (cerca de 60% a 70% de sua frequência cardíaca máxima). Como alternativa, você pode estimar essa frequência cardíaca ao subtrair sua idade de 220 (para definir sua frequência cardíaca máxima) e multiplicar por 60% a 70% (o que indica sua frequência cardíaca para a Zona 2).

Selecione uma forma (caminhada, ciclismo, caminhada rápida, corrida, natação, remo etc.) e faça um aquecimento adequado para preparar o corpo. Selecione um nível de intensidade em que você alcance uma frequência cardíaca elevada, mas ainda consiga conversar.

CARDIO ANAERÓBICO

Sua sessão anaeróbica de cardio é um treino focado e de alta intensidade. O treinamento anaeróbico é de alta intensidade (às vezes referido como "Zona 5") e envolve tiros curtos de atividade intensa (ciclismo, remo, corrida, elevação etc.) com períodos de recuperação prolongados entre eles.

Esse tipo de treinamento é importante para a construção de VO_2 max — a quantidade máxima de oxigênio que o corpo pode utilizar durante um período de exercício intenso. O VO_2 max é sem dúvida o indicador mais útil da aptidão cardiorrespiratória geral e tem grande impacto na saúde e na longevidade. A partir de um estudo de 2018 constatou-se que um aumento modesto no VO_2 max do 25º percentil inferior para o intervalo entre o 25º e o 50º percentil foi associado a uma redução de 50% na mortalidade por todas as causas, e um salto do 25º percentil para entre os 50º e 75º percentil foi associado a uma impressionante redução de 70% na mortalidade por todas as causas.[14]

Escolha uma atividade (bicicleta, remo, corrida, escadas etc.) e faça um aquecimento adequado para preparar o corpo. Alterne entre rodadas de esforço total e períodos de descanso por pelo menos vinte minutos. Por exemplo, um minuto de grande esforço, seguido de dois a três minutos de movimento lento ou descanso, é uma boa base de referência. Sua frequência cardíaca deve aumentar durante as rodadas de esforço e baixar para a referência durante os períodos de recuperação.

RECUPERAÇÃO LEVE

O dia da recuperação é uma parte essencial da rotina semanal. Movimentos leves — como andar, fazer caminhadas leves ou outras atividades ao ar livre de baixa frequência cardíaca — são ótimos para o seu dia de recuperação, desde que não exijam esforço do corpo. O dia de recuperação é um ótimo momento para praticar seus protocolos de recuperação favoritos, como terapia de frio ou calor, massagem e liberação muscular com um rolo de espuma. Certifique-se de priorizar um sono de alta qualidade.

Para mais informações e recursos relacionados ao plano de treinamento, visite the5typesofwealth.com/movementplan (site em inglês).

Nota: consulte um médico antes de realizar qualquer mudança significativa em sua rotina atual. Embora o programa tenha base científica e seja estruturado com o embasamento de muitos anos de experiência em treinamento, ele é generalizado, e os indivíduos devem avaliar sua saúde e circunstâncias com um profissional antes de adotar um rigoroso programa de condicionamento físico.

A dieta do bom senso: princípios e alimentos

Pilar: nutrição

Uma colaboração com Ben Bruno, personal trainer e treinador de força que trabalha com atletas profissionais, celebridades, empresários famosos, entre outros.

A dieta do bom senso é um conjunto de oito princípios simples que fornecem uma estrutura geral para nutrição de alta qualidade, que vai aumentar seu desempenho, melhorar sua aparência e otimizar sua saúde e longevidade no longo prazo.

OS PRINCÍPIOS DA DIETA DO BOM SENSO

1. Coma bem a maioria das vezes (cerca de 80 a 90%). Deixe as indulgências com fast-food de lado em nome das coisas que você de fato ama. Priorize alimentos com um ingrediente, integrais e não processados.

2. Pare de comer antes de ficar cheio (comer até alcançar os 80% de saciedade é uma boa regra a ser seguida).

3. Certifique-se de consumir proteína suficiente para seus objetivos em relação ao corpo. Uma boa base de referência é de 1,76 grama de proteína por quilo de peso corporal para alguém fisicamente ativo.

4. Evite alimentos que fazem você se sentir mal e ter um desempenho ruim. Todos são diferentes nesse sentido, então encontre o que funciona ou não para você.

5. Beba bastante água e líquidos, mas limite a ingestão de álcool.

6. Coma vegetais, frutas ou ambos em todas as refeições — quanto mais, melhor.

7. Encontre uma frequência de refeições que funcione para você. Não acredite nos dogmas de que há uma única maneira.

8. Não leve sua dieta tão a sério a ponto de perder experiências de vida.

FONTES ALIMENTARES DE QUALIDADE A SEREM CONSIDERADAS

Para ajudá-lo na jornada, aqui está uma lista de alimentos nutritivos e de alta qualidade categorizados conforme seu grupo de macronutrientes. Observe que essa lista não tem a pretensão de ser completa, e sim de servir como um ponto de partida para uma lista de compras que melhore sua nutrição.

FONTES DE PROTEÍNAS:

- carne, incluindo carne bovina, aves e cordeiro;
- peixe;
- ovos;
- iogurte grego;
- queijo tipo cottage;
- tofu;
- proteína em pó (de fontes de alta qualidade com o mínimo de ingredientes adicionados).

FONTES DE CARBOIDRATOS:

- grãos, incluindo arroz, aveia, quinoa, cevada e farro (um tipo de trigo);
- batata e batata-doce;
- frutas e vegetais;
- feijão, lentilhas e ervilhas;
- mel natural.

FONTES DE GORDURA:

- castanhas e manteigas derivadas;
- manteiga ou ghee derivada de animais alimentados com pasto;
- azeite extravirgem;
- óleo de abacate;

- óleo de coco;
- sementes de chia, linhaça e cânhamo.

INFORMAÇÕES NUTRICIONAIS ADICIONAIS

MACRONUTRIENTES

Proteínas e carboidratos contêm 4 calorias por grama. Gorduras contêm 9 calorias por grama. Para calcular sua ingestão calórica total, multiplique os gramas de cada macronutriente consumido durante o dia pelo número apropriado e faça a soma. Por exemplo, se eu consumir 200 gramas de proteína, 300 gramas de carboidratos e 100 gramas de gordura, isso vai equivaler a 2.900 calorias (200 gramas de proteína com 4 calorias por grama, mais 300 gramas de carboidratos com 4 calorias por grama, mais 100 gramas de gordura com 9 calorias por grama).

Várias escolas alimentares debatem as proporções ideais relativas de cada macronutriente, mas uma base em proteínas (cerca de 1,76 a 2,2 gramas por quilo de peso corporal para alguém que pratica treinamento de força) é um bom ponto de partida. A proteína traz grande saciedade, o que significa que é menos provável que você coma demais de outros grupos alimentares, o que vai facilitar que as metas sejam atingidas. A mistura de carboidratos e gorduras pode ser adaptada aos objetivos estéticos ou de forma física de cada um, mas a maioria das pessoas tem benefícios ao distribuir o restante das calorias entre carboidratos e gorduras.

Você pode utilizar calculadoras on-line gratuitas (em inglês) em calculator.net/calorie-calculator.html para determinar uma base de referência para ingestão calórica conforme seus objetivos físicos gerais. Você pode utilizar uma calculadora de macronutrientes gratuita (em inglês) em calculator.net/macro-calculator.html para determinar um perfil de macronutrientes usando vários modelos como referência (eu recomendaria começar pelo modelo "equilibrado").

MICRONUTRIENTES

Existem seis micronutrientes essenciais de acordo com os Centros de Controle e Prevenção de Doenças dos Estados Unidos: ferro, vitamina A, vitamina D, iodo, folato e zinco. Indivíduos ativos podem precisar de outros micronutrientes, como vitamina E, vitamina B_{12}, magnésio, potássio e cálcio. A maioria desses micronutrientes é encontrada em alimentos integrais e não processados, mas alguns (como a vitamina D) são mais difíceis de se obter em quantidades suficientes apenas com alimentos, e podem exigir suplementação.

Existem diversos aplicativos para acompanhamento de refeições, que estimam o perfil de micronutrientes da sua alimentação. Se estiver preocupado com o seu consumo de micronutrientes, fale com seu médico para solicitar um exame de sangue, ou solicite por meio dos serviços e planos disponíveis (existem muitas opções, dependendo de onde você mora e de suas condições financeiras).

Uma nutrição de qualidade serve como defesa contra desfechos negativos e ajuda a alcançar bons resultados. Seguindo os oito princípios da dieta do bom senso e priorizando os alimentos da lista das principais categorias de macronutrientes, você terá uma base nutricional muito forte, ao passo que se dedica para alcançar seus objetivos de riqueza física.

Como se tornar um profissional do sono: nove regras para dormir

Pilar: recuperação

O sono é a ferramenta mais eficaz de seu arsenal para obter níveis ideais de saúde, desempenho e recuperação.

Para se tornar um profissional do sono, siga estas regras básicas, comprovadas pela ciência:

1. MANTENHA HORÁRIOS REGULARES: a regularidade do sono é importante. Defina uma hora para dormir que você consiga manter e tente acordar no mesmo horário todas as manhãs (mesmo no fim de semana).

2. BANHE-SE DE LUZ SOLAR: dedique pelo menos dez a quinze minutos a um banho de sol todas as manhãs (o ideal é durante uma caminhada). Observe que, mesmo em uma manhã nublada, há luz solar, mas pode ser necessário aumentar o tempo de exposição para obter o mesmo benefício. Há muitas evidências científicas de que isso vai ajudar você a estabelecer e manter um ritmo circadiano saudável.

3. CONTROLE SEU AMBIENTE DE DESCANSO: o lugar onde você dorme deve ser fresco e escuro. Use cortinas de blecaute ou uma máscara para os olhos se a luz natural for um problema.

4. EVITE SE ALIMENTAR ANTES DE DORMIR: comer antes de dormir pode atrapalhar suas funções naturais do corpo, seus hormônios e seu ciclo do sono. Se estiver com fome antes de dormir, coma algo leve e evite refeições pesadas de carboidratos e capazes de provocar um pico de insulina.

5. EVITE INGERIR MUITOS LÍQUIDOS ANTES DE DORMIR: acordar para usar o banheiro no meio da noite pode atrapalhar muito. Para evitar isso, limite a ingestão de líquidos até a última hora antes de ir para a cama.

6. EVITE CAFEÍNA À TARDE: o café pós-almoço pode contribuir para sua dificuldade de adormecer à noite. Evite cafeína até 8 horas antes da sua hora de dormir para garantir que sua corrente sanguínea esteja limpa.

7. CORTE O ÁLCOOL: o álcool atrapalha o sono (e a saúde) de diversas maneiras. Evite álcool, e seu sono vai melhorar.

8. CRIE UMA ROTINA DE RELAXAMENTO: desenvolva uma rotina consistente para relaxar e desestressar antes de ir para a cama. Baixe as luzes da casa uma ou duas horas antes de dormir, desligue seus dispositivos de trabalho, passe tempo com sua família ou seus amigos, ou leia seu livro favorito. Você pode incluir suplementos naturais do sono, como magnésio e teanina, que comprovadamente ajudam a manter um ciclo de sono saudável na rotina de relaxamento.

9. EVITE TELAS ANTES DE DORMIR: se tiver problemas para adormecer à noite, evite o uso de telas na última hora antes de dormir. Faça do seu ambiente de descanso uma área livre de telas.

Se seguir essas regras com consistência de 90% por trinta dias, seu sono vai melhorar e você vai sentir os benefícios em sua vida

Como ter calma: protocolos de respiração aprovados pela ciência

Pilar: recuperação

O estresse não é algo tão preto no branco — assim como para a maioria das coisas, é um espectro. De fato, quando se trata de desempenho em momentos importantes, pouco estresse é tão ruim quanto muito.

A Lei de Yerkes-Dodson é um modelo simples da relação entre desempenho e estresse. Ela foi proposta em 1908 pelos psicólogos Robert Yerkes e John Dodson, que chegaram às suas conclusões depois de um estudo com camundongos japoneses. Em termos simples, a Lei de Yerkes-Dodson postula que o estresse e o desempenho estão correlacionados positivamente até certo ponto e, após esse ponto, mais estresse reduz o desempenho. Existem três estados a serem observados:

1. BAIXO ESTRESSE: é um estado de baixa animosidade. Esse estado é necessário para a recuperação.

2. ESTRESSE IDEAL: é o estado ideal de animosidade — nem muito alto, nem muito baixo; na medida certa. Quando você está nesse estado, está bem posicionado para executar tarefas importantes.

3. ALTO ESTRESSE: é o estado de alta animosidade, a situação com excesso de estresse em que tantas vezes nos encontramos. Isso pode levar a uma pane completa do sistema por sobrecarga.

Em um mundo utópico, você operaria em um estado de estresse ideal durante as tarefas importantes e depois baixaria a rotação para operar no estado de baixo estresse em outros momentos. Na prática, a maioria das pessoas se vê próxima ao estado de alto estresse a todo instante, sem conseguir voltar ao estado de baixo estresse com frequência suficiente para se recuperar.

Para executar uma reinicialização dos níveis de estresse e operar no estado de recuperação em baixo estresse, tente estas três técnicas de respiração testadas pela ciência:

O MÉTODO 4-7-8

Um método particularmente eficaz para alcançar o estado de calma necessário para adormecer. Eu o uso quase todo dia.[15]

Como funciona:

- inspire pelo nariz por 4 segundos;
- prenda a respiração por 7 segundos;
- expire por 8 segundos;
- repita de duas a três vezes.

A RESPIRAÇÃO DO LEÃO

Outra abordagem eficaz é derivada de tradições iogues antigas da Índia.

Como funciona:

- sente-se em uma posição confortável no chão, com uma ligeira inclinação para a frente, e ponha as mãos no chão;
- concentre seu olhar na ponta do nariz;
- inspire profundamente pelo nariz;
- coloque sua língua para fora e baixe-a para o queixo;
- expire com força enquanto emite um som de "Ha!". (*Nota: limite a força da expiração, caso você seja iniciante.*);
- repita de duas a três vezes.

O SUSPIRO FISIOLÓGICO

O suspiro fisiológico, já mencionado como uma forma de moderar o estresse para poder falar em público, é uma abordagem incrivelmente eficaz para se acalmar. Descrito pela primeira vez na década de 1930 e retomado pela pesquisa de Jack Feldman, neurobiologista da UCLA, e Mark Krasnow, bioquímico de Stanford, utilizamos a técnica naturalmente quando os níveis de dióxido de carbono na corrente sanguínea ficam muito altos. O suspiro cria uma sensação relaxante, liberando muito dióxido de carbono rapidamente.

Como funciona:

- inspire pelo nariz duas vezes, primeiro devagar, depois depressa;
- expire longamente pela boca até parar com naturalidade, sem forçar a respiração;
- repita de duas a três vezes.

O estresse é uma parte necessária da vida. Se você aprender a aproveitá-lo — a operar no nível de estresse ideal para tarefas importantes e no nível de baixo estresse para sua recuperação —, sempre terá o melhor desempenho possível. Experimente esses três protocolos de respiração comprovados pela ciência, e você estará no caminho certo para transformar o estresse, antes seu maior inimigo, em um bom amigo (ou pelo menos em um amigável conhecido!).

26.

Resumo: riqueza física

Panorama da riqueza física

A GRANDE QUESTÃO: você vai dançar na sua festa de 80 anos?

OS TRÊS PILARES DA RIQUEZA FÍSICA:

- MOVIMENTO: o movimento diário do corpo através de uma combinação de exercícios cardiovasculares e treinamento de resistência; atividades para promover estabilidade e flexibilidade.
- NUTRIÇÃO: o consumo de alimentos, sobretudo integrais e não processados, para atender às principais necessidades de nutrientes, fazendo uso de suplementos para atender a quaisquer necessidades de micronutrientes.
- RECUPERAÇÃO: um sono de alta qualidade e desempenho consistente, além de outras atividades que promovam sua recuperação.

O placar da riqueza física: para cada afirmação abaixo, responda com 0 (discordo totalmente), 1 (discordo), 2 (neutro), 3 (concordo) ou 4 (concordo totalmente).

1. Sinto-me forte, saudável e com vitalidade para a minha idade.
2. Eu movimento meu corpo com regularidade por meio de uma rotina estruturada e tenho um estilo de vida ativo.
3. Consumo sobretudo alimentos integrais e não processados.

4. Durmo sete horas ou mais por noite com regularidade e me sinto descansado e recuperado.

5. Tenho um plano definido para permitir que eu tenha um físico próspero nos meus anos derradeiros.

Sua pontuação de referência (0 a 20):

METAS, ANTIMETAS E SISTEMAS

Use a estrutura de definição de metas para calibrar sua bússola da riqueza física:

- METAS: que pontuação você deseja alcançar dentro de um ano? Quais são os dois ou três checkpoints que você precisará alcançar na sua jornada para chegar a essa pontuação?

- ANTIMETAS: quais são os dois ou três resultados que você deseja evitar?

- SISTEMAS DE ALTA ALAVANCAGEM: quais são os dois ou três sistemas do guia da riqueza física que você vai implementar para tornar seu progresso tangível, acumulando avanços rumo a sua meta de pontuação?

SEU INÍCIO EM UMA SEMANA

Complete sete dias consecutivos do seu desafio de trinta dias para a riqueza física.

Escolha um nível para o seu desafio. O nível bronze é ótimo para começar se você é iniciante, enquanto o ouro é mais apropriado caso você se considere avançado.

Use uma planilha ou tabela simples para acompanhar sua execução diária. Você pode encontrar um modelo de planilha em the5typesofwealth.com/tracker (site em inglês).

Encontre um parceiro (ou parceiros) para enfrentar o desafio com você. Crie um grupo de mensagens ou um sistema para comunicar seu desempenho no desafio diário. Mande a mensagem "Feito" após a conclusão de cada item na lista.

Riqueza financeira

27.

A grande questão

O que é suficiente para você?

EM UM BREVE POEMA sobre seu falecido amigo Joseph Heller, famoso autor norte-americano conhecido pela genial obra satírica *Ardil-22*, Kurt Vonnegut compartilhou um episódio que serve como um poderoso exemplo da sabedoria de Heller.

Enquanto os dois aproveitavam uma festa na casa de um bilionário, Vonnegut perguntou a Heller: "Joe, como você se sente ao saber que, só ontem, nosso anfitrião deve ter ganhado mais dinheiro do que seu romance *Ardil-22* ganhou em toda a sua história?" Heller respondeu: "Eu tenho algo que ele nunca terá... a consciência de que tenho o suficiente."

Encontrei esse poema em maio de 2021, logo após a conversa com o velho amigo que havia mudado minha vida. A mensagem, amplificada pelo meu estado mental reflexivo naquele momento, me tocou lá no fundo.

Quando Heller falou essas palavras — "a consciência de que tenho o suficiente" —, o que ele de fato queria dizer? O que há de tão especial e valioso sobre esse conhecimento, esse conceito de "suficiente", que ele teve a audácia de afirmar valer mais do que os bilhões de dólares que seu anfitrião havia acumulado?

Para responder a essas perguntas difíceis, uma inversão pode ajudar:

O que acontece na ausência desse conhecimento? Ficamos presos — até possuídos — por uma busca constante, incessante e obsessiva por "mais". Uma vez questionado por um repórter sobre quanto dinheiro seria suficiente, o magnata dos negócios John D. Rockefeller respondeu: "Um pouco mais." A busca por mais é o equivalente moderno do mito de Sísifo. Empurramos a pedra para cima da montanha, trabalhando cada vez mais para alcançar o topo, apenas para que o pedregulho role de volta e sejamos forçados a começar tudo de novo. A adaptação hedônica — essa predisposição biológica de retornar a uma linha de base após acontecimentos positivos — significa que nenhuma vitória financeira jamais será suficiente.

Sua definição atual de "mais" se torna sua definição futura de "insuficiente", à medida que você passa a mirar o próximo nível, o qual você se convence de que trará felicidade e contentamento.

Já vi isso acontecer várias vezes, tanto em minha vida quanto na vida das pessoas ao meu redor. Aquilo que você ansiava ter se transforma no que você não pode esperar para trocar. É o fenômeno que leva as pessoas a buscar uma nova linha de crédito para aquela ampliação da casa que, na verdade, não precisam, a se endividar para comprar um carro novo, a usar o cartão de crédito para ter aquele novo relógio, ou deixar que sua saúde ou família desmorone enquanto perseguem alguma promoção no trabalho.

Em 1869, Mark Twain escreveu uma carta aberta a Cornelius Vanderbilt, um magnata dos negócios que na época era o homem mais rico do mundo. Ele escreveu sobre a "pobreza da abundância", dizendo: "Pobre Vanderbilt! Como tenho pena de você... Você é um homem velho e deveria descansar um pouco, e ainda assim tem que lutar, negar e roubar de si mesmo o sono tranquilo e a paz de espírito, porque precisa muito de dinheiro. Eu sempre sinto pena de um homem miserável como você... Não é o que um homem possui que constitui sua riqueza. Não, é estar satisfeito com o que se tem; isso sim é riqueza."[1]

Muitos bilionários que acumularam riquezas extraordinárias não têm alguns dos indicadores mais básicos de uma vida feliz e gratificante. Pense na chocante constatação de que, durante a escrita deste livro, as dez pessoas mais ricas do mundo têm, juntas, um total de doze divórcios. Vitória de Pirro: vencer a batalha, mas perder a guerra.

A história está repleta de bilionários que buscam o próximo degrau da escada e assumem riscos indevidos, para então perder tudo. Apenas nos últimos cinco anos, testemunhamos vários empreendedores que passaram de celebrados na capa da *Forbes* a alvo de deboches em uma cela de prisão. Sam Bankman-Fried e Elizabeth Holmes foram apontados por muitos como parte de uma nova classe geracional de fundadores de empresas, seus nomes figurando ao lado de Jobs, Gates, Zuckerberg, Musk e Bezos. Infelizmente, apesar dos seus primeiros sucessos, que parecem ter sido legítimos, sua busca por mais levou à constante deterioração em padrões éticos e culminou em acusações e condenações criminais.

Um contraponto possível a essa crítica é dizer que o mundo precisa de alguns desses "loucos" — termo que ficou famoso pela campanha publicitária "Think Different", feita pela Apple em 1997 —, pessoas que buscam mais a todo custo e acabam criando coisas novas e incríveis. Para ficar bem explicado: o problema não são os loucos em si, e sim a pressão social e cultural para que você seja um deles.

A busca por mais é socialmente celebrada, enquanto contentar-se com o suficiente é confundido com muita facilidade com falta de ambição. O valor da sua vida não é estabelecido pelos números em sua conta bancária ou seu extrato na corretora nem nunca será. Você define os termos da própria busca; as regras do seu jogo. É perfeitamente razoável (e até aconselhável) tomar um caminho diferente, fixar-se nos diversos pilares que definem uma existência de fato rica: tempo, pessoas, propósito e saúde. Ao fazer isso, você começa a viver sua vida financeira nos próprios termos, e não de acordo com a mentalidade de um caçador-coletor ou sujeito às pressões impostas pela sociedade moderna.

Esta é a solução da sua busca por mais: definir e abraçar a beleza daquilo que é suficiente para você.

Lagom é um termo sueco que se traduz como "a quantidade certa". *Lagom* é o que estamos procurando — a consciência do suficiente, da harmonia, do equilíbrio. O problema é que *lagom* não é algo estático. Ele tende a ser um objetivo cada vez mais alto. À medida que você chega perto de alcançá-lo, sua confiança aumenta e um nível mais alto é redefinido. Essa redefinição subconsciente, passando de "Ficarei feliz quando tiver valor X" a "Ficarei feliz quando tiver o triplo do valor X", cria uma espiral ascendente das expectativas que você deve evitar.

Você nunca terá uma verdadeira riqueza financeira se permitir que suas expectativas — sua definição do que é suficiente — cresçam mais rápido do que seus ativos.

Não há antídoto perfeito. A adaptação hedônica significa que nossa busca por mais é programada por genética, mas trazer à tona a definição do que é suficiente, do subconsciente para o consciente, é um bom começo.

Depois que meu filho nasceu, comecei a contemplar como seria a minha "vida suficiente" — ou seja, a vida *lagom*, na qual tenho a quantidade certa de riqueza financeira. Em vez de permitir que minha "vida suficiente" exista em alguma região abstrata e escondida da minha mente, eu a trouxe à tona.

Eu a imaginei. Eu a defini.

Você deve fazer o mesmo: como seria sua "vida suficiente"?

- Onde você mora?
- O que tem?
- O que você e seus entes queridos estão fazendo?
- Em que está focado?
- Quanto de reserva financeira você tem?

É importante ressaltar que a vida suficiente não precisa ser simples ou espartana. Ela pode ser tão ambiciosa ou luxuosa quanto você achar melhor. Minha vida suficiente tem uma casa de férias em uma ótima localização, sobretudo porque quero poder hospedar familiares e amigos para criar memórias incríveis, mas é desprovida de luxos nos quais não tenho interesse (jatos particulares, iates, mansões, carrões, joias caras e assim por diante). O que interessa é que seja a sua vida suficiente — e não a de outra pessoa, sem influência das pressões sociais ou culturais, sem estar sujeita à escalada subconsciente da inflação do padrão de vida. Ao definir, escrever e manter em mente o que seria sua vida suficiente, você a reforça em seu consciente. Isso não vai interromper por completo o movimento natural de aumento nos padrões, mas transforma um movimento irracional e subconsciente em um processo racional e consciente.

Assim, seu objetivo passa a ser desenvolver a riqueza financeira — através da geração de renda, da gestão de despesas e dos investimentos de longo prazo — até o ponto em que ela viabilize que você tenha sua vida suficiente ideal. Além desse ponto, o objetivo passa a ser equilibrar sua energia em uma gama maior de atividades. Depois de chegar na sua vida suficiente, você não precisa mais se concentrar no dinheiro e, em vez disso, pode priorizar mais tempo, relacionamentos, propósito, crescimento e saúde.

Há uma bela parábola que exemplifica essa ideia:
Um banqueiro de investimentos rico sai de férias para uma vila de pescadores tropicais. Enquanto caminha pelas docas certa tarde, ele se depara com um pequeno barco de pesca com vários peixes grandes no convés. "Quanto tempo você demorou para pegar esses peixes?", pergunta ele.
O pescador desvia o olhar do trabalho e sorri para seu novo visitante.
"Só um pouquinho."
O banqueiro de investimentos fica surpreso com a resposta. Ele gosta do pescador e quer ajudar.
"Por que você não pesca por mais tempo para poder pegar mais peixes?"
O pescador dá de ombros e explica ao novo amigo que ele tem tudo de que precisa.
"Todos os dias, durmo até tarde, pesco um pouco e passo tempo com meus filhos e minha linda esposa. À noite, vou à cidade, bebo vinho, toco violão, canto e me divirto com os meus amigos."
O banqueiro está intrigado. Ele quer ajudar seu novo amigo, que, na sua opinião, está nitidamente confuso. O banqueiro ajudou muitas empresas e tem um MBA e outras credenciais sofisticadas, então define um plano para o pescador:
"Comece por passar mais tempo pescando para poder vencer mais peixes. Em seguida, você usa os recursos para comprar um barco maior e assim vai conseguir pescar e vender ainda mais peixes. Então o próximo passo é comprar uma frota de barcos. E depois contratar uma equipe. Integrar verticalmente! Como CEO de uma grande empresa em expansão, você pode se mudar para a cidade grande. Então abriria o capital da sua empresa na bolsa de valores e ganharia milhões!"
O pescador parece confuso, mas sorri.
"E então o quê?", pergunta ele.
O banqueiro ri da pergunta boba.
"Bem, então você pode ir para uma cidade tranquila e se aposentar! Pode dormir tarde, pescar um pouco e passar um tempo com seus filhos e sua linda esposa. À noite, você pode ir à cidade, beber vinho, tocar violão, cantar e se divertir com os seus amigos."
O pescador dá um grande sorriso, agradece o conselho e se afasta devagar na tarde quente e ensolarada.

A interpretação popular dessa parábola é que o banqueiro está errado e o pescador está certo. Minha interpretação é que não se trata de o pescador estar certo e o banqueiro estar errado — trata-se de identificar o que é sucesso e propósito para você e construir uma vida que atenda a essas definições. Trata-se de definir a sua vida suficiente e depois trabalhar para conquistá-la.

Talvez tanto o pescador quanto o banqueiro estejam felizes com suas respectivas escolhas e prioridades. Vou deixá-los decidir, e o mesmo vale para você.

Em uma marcante cena do filme *Jamaica abaixo de zero*, que conta a improvável história da jornada de um time jamaicano de bobslead até as Olimpíadas de Inverno, o treinador da equipe, interpretado pelo falecido ator John Candy, fala para uma das estrelas do time: "Uma medalha de ouro é uma coisa maravilhosa, mas se você não é o suficiente sem ela, nunca será o suficiente com ela."

Como uma pessoa ambiciosa, você passa a maior parte da vida em um jogo. Tudo o que faz é antecipar um futuro repleto de mais:

- "Mal posso esperar até ter o valor X para poder comprar esse carro novo."
- "Mal posso esperar até ter o valor Y para poder comprar aquela casa nova."
- "Mal posso esperar até ter o valor Z para poder comprar uma segunda casa."

Quando o futuro chegar, você vai apenas redefinir seu próximo objetivo material. É natural, mas é um jogo perigoso, que você vai perder em algum momento. Se estiver convencido de que sua satisfação, realização e felicidade dependem do próximo marco financeiro — o próximo "mais" —, você nunca chegará lá.

Foi isso que Joseph Heller quis dizer quando falou aquelas palavras — "a consciência de que tenho o suficiente" — para Kurt Vonnegut, tantos anos atrás.

Porque "se você não é suficiente sem isso, nunca será suficiente com isso".

28.

O parque de diversões financeiro

EM 1485, UM JOVEM comerciante chamado Jakob Fugger se deparou com uma oportunidade. O homem de 26 anos havia acabado de se tornar sócio na pujante empresa comercial de sua família e recebera autonomia para fechar os próprios acordos. Enquanto viajava para a Áustria, ele conheceu o arquiduque Sigismundo, um notório gastador e primo de Frederico III, o imperador do Sacro Império Romano-Germânico. Sigismundo precisava de mais dinheiro para financiar seu estilo de vida de alto padrão, mas muitos dos banqueiros da região estavam cansados do arquiduque. Ele não era mais considerado um risco atraente para um banqueiro prudente, em uma época em que as leis contra a usura (emprestar dinheiro a altas taxas de juros) restringiam a vantagem financeira de tais empréstimos.

Jakob Fugger percebeu uma oportunidade nisso. Ele concordou em emprestar 3 mil florins ao arquiduque em troca de 1.000 libras de prata das minas locais, que lhe seriam vendidas a um preço com desconto. O arquiduque Sigismundo apreciou a demonstração de fé e cumpriu sua parte do acordo, entregando as 1.000 libras de prata no prazo, a um preço de 8 dólares por libra, prata que Fugger revendeu por 50% a mais, um retorno modesto, porém atraente para o negócio. O mais importante para o jovem comerciante foi que esse pequeno acordo consolidou seu relacionamento com uma das famílias mais poderosas da Europa. Vários anos depois, o arquiduque precisava de um empréstimo muito maior para financiar seu mais recente deslize, então ele buscou Fugger, que de novo se disponibilizou, dessa vez com 100 mil florins e termos e condições de reembolso ainda mais agressivos. O arquiduque voltou a cumprir sua parte do acordo, e Jakob Fugger foi recebido nas fileiras da elite — ele se estabeleceu como comerciante e um banqueiro disposto a assumir riscos (desde que considerasse que a compensação era adequada para tal).

Ao longo dos anos seguintes, o dinheiro de Jakob Fugger influenciou o curso da história mundial de forma drástica. Seu apoio financeiro era buscado por reis, imperadores e exploradores. Quando Fernão de Magalhães precisou de financiamento para sua viagem ao redor do mundo, Jakob Fugger o ajudou. Quando o rei da Espanha, Carlos I, procurou tornar-se o Sacro Imperador Romano, Jakob Fugger o ajudou. E quando o Papa Leão X, responsável por grandes gastos, precisava de uma vultosa quantia para financiar a construção da Basílica de São Pedro, Jakob Fugger o ajudou (o reembolso desse empréstimo exigiu uma venda maciça de indulgências — que serviam como perdão dos pecados — para cidadãos comuns, prática que provocou a ira de um reformador chamado Martinho Lutero, o líder da Reforma Protestante).[2] O dinheiro de Fugger — e, por extensão, seu poder e sua influência — mudou o curso da história do continente europeu.

Seu uso inovador de métodos contábeis — ele foi um dos primeiros a usar contabilidade de partidas dobradas (débito e crédito), além de estabelecer a prática agora padrão de consolidar várias operações em um único conjunto de demonstrações financeiras — o permitiu manter o controle sobre a totalidade de seu império financeiro, que foi gigantesco durante seus últimos anos. Na época de sua morte, Jakob Fugger acumulava uma fortuna equivalente a 400 bilhões de dólares nos valores de hoje, o que representava aproximadamente 2% do PIB da Europa no período. Esses valores surpreendentes o fizeram ser apontado por alguns como o homem mais rico de todos os tempos.

Greg Steinmetz, jornalista e autor de um livro bastante abrangente sobre Fugger (apropriadamente intitulado *O homem mais rico de todos os tempos*), escreveu: "Os atos de [Fugger] mudaram a história mais do que os da maioria dos monarcas, revolucionários, profetas e poetas, e seus métodos abriram o caminho para cinco séculos de capitalistas. Ele foi o primeiro empresário moderno, pois foi o primeiro a buscar riqueza pela riqueza, sem medo de ser amaldiçoado por isso."[3]

Jakob Fugger foi, de muitas maneiras, a antítese da ideia central por trás desta obra. Sua busca pelo dinheiro era o foco absoluto e definidor de sua vida. Steinmetz traz um relato deprimente dos resultados desse foco limitado: "Ele tinha poucos amigos, apenas parceiros de negócios. Seu único filho era ilegítimo. Seus sobrinhos, a quem ele cedeu seu império, o decepcionaram. Enquanto estava no leito de morte, sem ninguém ao seu lado além dos ajudantes pagos, sua esposa estava com o amante. No entanto, ele conseguiu sucesso nos próprios termos. Seu objetivo não era conforto nem felicidade; era acumular dinheiro até o fim."[4] Ele buscou ter mais do começo ao fim, sacrificando tudo em sua vida por essa busca.

Para seu crédito, Fugger era sábio em sua compreensão de si mesmo. Quando perguntado quando planejava se aposentar, ele respondeu que sua sede de mais dinheiro nunca seria extinta, um fato que nitidamente contribuiu com seu impressionante sucesso financeiro. Sua busca por enriquecer e seu aparente prazer em jogar o "jogo do dinheiro" é uma tendência que podemos observar hoje em dia também. Para entender o papel de domínio que o dinheiro tem em nossa vida hoje, e aprender como podemos usá-lo como uma ferramenta, em vez de deixá-lo nos controlar, devemos fazer uma breve viagem ao passado para entender como chegamos até aqui.

SIGA O DINHEIRO

O dinheiro passou de maneira gradual de uma ferramenta com uma base na realidade do mundo físico para algo que muitas vezes parece uma criação fantástica da imaginação humana. Por consequência, a quantidade de riqueza financeira passou de bastante visível para predominantemente invisível — uma transição que cria obstáculos que você precisa evitar em sua jornada.

A origem do dinheiro é um assunto muito debatido nos círculos econômicos e antropológicos. O entendimento mais convencional sugere que o escambo — a troca de um produto ou serviço por outro — antecedeu o dinheiro e que suas ineficiências levaram à criação desse artifício de transição. O principal fundamento desta narrativa é baseado em uma história de Adam Smith, o economista e filósofo escocês do século XVIII que, em seu livro *A riqueza das nações*, imaginou uma cena em que um padeiro e um açougueiro não conseguem fazer uma troca porque o padeiro não tem nada que o açougueiro deseja. Segundo sua narrativa, essas ineficiências da economia baseada na troca levaram à invenção do dinheiro para facilitar, organizar e gerenciar o fluxo livre de bens e serviços. No entanto, os antropólogos têm dificuldade em encontrar qualquer evidência que sustente esse processo de transição entre escambo e dinheiro. Alguns até sugerem o sentido inverso, em que as trocas surgiram como um complemento ao dinheiro. O falecido David Graeber, antropólogo da Escola de Economia de Londres e autor de *Dívida: Os primeiros 5.000 anos*, escreveu: "Na maioria dos casos que conhecemos, [o escambo] ocorre entre pessoas que estão familiarizadas com o uso do dinheiro, mas por um motivo ou outro, não possuem muito a seu alcance."[5]

Sejam quais forem os detalhes de sua origem, o dinheiro foi nitidamente essencial para o crescimento e desenvolvimento da sociedade humana. Ao escavar os restos da antiga capital mesopotâmica de Uruk (localizada no atual Iraque), arqueólogos descobriram placas gravadas que datam de 3.500 a.C., as quais eles acreditam terem sido usadas para registrar dívidas. Essas placas representam algumas das evidências mais antigas da linguagem escrita, levando alguns arqueólogos e antropólogos a concluir que a invenção da escrita foi um subproduto da necessidade de registrar e gerenciar o fluxo de dinheiro e de comércio.

O dinheiro assumiu diversas formas em seus primeiros anos.[6] Acredita-se que cevada suméria, usada como dinheiro por volta de 3.000 a.C., tenha sido a primeira moeda. Uma quantidade predefinida de cevada era intercambiável por uma variedade de bens e serviços na Suméria. As conchas de cauri dos pequenos caracóis do mar, abundantes no Oceano Índico, eram usadas como moeda em várias culturas antigas, do Egito e de outras regiões da África à China e Austrália, desde 1.200 a.C. Sua portabilidade e relativa raridade na maior parte do mundo as tornaram uma forma adequada de moeda nessas regiões. As conchinhas brancas simples, que por ironia se tornaram um fenômeno da cultura pop dos anos 1990, usadas em colares por ícones pop e adolescentes em todo o mundo, tiveram o maior alcance e longevidade entre as formas de dinheiro ao longo da história da humanidade.

Os antropólogos acreditam que as primeiras moedas rudimentares de metal foram criadas na China por volta de 1.000 a.c., e a moeda moderna foi desenvolvida pela primeira vez pelos Lídios, uma cultura antiga da atual Turquia, no século VI a.c. Essas moedas modernas eram feitas de metais preciosos, por isso tinham um grau de valor inerente, e em geral eram impressas com as imagens de imperadores ou deuses como um marcador de sua legitimidade. Como eram pequenas, portáteis e difíceis de forjar, elas reinaram supremas como a forma moderna de dinheiro por muitos anos.

Até esse ponto, o dinheiro era um construto físico e amplamente visível no mundo real. A busca por cada vez mais riquezas significava acumular e armazenar ativos reais do mundo físico e tangível com algum grau de valor inerente, fosse cevada, fossem conchas de cauri ou metais preciosos. Tudo isso mudou quando Kublai Khan, o neto de Genghis Khan, começou a produzir de forma maciça uma inovação que mudou o mundo para sempre: dinheiro em papel.

Um mercador veneziano chamado Marco Polo viajou pela China no século XIII e depois trouxe um relato detalhado dessa descoberta: "Todos aqueles pedaços de papel eram emitidos com tanta solenidade e autoridade, como se fossem de puro ouro ou prata, e, quando tudo está preparado devidamente, o oficial indicado por Khan passa a tintura no selo que lhe foi confiado e o pressiona no papel, para que a forma do selo permaneça impressa em vermelho; o dinheiro é então autêntico. Qualquer pessoa que o forjar será punida com a morte."[7] As notas de papel eram de início lastreadas por prata, mas acabaram se tornando uma moeda fiduciária (o que significa que não eram mais lastreadas por nenhuma mercadoria tangível). Em um artigo de 2019 na *New Yorker*, o escritor John Lanchester comentou: "O problema com muitas novas formas de dinheiro é que as pessoas relutam em adotá-las. O neto de Genghis Khan não teve essa dificuldade. Ele tomou medidas para garantir a autenticidade de sua moeda, e, se você não a usasse — se não a aceitasse como pagamento ou preferisse usar ouro, prata, cobre ou ferro, pérolas, sal, moedas ou qualquer outra das formas mais antigas de pagamento presentes na China —, ele o mataria. Isso resolveu a questão da adoção."[8] Muito bem resolvido, eu imagino.

A invenção de Kublai Khan representou um salto gigante — a primeira vez em que um pedaço de papel, produzido em massa a baixo custo e com pouco ou nenhum valor inerente, passou a ser considerado valioso e garantido pela força e autoridade do governo. O dinheiro de papel se espalhou de maneira gradual pelo mundo porque viabilizou um comércio e um crescimento mais rápidos e eficientes.

O grande salto seguinte ocorreu quando o Banco da Inglaterra, uma empresa privada criada em 1694 para atuar como financiadora do governo britânico, imprimiu notas como recibos de depósitos de ouro. Essas notas de papel, que poderiam, em teoria, ser resgatadas pelo ouro real nos cofres do banco, se tornaram uma moeda eficaz. Governos e banqueiros perspicazes perceberam que poderiam incentivar o comércio e o crescimento, emitindo esses ativos em papel para além da quantidade real de ouro ou prata mantidos nos cofres, um sistema bancário conhecido como de "reserva fracionária", que se tornou o procedimento operacional padrão dos bancos em todo o mundo (e permanece em vigor até hoje). Esse sistema em geral funciona bem, a menos que todos os depositantes venham e peçam seu ouro de uma só vez, caso que provoca uma "corrida bancária", em que um banco aparentemente saudável logo se torna insolvente (fenômeno que vimos recentemente em 2023 com o rápido colapso do respeitado Silicon Valley Bank).

Ao longo de centenas de anos, o senso comum sustentava que, enquanto o dinheiro de papel estivesse, pelo menos em princípio, lastreado em ouro, a economia global construída sobre ele poderia continuar a funcionar e prosperar. Em meados do século XX, todas as principais economias do mundo operavam no chamado "padrão-ouro", o que significava que a moeda era lastreada por ouro, e uma certa quantidade de dinheiro em papel poderia ser levada ao governo e trocada por uma quantidade fixa de ouro. Nos Estados Unidos, isso significava que qualquer cidadão poderia trocar 20,67 dólares por uma onça de ouro. O valor das moedas de papel era vinculado ao ouro.

Contudo, embora o sistema tenha funcionado bem em algumas épocas, ele começou a mostrar grandes falhas nos momentos ruins. Durante os primeiros anos da Grande Depressão, cidadãos em pânico resgataram o ouro por sua moeda em papel e esgotaram as reservas do precioso metal nos cofres das principais potências globais. Em 1931, o Banco da Inglaterra abandonou o padrão-ouro, e, em 1933, preocupado que a corrida pelo ouro fizesse a economia sofrer uma freada brusca em um momento em que precisava crescer, o então presidente Franklin Delano Roosevelt anunciou que os Estados Unidos fariam o mesmo.

Essas decisões sem precedentes desvincularam o dinheiro de papel de sua conexão com o ouro e o migraram de um sistema fundamentado no mundo físico para um ligado a algo intangível — um sistema cuja única restrição era a imaginação humana.

Essa mudança abriu caminho para a criação de uma variedade ao que parecia infinita de instrumentos e ferramentas financeiras, uma tendência que se acelerou ainda mais com o advento dos computadores e da internet, que nos traz ao momento atual e a um moderno jogo do dinheiro, governado por bits e bytes em vez de cevada, conchas, ouro e cédulas.

OS PERIGOS DO MODERNO JOGO DO DINHEIRO

Jakob Fugger e John D. Rockefeller tinham que administrar seus impérios financeiros e comerciais por meio de uma rede de livros contábeis e contas em papel, mas a maior parte da riqueza financeira de hoje existe em computadores e servidores na nuvem. As economias baseadas em dinheiro físico estão diminuindo; o uso desse artifício de transição é cada vez mais encarado como um sinal de infraestrutura atrasada (como em certos países em desenvolvimento) ou de atividade ilícita.

O jogo do dinheiro hoje em dia é jogado em um mundo digital, em que o dinheiro existe apenas como números em uma tela (na verdade, a quantia total de dinheiro no mundo é várias ordens de magnitude maior que a quantidade total de moedas e notas). Uma transação entre duas partes costumava envolver uma troca física, mas agora é tão simples quanto pressionar um botão e assistir aos números sumirem em uma tela e aparecerem na outra. Quando você considera a quantidade de dinheiro em sua conta, pode parecer tangível, mas não passa de um número em uma tela iluminada. A confiança de que você vai acordar amanhã e o número nessa tela estará correto — e que aquilo tem algum valor — é o que mantém o sistema fluindo.

O moderno jogo do dinheiro se parece muito com, bem, um jogo.

Se o jogo antigo era a chatice do banco com seu simples troco em dinheiro e uma variedade limitada de opções de depósito e investimento, o novo jogo se parece mais com um parque de diversões com uma variedade quase ilimitada de brinquedos, a maioria dos quais não possui requisito de altura mínima para ter acesso. É uma criação da imaginação humana, projetada para atrair você. Aplicativos financeiros gastam milhões para tornar seus produtos viciantes; seu desejo por novidade, dopamina e entretenimento é a oportunidade deles de lucro.

Infelizmente, embora as opções pareçam intermináveis, muitos dos investimentos sofisticados e instrumentos financeiros são um canto de sereia para atrair e colocá-lo em apuros.

Você circula pelo parque de diversões e ouve o zumbido sutil e malicioso dos seus funcionários:

- "Meu curso sobre compra e venda de imóveis é a chave para sua independência financeira."
- "Essa criptomoeda vai disparar."
- "Aquele investimento passivo em imóveis traz ganhos garantidos."
- "Esses NFTs e cartões colecionáveis são uma oportunidade imperdível."
- "Se você perder esta chance, se arrependerá pelo restante da vida."

Em um universo financeiro que tenta sua imaginação, concentre-se no que é real. O básico, simples e chato, sobre o qual você lerá no próximo capítulo, ainda se mostra a melhor maneira de construir a vida que você deseja. Você não precisa andar em todos os brinquedos ou jogar todos os jogos. Também não precisa fazer isso melhor do que os outros — não se trata de uma competição.

Para ter sucesso, tudo o que você precisa é fazer o básico e jogar o seu jogo por tempo suficiente.

29.

Os três pilares da riqueza financeira

THOMAS STANLEY NASCEU no Bronx, Nova York, em 1944. Ele cresceu em uma casa humilde de classe média baixa. Seu pai trabalhava como condutor do metrô, e sua mãe era secretária. Stanley fez faculdade e depois pós-graduação e concluiu um doutorado em administração de negócios pela Universidade da Georgia antes de se estabelecer em uma vida como professor na Universidade Estadual da Georgia. Em seu cargo, ele desenvolveu um fascínio pelos hábitos e pelas práticas dos ricos, tanto que decidiu deixar sua carreira estável na universidade para pesquisar e escrever sobre os milionários dos Estados Unidos. Em 1996, o dr. Stanley foi coautor de um livro baseado em sua pesquisa e suas descobertas. *O milionário mora ao lado* logo se tornou um fenômeno global e vendeu mais de 3 milhões de exemplares até o momento.

O livro oferece uma nova perspectiva sobre o caminho para a riqueza financeira. Você não precisa ter um trabalho extraordinariamente lucrativo, ser dono de um negócio ou receber uma grande herança, escreveu ele; o objetivo poderia ser alcançado pela adoção de um conjunto de princípios básicos para a construção de riqueza financeira. Thomas desmistificou a noção de que os ricos viviam em mansões fechadas com carros importados sofisticados — um estilo de vida incompreensível para a maioria das pessoas comuns — e a substituiu pela ideia de que havia um milionário morando ao seu lado.

Embora as estratégias do livro possam gerar debate entre pensadores do mundo das finanças, sua premissa central — a de que qualquer pessoa pode construir uma vida de riqueza financeira — é empoderadora. Permita que essa premissa sirva como sua base, à medida que construímos um modelo simples, cujo caminho qualquer um consiga seguir.

A riqueza financeira é construída sobre três pilares:

- GERAÇÃO DE RENDA: crie uma renda estável e crescente por meio de um emprego principal, um emprego secundário e fluxos de receita passivos.

- GESTÃO DE DESPESAS: gerenciar custos para que fiquem abaixo do seu nível de renda de forma consistente e cresçam a uma taxa mais lenta.

- INVESTIMENTO DE LONGO PRAZO: invista a diferença entre sua receita e suas despesas em ativos de longo prazo que sejam eficientes e tenham baixo custo, para que cresçam com os juros compostos.

Esse modelo simples é eficaz porque converte o fluxo de caixa líquido de curto prazo em riqueza no longo prazo. À medida que você mensura a riqueza financeira como uma parte do seu novo placar, os três pilares — geração de renda, gestão de despesas e investimento de longo prazo — fornecem um planejamento para agir da maneira certa para construir essa riqueza. Ao desenvolver um entendimento desses pilares e dos sistemas de alta alavancagem que os afetam, você pode começar a conseguir os resultados desejados.

GERAÇÃO DE RENDA E GESTÃO DE DESPESAS: CRIANDO A DIFERENÇA

A diferença entre sua receita e suas despesas é a ferramenta mais importante no seu kit de independência financeira — e é uma ferramenta que você deve desenvolver.

Renda é a entrada dos fluxos de caixa do seu emprego principal, emprego secundário ou renda passiva (propriedades alugadas, dividendos de ações etc.). As despesas são as saídas de caixa da vida cotidiana (alimentos, moradia, transporte etc.), custos de dívida (juros e pagamentos do montante principal das dívidas em aberto), experiências (férias e eventos), impostos (caso não sejam descontados automaticamente) e luxos (compras materiais, presentes etc.). A lacuna que você cria — a diferença entre suas receitas e despesas — é o ativo fundamental sobre o qual a riqueza financeira é construída. Quanto maior essa lacuna, maior a base de ativos para investir e gerar rendimentos.

Construir um mecanismo consistente de receitas, composto por fluxos de renda fortes, estáveis e crescentes, deve ser o foco principal em sua jornada para criar essa lacuna. O motivo é simples: você pode cortar suas despesas apenas até certo limite, mas pode aumentar sua renda indefinidamente.

Um modelo básico para criar um mecanismo consistente de receitas:

1. DESENVOLVER HABILIDADES: habilidades comercializáveis (vendas, design, redação, engenharia de software etc.) são ativos que você pode desenvolver e agregar. Toda nova habilidade é desenvolvida a partir das já existentes e compõem um portfólio único.

2. ALAVANCAR HABILIDADES: aplique as habilidades comercializáveis de forma estratégica para convertê-las em renda. As formas de aplicação estão em um espectro de risco, desde um emprego principal estável, de baixo risco e troca de tempo por dinheiro, até um mais volátil e o empreendedorismo de maior risco.

Você desenvolve habilidades e as aproveita para estabelecer um mecanismo de renda consistente para suas metas atuais e futuras de riqueza financeira.

Ao construir esse mecanismo, gerencie despesas para viver bem dentro das suas possibilidades. Isso não significa que você deva desistir das diversões e viver um estilo de vida espartano, mas você deve aplicar os princípios básicos do gerenciamento de despesas:

- CRIE UM ORÇAMENTO (E O OBEDEÇA): planeje suas despesas mensais e acompanhe seu desempenho de acordo com o planejamento. Automatize uma poupança para garantir que você tenha fundos para um momento difícil, capaz de cobrir cerca de seis meses de despesas para lidar com qualquer turbulência inesperada.

- **GERENCIE AS EXPECTATIVAS:** o maior risco em sua jornada para a independência financeira é a inflação de expectativas, também chamada de "inflação do estilo de vida". Nunca permita que suas expectativas cresçam mais rápido que sua renda.

É provável que aqueles que estão dispostos a encarar uma vida menos abastada do que podem em seus primeiros anos vão colher as recompensas no futuro. É mais fácil ser frugal nesse início, pois há um crescimento natural nas despesas da família ou relacionadas nos últimos anos.

Seu objetivo é que a lacuna entre receitas e despesas cresça ao longo do tempo, o que significa que suas despesas nunca devem crescer na mesma taxa que sua receita. Evitar a inflação do estilo de vida e a carga excessiva das dívidas cria uma lacuna que cresce a uma taxa que se acelera, permitindo que o investimento incremental também se acelere com o tempo. Se você investir de forma apropriada, essa é uma configuração infalível para um futuro de abundante riqueza financeira.

INVESTIMENTO DE LONGO PRAZO: AMPLIANDO SUA MARGEM COM JUROS COMPOSTOS

> "A primeira regra da composição: nunca a interrompa se não for necessário."
> — CHARLIE MUNGER

Em uma fábula antiga, um jovem inventor chega à corte de um rei e apresenta a ele sua invenção mais recente, um jogo que ele intitulou xadrez. Feliz com o novo jogo, o rei oferece ao inventor qualquer recompensa que ele desejar.

O jovem inventor responde: "Sua Alteza, não peço dinheiro ou joias; simplesmente peço um pouco de arroz. Um único grão no primeiro quadrado, dois grãos no segundo, quatro no terceiro, oito no quarto, e assim por diante, para todos os 64 quadrados deste tabuleiro de xadrez."

O rei, surpreso por ter conseguido um negócio tão vantajoso, sorri e convoca seu tesoureiro.

Quando o tesoureiro começa a repassar o arroz ao inventor, fica evidente que o rei subestimou a solicitação. No quadrado ao fim da primeira linha, há 128 grãos de arroz. No quadrado ao fim da segunda linha, 32.768 grãos de arroz. Na casa na metade da terceira linha, já há 524.288 grãos de arroz. Ao perceber que foi enganado, o rei sinaliza para seus guardas, e o jovem inventor é executado com um sorriso atrevido estampado em seu rosto.

O cruel rei foi inteligente em agir quando o fez, pois, se tivesse permitido que o processo continuasse, ele estaria devendo ao inventor mais de 18 quintilhões (que são 18 com mais 18 zeros!) grãos de arroz.

Essa história infame é talvez a visualização mais didática de uma das maiores forças do nosso mundo natural, uma força que todos devemos entender e colocar em nossa jornada para construir uma vida de riqueza financeira: a composição.

Os juros compostos são os juros calculados e pagos sobre o montante principal inicial e sobre todos os juros acumulados. Juros compostos é o que permite que um investimento cresça a uma taxa de aceleração (assim como os grãos de arroz no tabuleiro de xadrez do rei). Como exemplo simples, imagine 1 dólar investido hoje em um retorno anual de 10%. Em dez anos, o valor fica em cerca de 2,60 dólares. Em vinte anos, cerca de 6,70 dólares. Em trinta anos, cerca de 17,40 dólares. Em cinquenta anos, esse 1 dólar cresceu para mais de 117 dólares. Uma representação visual dessa composição é impressionante: o crescimento aparece aos poucos no princípio e depois chega com tudo.

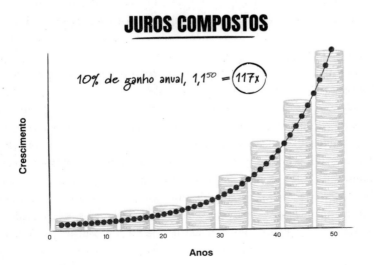

Benjamin Franklin sintetizou o juro composto à sua maneira concisa: "O dinheiro gera dinheiro. E o dinheiro que o dinheiro gera, gera dinheiro." Warren Buffett é o investidor mais famoso da história. Curiosamente, ter sido rejeitado pela Harvard Business School pode ter dado início à sua lendária trajetória de carreira. Em vez de Harvard, ele se matriculou na Columbia e lá conheceu e estudou sob orientação do lendário investidor Benjamin Graham. Na Columbia, ele aprendeu os princípios centrais de sua filosofia de investimento: valor intrínseco, margem de segurança e, mais importante, o poder da composição. Durante sua longa e ilustre carreira de investimentos, Warren Buffett acumulou um patrimônio líquido de mais de 130 bilhões de dólares, um número ainda mais impressionante pelo fato de que a grande maioria dessa riqueza foi construída após seu sexagésimo aniversário. De acordo com a maioria das estimativas, ele atingiu 1 milhão de dólares aos 30 anos, 25 milhões aos 40, 375 milhões aos 50 e 1 bilhão de dólares aos 56 anos. Isso significa que ele levou cerca de 32 anos (desde quando começou a trabalhar para Benjamin Graham aos 24 até seus 50) para ganhar seu primeiro bilhão, mas apenas 37 para ganhar seus outros 129 bilhões.

Warren Buffett criou uma das maiores máquinas de crescimento exponencial da história, saiu da frente e permitiu que ela trabalhasse por ele.

Quando se trata de alavancar a composição para construir riqueza financeira, todos precisamos aprender uma lição com Buffett: o tempo, e não os retornos médios anuais, é o fator mais importante. Morgan Housel, autor dos sucessos *A psicologia financeira* e *O mesmo de sempre*, traz mais discernimento a esse ponto: "Todo o crescimento exponencial representa retornos elevados à potência do tempo, mas o tempo é o expoente. Então, para mim, é isso que você deve maximizar."[9]

A maneira mais comum e mais atrativa de aproveitar todo o poder dos juros compostos é investir e manter ativos com liquidez de mercado, como ações ou fundos diversificados de baixo custo. Quando você ouve consultores ou especialistas financeiros se referindo ao crescimento exponencial, os investimentos nesses ativos baseados no mercado em geral são o que eles querem dizer. As pessoas gastam inúmeras horas e uma energia considerável se preocupando em selecionar a combinação perfeita de ações ou ativos para gerar um retorno um pouco mais alto, ou pagam consultores para fazer isso por eles quando a matemática sugere que simplesmente comprar, manter e deixar o crescimento exponencial em um fundo de índice de mercado diversificado vai gerar resultados mais atraentes no longo prazo. A menos que você seja um investidor profissional com uma vantagem específica e um histórico de superar o retorno do mercado, é improvável que supere um fundo de índice de forma consistente, então quase sempre é melhor garantir os retornos comuns e permitir que seu tempo no mercado seja o fator incomum capaz de impulsionar seus retornos a um patamar diferenciado.

Nick Maggiulli, autor do sucesso *Continue a comprar*, é um defensor da estratégia de investimento de compra e manutenção de longo prazo. Quando perguntei a ele sobre quais seriam seus conselhos para o seu eu mais jovem, Maggiulli se concentrou na importância de poupar e investir pesado nos seus primeiros anos. Começar cedo e investir com frequência é uma abordagem testada e comprovada para a construção de riqueza financeira. A eficácia da filosofia, observou Maggiulli, é impulsionada por dois fatores: "O dinheiro investido no início do tempo em geral cresce mais do que o dinheiro investido posteriormente no tempo [e] fazer o dinheiro render é mais fácil do que economizar dinheiro." Começar cedo consolida o tempo no seu lugar como expoente da fórmula do investimento, conforme defende Morgan Housel.

Parafraseando um provérbio bastante conhecido: o melhor momento para começar foi vinte anos atrás; o segundo melhor momento é hoje.

Retornos médios de crescimentos exponenciais por longos períodos produzem resultados extraordinários:[10]

- Se uma jovem de 22 anos investisse 10 mil dólares no índice S&P 500 em janeiro de 1980, ela teria um saldo de aposentadoria de mais de 1 milhão hoje (pressupondo o reinvestimento dos dividendos ao longo desse tempo).
- Se a mesma pessoa investisse apenas 100 dólares por mês após o investimento inicial, ela teria um portfólio de mais de 2 milhões hoje.
- Se ela subisse seu investimento mensal para 1.000 dólares, ela teria um portfólio de mais de 10 milhões de dólares hoje.

Lembre-se: esses números não exigem conhecimento especializado sobre investimentos, qualquer outra vantagem ou um insight específico.

O único requisito é começar e deixar o tempo trabalhar por você, e não contra.

Albert Einstein se referiu aos juros compostos como "a oitava maravilha do mundo": "Aquele que o entende, ganha; Aquele que não o entende, paga." Ele estava correto. Ao começar cedo e focar investimentos regulares, você coloca sua máquina de composição em movimento. Quando ela estiver em movimento, siga a instrução de Warren Buffett:

Saia da frente e deixe a magia da composição trabalhar por você.

OS CINCO NÍVEIS DE RIQUEZA FINANCEIRA

Existem cinco níveis definidos e distintos para a jornada rumo à riqueza financeira:

- NÍVEL 1: as necessidades básicas são atendidas, incluindo comida e moradia.

- NÍVEL 2: todas as necessidades básicas são excedidas e pequenos prazeres se tornam acessíveis. Isso inclui refeições em restaurantes, férias simples e gastos com educação.

- NÍVEL 3: as necessidades básicas deixam de ser uma preocupação e o foco se volta a economizar, investir e trabalhar o crescimento exponencial de riqueza. Prazeres mais significativos, como diversas férias, estão prontamente disponíveis. um crescimento mais agressivo de ativos em geral começa nesse nível.

- NÍVEL 4: a maior parte dos prazeres típicos estão prontamente disponíveis. A acumulação de ativos acelera, e eles começam a gerar renda passiva para cobrir algumas despesas do estilo de vida. Esse é o nível de independência financeira moderada, pois você pode reduzir sua renda ativa e continuar a viver o mesmo estilo de vida.

- NÍVEL 5: todos os prazeres estão disponíveis. A velocidade na acumulação de ativos atinge um ponto de inflexão, e eles geram renda passiva que supera todas as despesas resultantes do estilo de vida. Esse é o nível de total independência financeira, pois você pode excluir toda a renda ativa e continuar vivendo o mesmo estilo de vida.

Cada pessoa começa a jornada em um ponto de partida diferente, mas qualquer caminho para escalar esses níveis exige um foco disciplinado nos três pilares de geração de renda, gerenciamento de despesas e investimento no longo prazo. Toda pessoa que atingiu o nível 5, de alguma forma ou função, seguiu este modelo simples: aumento da receita, despesas controladas e investimentos de crescimento exponencial de longo prazo. Em alguns casos, a forma de crescimento exponencial escolhida foi um negócio em que as pessoas investiram tempo, energia e dinheiro excedente, e a venda desse negócio gerou o fluxo financeiro que as levou às camadas superiores. Em outros casos, o crescimento exponencial escolhido foi um fundo de índice de mercado simples de baixo custo, no qual elas investiram seu dinheiro excedente de forma regular, seguindo pacientemente um modelo de crescimento exponencial para a sua riqueza e escalando os níveis de maneira metódica à medida que os ativos se acumulavam.

Cada nível tem tensões, problemas e dores de cabeça próprios. Enquanto questões financeiras tradicionais que você sente nos níveis mais baixos se dissipam ao escalar os níveis, novos problemas surgem para substituí-las. Patrick Campbell, o fundador da ProfitWell, uma startup criada com recursos próprios que ele vendeu por mais de 200 milhões de dólares, se refere a isso como um ciclo de "problemas de gente rica". Campbell, que cresceu em uma família da classe trabalhadora e era novato em uma vida de riqueza extrema, percebeu que havia passado de um conjunto de problemas que pareciam compreensíveis a qualquer um para um novo conjunto, que poderiam parecer ridículos para a maioria das pessoas. Os novos problemas não dizem respeito a necessidades básicas, como garantir comida e teto para a família, mas remetem a sua identidade, quem você é, quem quer ser e assim por diante. O dinheiro resolve problemas financeiros, mas não resolve nada além disso, por si só.

A questão é a seguinte: a riqueza financeira não resolve seus problemas; ela simplesmente muda os tipos de problema que você enfrenta. As questões mais importantes e fundamentais da sua vida vão continuar a existir, não importa o nível que alcançar. Depende inteiramente de você determinar como aproveitar a riqueza financeira que construiu para criar e aumentar outros tipos de riqueza — tempo, social, mental e física — à medida que procura construir uma vida de riqueza em sua plenitude.

Por fim, é importante observar que os níveis de riqueza financeira são totalmente individuais, pois são um subproduto de suas expectativas — as necessidades, os prazeres e o estilo de vida que você deseja ter. Tratam-se de um subproduto da sua definição do que é "suficiente". Isso significa que as cifras necessárias para atingir qualquer nível são exclusivamente suas.

Se adotar o modelo simples — focar a geração de renda, o gerenciamento de despesas e o investimento no longo prazo —, seguindo fiel à sua definição pessoal do que é suficiente, você estará no caminho certo para escalar os cinco níveis de riqueza financeira. Estabelecida uma compreensão dos pilares e níveis, podemos seguir para o guia de riqueza financeira, que fornece ferramentas e sistemas específicos para construir esses pilares e cultivar uma vida de riqueza financeira.

30.

O guia da riqueza financeira

Sistemas para o sucesso

O GUIA DA RIQUEZA FINANCEIRA a seguir apresenta sistemas específicos de alta alavancagem para construir cada um dos pilares de uma vida de riqueza financeira. Não se trata de um modelo único para todas as pessoas, e você não deve se sentir obrigado a ler cada um deles. Folheie e selecione os que parecerem mais relevantes e úteis para você.

Ao avaliar e executar os sistemas para o sucesso trazidos pelo guia, use suas respostas para cada declaração do teste do placar da riqueza financeira para concentrar seu foco nas áreas que demandam maior progresso (aquelas em que você respondeu *discordo totalmente*, *discordo* ou *neutro*).

1. Tenho uma definição objetiva do que significa ter o *suficiente* do ponto de vista financeiro.
2. Tenho uma renda que cresce em uma constante acompanhando minhas habilidades e meus conhecimentos.
3. Gerencio minhas despesas mensais para que fiquem abaixo da minha renda.
4. Tenho um processo claro para investir a renda mensal excedente com rendimentos compostos no longo prazo.
5. Uso minha riqueza financeira como uma ferramenta para construir outros tipos de riqueza.

Algumas antimetas mais comuns para evitar em sua jornada pela riqueza financeira:

- focar minha busca por metas financeiras à custa dos outros tipos de riqueza;
- permitir que minha definição de vida suficiente se inflacione de maneira subconsciente;

Eis oito sistemas comprovados para a construção de riqueza financeira:

1. Como definir sua vida suficiente: encontrando seu *lagom* — 341
2. Estratégias para riqueza financeira que eu gostaria de saber aos 22 anos | Geração de renda — 343
3. Sete conselhos de carreira que eu gostaria de receber quando estava começando | Geração de renda — 347
4. Seis meta-habilidades comercializáveis para construir um futuro de alta renda | Geração de renda — 350
5. Os sete princípios básicos do gerenciamento de despesas | Gerenciamento de despesas — 352
6. Os oito melhores ativos de investimento para criação de riqueza no longo prazo | Investimento de longo prazo — 354
7. O espectro do retorno sobre o incômodo | Investimento de longo prazo — 360
8. O maior investimento do mundo | Investimento de longo prazo — 362

Como definir sua vida suficiente: encontrando seu *lagom*

A vida *lagom* é a vida suficiente — aquela que você tem a quantidade certa de riqueza financeira para viver seus dias ideais. Infelizmente, para a maioria das pessoas, ela tende a existir apenas no abstrato, propensa à inflação subconsciente que tanto atrapalha sua realização e felicidade. Alguns anos atrás, para evitar me tornar vítima disso, defini minha vida suficiente. Passei de uma abstração para uma imagem vívida e nítida em minha cabeça.

Eis os tópicos que utilizei para definir minha vida suficiente:

- Onde você mora? É uma casa, um apartamento ou outro lugar? Que características específicas você ama no lugar onde mora? Você passa todo o seu tempo em um só lugar ou mora em lugares diferentes?

- Com quem mora? Está perto ou longe da família?

- O que costuma fazer em uma terça-feira comum? Em que gasta seu tempo? No que trabalha? No que fica pensando?

- Que bens materiais você tem? Quais são os objetos ou posses que de fato trazem alegria à sua vida? Em que você tem a flexibilidade e liberdade para gastar dinheiro?

- Como é o seu perfil financeiro? Que quantia viabiliza essa vida? Qual a sua reserva financeira? Quanto ganha, economiza e investe a cada mês? Qual o tamanho da sua reserva de emergência?

Sente-se e escreva suas respostas. Lembre-se de que se trata de um exercício pessoal. Sua vida suficiente é individual e não está sujeita ao julgamento dos outros. A vida suficiente de uma pessoa pode envolver várias casas de luxo para receber familiares e amigos, enquanto a de outra pode ser simplesmente a liberdade de tirar duas férias por ano com a família.

Assim como no caso do *dharma*, sua vida suficiente não precisa ser grandiosa ou impressionante — deve apenas ser sua.

Se for casado ou tiver um parceiro de vida, vocês devem conduzir o exercício de maneira individual e depois comparar as respostas juntos. Minha esposa e eu transformamos isso em um encontro (o que foi bastante divertido!).

Depois de ter uma imagem nítida e vívida de sua vida suficiente, você pode usá-la como uma ferramenta para planejar:

- Qual é a distância da sua realidade atual para a futura?
- Quais são as principais etapas e ações necessárias para diminuir com essa distância?

O exercício da vida suficiente pode ser realizado em intervalos de alguns poucos anos. É bem provável que sua definição de "suficiente" aumente com o tempo, à medida que sua realidade se aproxima da sua definição anterior. Isso é algo esperado. O objetivo é apenas que esse movimento ascendente seja consciente e capaz de ser mensurado e monitorado, e não se torne um movimento subconsciente que saia do seu controle.

Sua vida *lagom* está à espera — defina, imagine e comece a trabalhar para construí-la.

Estratégias para a riqueza financeira que eu gostaria de saber aos 22 anos

Esta é uma colaboração com Ramit Sethi, autor dos best-sellers *Como ficar rico* e *Money for Couples*, e apresentador da popular série da Netflix *Como ficar rico*.

1. Frugalidade, de forma simples, é escolher as coisas que você ama o suficiente para gastar com extravagância — e então cortar sem piedade as despesas com o que você não ama.

2. Faça perguntas de 30 mil dólares, e não perguntas de 3 dólares. Ficamos obcecados com pequenas decisões financeiras que não fazem diferença real em nossa vida. Elas nos mantêm ocupados e limitados. A quantidade que você gasta no café não mudará sua vida, mas o foco em perguntas de 30 mil dólares, sim. Concentre-se nos custos de investimentos, alocação de ativos, negociação de salários, juros de financiamento imobiliário e juros de empréstimos para estudantes. Essas perguntas de 30 mil dólares farão a diferença no longo prazo.

3. Sempre tenha de seis a doze meses de reserva de emergência em dinheiro. Quando os tempos estiverem bons, trabalhe duro e depressa para reservar esses fundos de emergência. Essa ação por si só já vai aliviar grande parte da angústia que você sente ao pensar em dinheiro.

4. Crie uma regra para poupar uma porcentagem específica e investir uma porcentagem específica da sua renda anual bruta. Defina um depósito automático em contas nessas porcentagens para que você cumpra com o planejamento. Minha regra é poupar 10% e investir 20%, mas você pode começar em 5 e 10% (ou qualquer valor que achar melhor).

5. Gaste apenas o que tem. Evite acumular juros de dívidas no cartão de crédito. Trate seu cartão como de débito — pense que o

dinheiro está saindo de sua conta bancária quando você passa o cartão pela maquininha. Pague a fatura por inteiro todos os meses.

6. Sempre planeje com antecedência. Pessoas ricas sempre planejam antes de precisar planejar.

7. Compre a melhor qualidade possível e mantenha pelo maior tempo possível. Às vezes, comprar barato acaba sendo caro e gastar um pouco (ou muito) mais pela qualidade garante economia de dinheiro no fim das contas. Por exemplo, gosto de comprar eletrônicos de ponta porque duram mais, roupas mais sofisticadas porque não rasgam com tanta facilidade e câmeras de ponta por sua confiabilidade. Alguns desses itens podem ser passados adiante por gerações.

8. Trate tudo como um teste. Quando assinei um novo plano de celular, escolhi o mais caro e defini um lembrete de calendário para conferir em três meses. Durante esse período, registrei meu uso e então reduzi meu plano de acordo com isso. Você deve fazer isso com tudo: sua TV a cabo, Netflix, mensalidades de academia, revistas e assinaturas on-line. A melhor época para fazer isso é o mês antes da renovação. Dessa forma, você mantém tudo sob controle. Você terá tempo de sobra para revisar suas opções e decidir se deve trocar ou não de serviço. E, como a empresa vai desejar mantê-lo como cliente (lembre-se, o custo da aquisição do cliente em geral chega a centenas de dólares), é mais provável que eles ofereçam o que você pedir.

9. Seja frugal consigo mesmo e generoso com os outros.

10. Se uma oportunidade financeira ou de investimento parecer boa demais para ser verdade, parta desse pressuposto. Lembre-se: não existe almoço grátis.

11. Ok, mas os fundos de índice são mesmo um almoço grátis. Custos mais baixos, melhores retornos, impostos mais baixos, nenhum esforço, menos risco. Eu recomendo deixar pelo menos 90% do seu portfólio em fundos de índice.

12. Se alguém usa um monte de palavras sofisticadas e jargões para tentar vender uma oportunidade financeira ou de investimento, não compre. Fuja o mais rápido que puder.

13. Mantenha investimentos no mercado de ações. É muito fácil entrar em pânico e vender ações sempre que há uma grande queda no mercado. No entanto, a venda de suas ações na menor queda ou quando estão em baixa pode ser a pior decisão financeira que você pode tomar. Pare de tentar fazer market timing. Crie um depósito direto automatizado para uma pequena quantia em uma conta de investimento todos os meses. Nunca olhe a conta. Não preste atenção nela. Um investimento mensal de 100 dólares no S&P 500 nos últimos dez anos valeria cerca de 20 mil hoje. Deixe os juros compostos fazerem o seu trabalho.

14. Dê mais gorjetas nas férias. Dê um pequeno presente de férias a qualquer trabalhador da indústria de serviço que você encontra com frequência (entregadores, garis, zeladores etc.). É algo muito apreciado por aqueles que estão recebendo e uma maneira simples de espalhar algumas vibrações positivas nas férias.

15. Defina regras financeiras para si mesmo. Todos nós funcionamos de maneiras diferentes quando se trata de dinheiro. É muito difícil que exista alguma abordagem única para gastar, economizar e cortar despesas. Se você sabe que tem certo hábito ruim com dinheiro, defina uma regra que ajude a evitá-lo.

16. Negocie suas contas. É um fato pouco conhecido que você pode negociar muitas de suas contas com uma ligação telefônica. De fato, você pode economizar centenas por mês em seu seguro de carro, plano de celular, mensalidade de academia (menos provável, mas ainda possível), TV a cabo, cartões de crédito. Também é simples. Há apenas três coisas que você precisa fazer para negociar custos e taxas com essas empresas: ligue para elas; diga: "Sou um ótimo cliente e odiaria ter que deixar seu serviço por causa de uma simples questão de dinheiro"; e pergunte: "O que você pode fazer para que eu reduza meus custos?" Funciona.

17. Siga a regra dos trinta dias para economizar dinheiro. Tire trinta dias para pensar sobre quaisquer compras não essenciais ou por impulso, antes de realizá-las. Quando os trinta dias acabarem, se você ainda quiser fazer a compra, fique à vontade para seguir em frente!

18. Seja um consumidor consciente, e não uma pessoa mesquinha. Pessoas mesquinhas se preocupam com o custo de algo. Consumidores conscientes se preocupam com o valor de algo. Pessoas mesquinha tentam conseguir o preço mais baixo em tudo. Consumidores conscientes tentam conseguir o preço mais baixo para a maioria das coisas, mas estão dispostos a gastar mais em itens com os quais de fato se importam.

19. Lute pela simplicidade em suas finanças. Quanto mais bem-sucedido você se tornar com dinheiro, mais precisará lutar para manter a simplicidade das suas finanças. Ao manter o simples, você consegue assumir o controle do seu dinheiro e ganha poder nas suas decisões.

20. A maneira como você se sente sobre dinheiro não se correlaciona com o valor em sua conta bancária. Muitos de nós acreditamos que, se tivéssemos apenas 1.000 dólares a mais, ou 10 mil, ou até 100 mil, não teríamos mais preocupações com dinheiro e enfim nos sentiríamos bem em relação a ele. Más notícias: nenhuma quantia mudará a maneira como você se sente sobre dinheiro. Para se sentir bem, você precisa (a) conhecer seus números e (b) melhorar a psicologia da sua relação com o dinheiro, esbanjando com o que você se importa (e pagando o mínimo possível pelo que não importa).

Sete conselhos de carreira que eu gostaria de receber quando estava começando

Pilar: geração de renda

Dar conselhos de carreira é algo que muitas vezes não funciona. Como Derek Thompson, redator da revista *Atlantic*, observou certa vez: "Com trabalhadores em milhares de ocupações em centenas de setores, dizer algo que seja útil para todos eles é praticamente impossível. O conselho mais comum é quase sempre muito pessoal para ser aplicado a todos." Os conselhos em geral sofrem de uma armadilha de especificidade. Essa especificidade é o problema real: seu mundo é muito diferente do de quem está oferecendo o conselho, então você não consegue aplicar o mesmo protocolo ou as mesmas etapas para chegar ao mesmo resultado.

Assim, os melhores conselhos oferecem princípios, ideias e estruturas gerais que você pode tomar, moldar e aproveitar à sua maneira. Dessa forma, decidi sintetizar os conselhos que gostaria de receber no início da minha carreira (ou o que diria ao meu filho se ele estivesse começando agora).

Todos os itens da lista são:

1. aplicáveis em diferentes áreas e trajetórias de carreira;
2. úteis e relevantes em todas as fases e todos os estágios de sua carreira.

Aqui estão sete conselhos de carreira que eu gostaria de receber quando estava começando:

CRIE E RECEBA VALOR

O sucesso financeiro é um subproduto da quantidade de valor que você cria para quem está ao seu redor. As pessoas mais ricas do mundo têm bilhões de dólares, mas cada uma delas criou dezenas ou centenas de bilhões de dólares em valor e simplesmente capturou uma pequena parte. Se você deseja ganhar muito dinheiro, pare de se concentrar em seus investimentos, no seu plano, em sua estratégia e comece a se concentrar em como criar um imenso valor para todos ao seu redor. Se você fizer isso, o dinheiro virá junto.

ENGOLIR SAPOS

> "Se o seu trabalho for engolir um sapo, melhor fazer isso logo pela manhã. E se o seu trabalho for engolir dois sapos, melhor engolir o maior primeiro."
> — MARK TWAIN

Para Mark Twain, o sapo é o que você não quer fazer. Ao engoli-lo logo pela manhã, você ganha impulso por já ter feito a coisa mais difícil. Essa ideia oferece um dos melhores macetes para avançar no início de sua carreira: engolir o sapo pelo seu chefe. Observe sua chefe e descubra o que ela odeia fazer, aprenda a fazer e tire isso do prato dela (engula o sapo). Essa é uma maneira objetiva de agregar valor, obter uma vitória e ganhar impulso.

FAÇA BEM AS COISAS ANTIQUADAS

Em um mundo que perdeu de vista o básico, há coisas simples que ainda se destacam. Alguns exemplos: olhe para as pessoas nos olhos, faça o que você disse que faria, chegue na hora certa (ou antes!), pratique manter uma boa postura, tenha um aperto de mão confiante, segure a porta, seja gentil (nunca fofoque!). Pode parecer bobo, mas essas coisas são gratuitas, estão sob o seu controle e nunca sairão de moda.

TRABALHE DURO PRIMEIRO, TRABALHE DE FORMA INTELIGENTE DEPOIS

Nos últimos anos, tornou-se moda dizer que trabalho duro é superestimado e que trabalhar com inteligência é tudo o que importa. Errado. Se você deseja realizar algo significativo, precisa começar pelo trabalho árduo. Construa uma reputação de trabalho duro — e tenha orgulho disso. Então você pode começar a criar alavancagem para trabalhar de forma inteligente. A alavancagem é conquistada, e não encontrada por acaso. Quando você está começando, não deve focar essa alavancagem. Você deve se concentrar em criar valor em todo e qualquer lugar. Trabalhe duro agora, e de forma inteligente depois. Conquiste a sua alavancagem.

DESENVOLVA HABILIDADES NARRATIVAS

Pelo privilégio de ter passado um tempo com alguns líderes incríveis, tenho uma observação: os CEOs que mudam o mundo não são as pessoas mais inteligentes da empresa; são excepcionais em agregar dados e comunicá-los de maneira simples e eficaz. Entram os dados, sai uma história. Se você puder desenvolver essa habilidade de criar narrativas, isso sempre será algo valioso.

CONSTRUA UMA REPUTAÇÃO DE QUEM SOLUCIONA PROBLEMAS

Em todas as etapas de sua carreira, você vai receber muitas tarefas que não terá ideia de como concluir. A síndrome do impostor irá inevitavelmente aparecer — você se perguntará como pode fazer aquilo que nunca fez antes (que dirá fazer bem!). Não há nada mais valioso do que alguém que consegue simplesmente descobrir como fazer. Faça as perguntas-chave, trabalhe um pouco e resolva. Se fizer isso, as pessoas vão lutar por você.

APROVEITE TODAS AS PORTAS ABERTAS

Se alguém abrir uma porta que possa apresentar uma oportunidade, não perca tempo. Não importa se a abertura é a oportunidade que você deseja ou não. Torne-se útil agora, e as oportunidades que mais motivam você vão surgir mais tarde. Toda grande história começa com uma pequena abertura. Observe e entre.

Em sua carreira, sempre haverá muita coisa que parece desconfortável por estar fora do seu controle. Contudo, como em tudo na vida, se você concentrar sua atenção e energia no que está sob seu controle, sempre será melhor. Onde quer que esteja na jornada de sua carreira, se abraçar esses sete conselhos, você estará no controle do que importa. Faça isso, e garanto que você encontrará uma maneira de vencer.

Seis meta-habilidades comercializáveis para construir um futuro de alta renda

Pilar: geração de renda

Na seção anterior, apresentei um modelo básico para estabelecer um mecanismo de renda consistente:

1. construir habilidades comercializáveis;
2. aproveitar as habilidades comercializáveis para convertê-las em renda.

Esse modelo é aplicável de forma ampla: seja você um recém-formado apenas começando, seja um profissional experiente no fim da carreira, para estabelecer e construir um mecanismo de renda, siga esse modelo básico.

As meta-habilidades são as habilidades comercializáveis fundamentais, sobre as quais outras habilidades podem ser desenvolvidas. As meta-habilidades mais úteis são aquelas que podem ser aproveitadas em todo o espectro de risco — de um emprego principal de menor risco, baseado na troca de tempo por dinheiro, a um trabalho volátil e de maior risco — em diversos possíveis empreendimentos geradores de renda.

Eis algumas das meta-habilidades mais valiosas a serem consideradas:

- VENDAS: a capacidade de vender um produto, serviço, uma visão ou a si mesmo é uma meta-habilidade para a vida. A venda está no centro da maioria das histórias de sucesso.
- STORYTELLING: a capacidade de agregar dados e formular uma narrativa objetiva e concisa. Isso se aplica em áreas funcionais e é essencial para uma variedade de carreiras, incluindo os caminhos estáveis e tradicionais, como medicina, direito e finanças.
- DESIGN: em um mundo em que a inteligência artificial vai direcionar grande parte da ação, os critérios e as preferências do design aumentarão em importância. A capacidade de orientar a IA

(e os humanos) a produzir uma ideia de design bela e coerente será essencial em muitas indústrias.

- ESCRITA: você não consegue escrever com objetividade se não está pensando da mesma forma. Escrever nos obriga a praticar um discernimento de pensamento que é útil em qualquer grande empreendimento. A capacidade de transmitir ideias em linguagem simples e concisa é uma meta-habilidade que vai agregar valor em todas as áreas.

- ENGENHARIA DE SOFTWARE: nosso mundo é cada vez mais controlado por bits e bytes. Aqueles que entendem desse mundo estarão mais bem posicionados para prosperar. A capacidade de aproveitar a IA para acelerar esforços é uma habilidade que todos os engenheiros de software precisarão desenvolver.

- CIÊNCIA DE DADOS: os dados estão se tornando o ouro da era moderna, uma moeda como nenhuma outra. A capacidade de analisar, filtrar, manipular e aproveitar esses dados será uma habilidade cada vez mais valiosa em um mundo orientado pela IA.

Não é o objetivo desta lista ser completa, mas cada uma dessas habilidades comercializáveis tem seu apelo, pois pode ser aproveitada para criar renda estável e crescente em um emprego principal e fluxos de renda secundária com potencial mais alto. Existem outras habilidades comercializáveis, como aquelas em torno da medicina, direito, finanças e outros serviços profissionais, que têm um forte potencial de renda mas que em geral estão confinadas a empregos principais únicos e estáveis, o que as deixa mais limitadas em termos de vantagens no longo prazo.

Se construir uma base sólida de meta-habilidades, você vai criar as condições para um futuro de alta renda.

Os sete princípios básicos do gerenciamento de despesas

Pilar: gerenciamento de despesas

Embora você não possa alcançar a liberdade financeira apenas economizando, uma receita crescente acompanhada de um gerenciamento disciplinado das despesas vai gerar grandes resultados no longo prazo. Uma gestão de despesas eficaz é essencial para a construção da liberdade financeira. A situação de cada pessoa é diferente, mas existem princípios básicos que se aplicam de forma universal.

Os sete princípios para um gerenciamento eficaz das despesas são os seguintes:

1. ESTABELEÇA UM ORÇAMENTO: ter um plano é o primeiro e mais importante passo em sua jornada para a liberdade financeira. Estabelecer e manter um orçamento mensal é um ótimo ponto de partida. Planeje suas despesas do mês e use um aplicativo ou ferramenta on-line (existem muitas opções gratuitas e pagas) para acompanhar seu desempenho. Inclua despesas e experiências regulares e construa uma reserva para itens inesperados. Gamifique sua gestão de despesas e tente chegar o mais próximo possível do orçamento que você planejou.

2. AUTOMATIZE A POUPANÇA: sempre poupe antes de gastar. Automatize sua poupança mensal com um depósito direto em uma conta específica para isso.

3. TRATE OS CARTÕES DE CRÉDITO COMO SE FOSSEM DINHEIRO: nunca entre no rotativo de seus cartões de crédito. Pague as faturas integralmente ao fim de cada mês. Trate todo o seu orçamento como entradas e saídas em dinheiro.

4. CRIE UMA RESERVA PARA TEMPOS DIFÍCEIS: ter uma rede de segurança de cerca de seis meses de despesas em dinheiro

é uma boa regra geral para as inevitáveis tempestades da vida. Priorize a criação e a manutenção desse fundo. Não mexa nele, a menos que seja de fato necessário.

5. INCLUA EXPERIÊNCIAS: ao estabelecer seu orçamento mensal, não se esqueça de levar em conta uma reserva para experiências e diversões. Jantar fora, ir ao cinema, viajar e assim por diante são todas despesas que devem ser levadas em consideração quando você avaliar o estilo de vida que deseja ter.

6. PLANEJE COM ANTECEDÊNCIA: grandes compras ou gastos nunca devem surpreendê-lo. Planeje com antecedência casamentos, férias, carros, custos de dívida etc. Se você planeja, consegue evitar incorrer em novas dívidas significativas (de cartão de crédito ou outras) quando grandes despesas surgirem.

7. GERENCIE AS EXPECTATIVAS COMO UM PASSIVO: expectativas que crescem mais rápido do que os ativos são a causa mais comum para as dificuldades financeiras. Monitore as expectativas do seu estilo de vida e garanta que não está deixando que essas expectativas inflacionem significativamente à medida que sua renda cresce. Evite os perigos da inflação do estilo de vida, sobretudo nos primeiros anos de sua jornada rumo à liberdade financeira, pois cada centavo investido mais cedo valerá mais no futuro.

Suas despesas vão mudar ao longo da vida. À medida que você acumula responsabilidades (incluindo parceiros e crianças), suas despesas vão crescer. Esta é uma suposição perfeitamente razoável (ainda mais considerando a inflação da economia).

Como regra geral, você deve garantir que sua renda cresça a uma taxa mais alta do que suas despesas. Isso vai criar uma margem para investimentos maior ao longo do tempo e levar a uma boa composição financeira e a um caminho acelerado rumo à independência financeira.

Se seguir esses sete princípios, conciliando-os a uma receita crescente e uma estratégia básica e cuidadosa de investimento de longo prazo, estará no caminho certo para a liberdade financeira.

Os oito melhores ativos de investimento para criação de riqueza no longo prazo

Pilar: investimento de longo prazo

No mundo financeiro moderno, as oportunidades de investimento são praticamente infinitas. A todo momento, você é apresentado ao melhor e mais recente instrumento financeiro com promessas de retornos incríveis e nenhum aumento significativo de risco. Cuidado com esses argumentos — como diz o ditado: não existe almoço grátis!

Em uma tentativa de trazer uma perspectiva mais equilibrada sobre as oportunidades de investimento mais atraentes para você, produzi este guia simples em colaboração com Nick Maggiulli, um autor e escritor de finanças cujo best-seller *Continue a comprar* explica em detalhes como economizar dinheiro e investir.

As oito classes de ativos cobertas são escolhidas por suas propriedades de geração de renda e criação de riqueza. Cada uma das classes de ativos fornece renda e composição de longo prazo. Classes de ativos como criptomoedas, arte e metais preciosos não estão incluídas, pois não fornecem potencial de renda ao investidor. A lista não tem a intenção de servir como recomendação, e sim como um ponto de partida para mais pesquisas. Sempre faça sua pesquisa antes de fazer investimentos.

ATIVO 1: AÇÕES

As ações são uma classe de ativos de fácil acesso que representam a propriedade nas empresas que as emitem. Historicamente, elas têm altas taxas médias de retorno (de 8% a 10%), são de fácil negociação e exigem pouca ou nenhuma manutenção. Também são caracterizadas por uma volatilidade significativa e podem registrar fortes oscilações no seu valor, por vezes desconectadas das mudanças nos fundamentos da empresa.

PRÓS:
- altas taxas históricas de retorno;

- facilidade de negociar;
- pouca manutenção.

CONTRAS:

- alta volatilidade;
- mudanças significativas de valor que podem estar desconectadas dos fundamentos da empresa.

ATIVO 2: TÍTULOS

Os títulos são empréstimos que emissores fazem a investidores, com pagamentos que devem ser realizados ao longo de períodos específicos. Os títulos variam muito quanto ao seu perfil de risco, a depender das características do emissor. Os títulos do Tesouro dos Estados Unidos são considerados de risco extremamente baixo devido à capacidade do governo de imprimir moeda. Eles têm uma taxa histórica de retorno médio mais baixa (2% a 4%), mas em geral oferecem um fluxo de renda consistente (dos pagamentos pelo emissor) e tendem a subir quando as ações caem.

PRÓS:

- baixa volatilidade em geral;
- alta segurança para o montante principal (em títulos de alta qualidade lastreados pelo governo).

CONTRAS:

- retorno total mais baixo, sobretudo após contabilizar a inflação.

ATIVO 3: INVESTIMENTO EM IMÓVEIS

Os investimentos em imóveis se referem a residências adquiridas com a intenção de gerar renda por meio de aluguel e ganhos pela valorização futura do valor da propriedade. A capacidade de garantir vantagens na compra (por meio de um financiamento) potencializa o retorno, o que significa que o retorno médio composto anual pode ser de 12% a 15%, a depender da localização e das condições de mercado. Esses retornos anuais médios mais altos são compensados pelos desafios operacionais de gerenciar um imóvel e inquilinos, e a baixa liquidez no ativo subjacente no caso de uma crise no mercado imobiliário.

PRÓS:

- potencial para altos retornos médios, dado o perfil da alavancagem;
- valor é aproveitado caso os imóveis sejam usados quando não estão alugados.

CONTRAS:

- alto potencial para dores de cabeça na gestão dos imóveis e dos inquilinos;
- baixa liquidez no caso de uma crise de mercado.

ATIVO 4: FUNDOS DE INVESTIMENTO IMOBILIÁRIO

Os fundos de investimentos imobiliários (FIIs no Brasil, ou REITs, seu similar nos Estados Unidos) são negócios que possuem e gerenciam propriedades imobiliárias e distribuem a receita das propriedades para seus acionistas com consistência. O investimento nesses fundos é considerado uma maneira eficiente do ponto de vista tributário, e uma forma menos complexa para investir em imóveis — os REITs, por exemplo, são obrigados a pagar o mínimo de 90% de sua receita tributável como dividendos aos investidores (95% no caso dos FIIs). Eles fornecem retornos anuais compostos médios altos de cerca de 10% a 12% e uma menor correlação em relação a ações em momentos de alta nos mercados. Historicamente, também apresentam volatilidade igual ou maior do que as ações e quedas significativas durante crises de mercado.

PRÓS:

- alta taxa histórica de retornos anuais médios;
- oferece exposição imobiliária com eficiência tributária sem as dores de cabeça ligadas ao gerenciamento das propriedades.

CONTRAS:

- alta volatilidade, comparável ou maior que o mercado de ações;
- quedas significativas durante crises de mercado.

ATIVO 5: TERRAS AGRÍCOLAS

As terras agrícolas vêm sendo historicamente uma fonte significativa de criação de riqueza, um ativo atraente e gerador de renda. Dado esse perfil, existem hoje plataformas que oferecem oportunidades aos investidores qualificados para comprarem participações parciais nas operações de terras agrícolas. Elas têm baixa correlação com os retornos de ações e títulos e baixa volatilidade geral devido à estabilidade do valor da terra, oferecendo proteção à inflação, pois seu valor tende a subir conectado às tendências mais amplas de preços de mercado. Investimentos em terras agrícolas tendem a ter baixíssima liquidez e em geral exigem comissões mais altas e status de certificação diferenciado.

PRÓS:

- baixa correlação com ativos tradicionais, baixo risco geral sobre o investimento principal;
- margem de garantia consistente contra a inflação.

CONTRAS:

- baixa liquidez;
- taxas mais altas e requisitos de certificação.

ATIVO 6: PEQUENAS EMPRESAS E STARTUPS

Aquisições e investimentos em pequenas empresas e startups se tornaram muito populares nos últimos anos. Elas oferecem o potencial de grandes retornos (potencial de 20% a 25%) e um ambiente em que o histórico de sucesso pode aumentar as chances de sucesso futuro, à medida que você se torna um alvo mais provável de novas oportunidades. Essa escolha também traz um compromisso de tempo significativo, em particular no caso de envolvimento ativo nas operações de pequenas empresas, bem como uma alta probabilidade de perda do montante principal investido.

PRÓS:

- grande potencial de retorno;
- sucesso gera sucesso.

CONTRAS:

- alto comprometimento de tempo;
- potencial significativo de fracasso e perda do montante principal.

ATIVO 7: ROYALTIES

Os royalties são os pagamentos feitos para o uso continuado de obras registradas ou proprietárias. Hoje, existem plataformas que combinam compradores e vendedores de fluxos de royalties, fornecendo a novos investidores acesso a esse mercado. Dependendo do perfil de risco, royalties podem trazer retornos anuais compostos médios de 5% a 20%, com baixa ou nenhuma correlação com ativos financeiros tradicionais e um fluxo de renda constante. As plataformas tendem a cobrar taxas mais altas e muitas exigem status de certificação para investir.

PRÓS:

- potencial para um fluxo de renda contínuo e retornos médios atraentes;
- baixa correlação com outros ativos financeiros.

CONTRAS:

- altas taxas e requisitos de certificação;
- potencial para mudanças repentinas do fluxo de renda devido a preferências e gostos.

ATIVO 8: SEUS PRODUTOS

Investimentos em seus produtos para gerar renda — físicos, digitais, serviços e similares — oferecem o potencial de um alto grau de controle e realização pessoal. Esses investimentos ocupam bastante tempo, sobretudo em seu início, e não oferecem nenhuma garantia de retornos futuros, sendo que a maioria tende a fracassar. Quando bem construídos, com o potencial de ganhos de escala sem grandes requisitos de tempo adicional, eles oferecem um grande potencial de retornos.

PRÓS:

- controle total e propriedade sobre os resultados;
- alto grau de realização pessoal;
- potencial para grandes retornos em caso de sucesso.

CONTRAS:

- compromisso de tempo significativo;
- alta probabilidade de fracasso.

Desenvolver uma consciência e uma compreensão sobre essas oito classes de ativos vai garantir a todo investidor uma forte base de conhecimento geral. Você não precisa investir nos oito tipos (eu invisto em apenas quatro!), mas o conhecimento o deixará mais preparado para atuar em diversas estratégias de investimento no futuro.

O espectro do retorno sobre o incômodo

Pilar: investimento de longo prazo

Consultores de investimento se concentram no perfil de retorno ajustado ao risco de um investimento, o que quer dizer os retornos médios esperados, dado o perfil de risco do investimento. Por exemplo, o investimento em uma startup pode oferecer oportunidades de valorização de dez a até cem vezes, mas também é algo muito arriscado. A maioria das startups fracassa e perde todo o capital investido. Por isso, o perfil de retorno ajustado ao risco de uma classe de ativos está mais alinhado a investimentos em índices de mercado.

O conceito de risco ajustado faz parte do cálculo que você deve fazer quando analisa investimentos de longo prazo nas classes de ativos da seção anterior, mas ele deixa de lado um componente-chave: escolher as classes de ativos certas para o seu portfólio significa selecionar aqueles ativos que fornecem acesso a retornos médios atraentes de forma ajustada ao risco, mas também em uma base ajustada ao seu incômodo.

Mitchell Baldridge, um conhecido contador e escritor, refere-se a um conceito que ele chama de "retorno sobre o incômodo" — a ideia de que o tempo e a energia associados a um investimento precisam ser considerados como parte da equação de retorno. Por exemplo, um investimento imobiliário multifamiliar que gera um retorno médio anual de 10% pode parecer um grande negócio, mas, se exigir que você gaste dez horas longe de sua família a cada fim de semana, se deslocando até o local, resolvendo problemas de manutenção e lidando com as dores de cabeça provocadas pelo inquilino, esse retorno anual de 10% pode não parecer tão atraente. Se você puder gerar um retorno médio anual de 7% com zero gasto de tempo e energia, comprando de forma automática e mantendo em sua carteira fundos de índice de mercado, outros potenciais investimentos de longo prazo devem ser comparados a isso. Se o provável retorno incremental exceder o valor dos requisitos de tempo e energia gastos, vale a pena considerar, mas, caso contrário, deve ser descartado.

Para ilustrar o argumento, podemos fazer referência a um gráfico de dados coletados por Nick Maggiulli, que mapeia diversos potenciais ativos para investimento de longo prazo listados na seção anterior, com base em seu risco de dificuldades/incômodos e sua expectativa de retornos anualizados.[11]

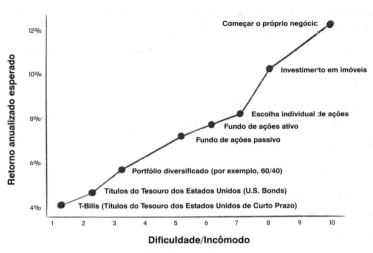

Fonte: Pesquisa "American Time Use, Our World In Data"

Iniciar o próprio negócio, que ocupa a parte superior direita do gráfico, oferece o tentador trio de alto risco, alto incômodo e alto retorno. O fascínio pelo controle, o "apostar em si mesmo", é atraente, mas não deve ser algo subestimado, pois a maioria das empresas fracassa em sua primeira década. Dito isto, os caminhos alternativos com menor risco para o empreendedorismo podem oferecer uma relação risco-retorno mais equilibrada para quem busca alcançar a independência financeira mais depressa.

Para a maioria das pessoas, a metade inferior desse espectro dificuldade/incômodo é o ponto ideal. A compra e a manutenção de um fundo de índice de mercado bem diversificado e de baixo custo traz o equilíbrio mais atraente entre os retornos garantidos e a energia exigida. Investimentos de longo prazo mais arriscados, como ações individuais e aquisição de imóveis, não devem ser cogitados sem uma compreensão nítida dos riscos de tempo e capital associados, bem como uma perspectiva racional sobre a "vantagem" que esses ativos específicos têm em relação ao mercado.

O maior investimento do mundo

Pilar: investimento de longo prazo

Quando eu estava na faculdade, meu pai compartilhou uma percepção que considero o melhor conselho de investimento que já recebi. Ele me disse para criar a regra de nunca pensar duas vezes quando o assunto for investir em si mesmo:

- livros, cursos e educação;
- boa forma;
- eventos de networking;
- comida de qualidade;
- saúde mental;
- desenvolvimento pessoal;
- sono.

Essa pode parecer uma lista de custos, mas todos os itens podem ser considerados investimentos que pagam dividendos para sua vida durante um longo tempo.

Como exemplo, quando comecei meu primeiro emprego, escolhi morar sozinho, e não com três colegas de apartamento. Olhando de fora, parecia uma decisão financeira tola — o custo mensal aumentaria duas vezes —, mas aquilo me deu espaço para traçar um foco e desfrutar de um relaxamento profundo. Acredito que o investimento se pagou com um crescimento acelerado na minha carreira dentro de um ano.

Nosso viés é subestimar o valor que esses investimentos têm. O custo financeiro é quantificável com muita facilidade, por isso o focamos e ignoramos os benefícios em outras áreas da vida. Contudo, se você avaliar os benefícios através das lentes dos outros tipos de riqueza — de tempo, social, mental e física —, vai conseguir encarar de maneira mais apropriada e tomar uma decisão melhor para o longo prazo.

Como regra geral: nunca pense duas vezes em fazer investimentos em si mesmo.

Pense duas vezes sobre as compras materiais. Experimente a regra de trinta dias: aguarde esse período para concluir o pedido. Se você ainda quiser, compre. Caso contrário, esqueça. Isso me economizou muito dinheiro em compras estúpidas por impulso que estariam pegando poeira. Invista em si mesmo aquilo que você poupou e duplique os ganhos.

Um truque para a vida: sempre invista em si mesmo — você nunca vai se arrepender.

31.

Resumo: riqueza financeira

Panorama da riqueza financeira

A GRANDE QUESTÃO: qual é a sua definição de suficiente?

OS TRÊS PILARES DA RIQUEZA FINANCEIRA:

- GERAÇÃO DE RENDA: crie uma renda estável e crescente por meio de um emprego principal, um secundário e fluxos de receita passivos.

- GESTÃO DE DESPESAS: gerenciar custos para que fiquem abaixo do seu nível de renda em um nível consistente, crescendo a uma taxa mais lenta.

- INVESTIMENTO DE LONGO PRAZO: invista a diferença entre sua receita e suas despesas em ativos de longo prazo que sejam eficientes e tenham baixo custo, para que cresçam com os juros compostos.

O placar da riqueza financeira: para cada afirmação abaixo, responda com 0 (discordo totalmente), 1 (discordo), 2 (neutro), 3 (concordo) ou 4 (concordo totalmente).

1. Tenho uma definição objetiva do que significa ter o *suficiente* do ponto de vista financeiro.
2. Tenho uma renda que cresce em uma constante acompanhando minhas habilidades e meus conhecimentos.

3. Gerencio minhas despesas mensais para que fiquem abaixo da minha renda.

4. Tenho um processo definido para investir a renda mensal excedente com rendimentos compostos no longo prazo.

5. Uso minha riqueza financeira como uma ferramenta para construir outros tipos de riqueza.

Sua pontuação de referência (0 a 20):

METAS, ANTIMETAS E SISTEMAS

Use a estrutura de definição de metas para calibrar sua bússola da riqueza financeira:

- METAS: que pontuação você deseja alcançar dentro de um ano? Quais são os dois ou três checkpoints que você precisará alcançar na sua jornada para chegar a essa pontuação?

- ANTIMETAS: quais são os dois ou três resultados que você deseja evitar?

- SISTEMAS DE ALTA ALAVANCAGEM: quais são os dois ou três sistemas do guia da riqueza financeira que você vai implementar para tornar seu progresso tangível, acumulando avanços rumo à sua meta de pontuação?

SEU INÍCIO EM UMA SEMANA

Use os princípios desta seção para realizar uma auditoria simples em seu ecossistema atual:

1. RECEITAS: quais são suas fontes atuais de entradas de caixa? Quão estáveis são essas fontes? Elas estão crescendo de maneira previsível? Você pode aumentar suas entradas de caixa por meio do desenvolvimento de novas habilidades ou melhor aproveitando as habilidades existentes?

2. **DESPESAS:** quão consistentes são suas saídas de caixa atuais? Os gastos se mantêm de maneira confiável abaixo das receitas? Suas despesas estão crescendo mais rápido que sua renda? Você tem um orçamento e um planejamento definidos? Caso contrário, crie um e acompanhe seu desempenho em relação a ele.

3. **INVESTIMENTOS DE LONGO PRAZO:** você tem uma estratégia definida para investir a margem existente entre suas entradas e saídas em instrumentos de longo prazo com rendimentos compostos? Caso contrário, crie uma conta de investimento em uma corretora de baixo custo e cogite definir um depósito automático recorrente.

Essa auditoria vai servir como uma boa base de referência inicial para construir sua riqueza financeira.

CONCLUSÃO

O salto de fé

NO INÍCIO DO FILME *A origem*, o suspense de ficção científica de Christopher Nolan, há uma cena em que o protagonista, interpretado por Leonardo DiCaprio, enfrenta uma decisão de vida ou morte ao escolher confiar ou não em um possível novo contratante e aceitar ou não o desafio oferecido a ele. É um desafio que envolve a mais alta aposta possível: a oportunidade de voltar para sua casa e seus filhos, a quem ele já não vê há anos.

O contratante, interpretado por Ken Watanabe, parece sentir o desejo do outro por aventura, e apresenta uma única e poderosa questão:

"Você quer dar um salto de fé? Ou se tornar um homem velho, cheio de arrependimentos, esperando para morrer sozinho?"

Minha vida — toda a minha história — é resultado de um salto de fé.

Enquanto me sento aqui e escrevo as páginas finais deste livro, anos depois que seu conceito surgiu, fico impressionado com o quanto estas ideias mudaram minha vida e meu mundo:

Construí um próspero ecossistema de negócios com um grupo de líderes e operadores maravilhosos. Crio conteúdo que influencia de maneira positiva milhões de assinantes e seguidores em todo o mundo a cada semana. Projetei uma rotina consistente de saúde e bem-estar que deixaram minha aparência e meu desempenho melhores do que nunca. Tenho flexibilidade e controle sobre meu tempo para buscar oportunidades de criação de energia. Sinto um profundo senso de propósito e crescimento no meu dia a dia.

Entretanto, acima de tudo, tenho minhas pessoas por perto. São 6h30 da manhã agora. Posso ouvir meu filho de 2 anos rindo do outro lado da porta do meu escritório, sendo incentivado, sem dúvida, pela minha esposa. Quando eu abrir a porta, ele vai correr e nos puxar para um de seus abraços em família favoritos. Hoje de manhã, estamos arrumando nossas malas para fazer uma curta viagem de carro até Boston, onde passaremos alguns dias com nossos pais, nossas mães, nossos irmãos e nossas irmãs. Essas visitas, que antes eram anuais, agora são frequentes. Nossa decisão de deixar nossa vida estável na Califórnia e cruzar o país propagou essa onda de risadas, amor e memórias. A partir desse movimento, nossa família enfrentou desafios imprevisíveis, preocupações com a saúde e tristezas, mas o ponto importante é que encaramos tudo isso juntos.

Encontrei minhas pessoas — e pretendo valorizá-las até meu último suspiro.

Então, ao encerrar este livro, sinto uma imensa gratidão. Estou vivendo a vida dos meus sonhos porque abracei uma maneira melhor de fazer as coisas — mensurei o certo, adotei as ações corretas e alcancei os resultados assertados. Abracei as ideias de *Os 5 tipos de riqueza*. Tenho certeza de que deixei de ganhar dinheiro saindo da carreira em que estava, mas, da forma que encaro a situação, sou o homem mais rico na face da Terra.

Agora é hora de você fazer o mesmo.

Mensure, tome decisões e projete sua nova vida em torno desses 5 tipos de riqueza:

- Riqueza de tempo
- Riqueza social
- Riqueza mental
- Riqueza física
- Riqueza financeira

Meça sua vida em todos os pilares de uma existência feliz e gratificante. Defina sua pontuação-base de riqueza como referência e retorne a ela todos os anos para avaliar seu progresso e as áreas em que existem oportunidades. Prepare-se para a guerra, e você nunca a perderá de vista em meio ao caos das batalhas.

Tome decisões levando em conta todos os 5 tipos de riqueza. Em vez de se concentrar de forma limitada na riqueza financeira, avalie cada decisão com base em seu impacto em todos os 5 tipos. Quando estiver pensando em uma mudança, avalie o impacto da decisão sobre seu tempo, seus relacionamentos, seu propósito e seu crescimento. Quando estiver pensando em se mudar, pense nos efeitos sobre seus entes queridos e sua saúde. Ao avaliar um grande investimento ou uma grande compra, reflita sobre o impacto que pode ter sobre sua liberdade e seu estado mental. As decisões mais importantes são mais bem tomadas tendo em mente o espectro completo da sua vida.

Projete a vida dos seus sonhos dentro de cada fase e ao longo das próximas. Use este novo modelo para projetar sua vida de forma proativa, considerando suas mudanças de prioridades e permitindo se concentrar em certas batalhas sem sacrificar sua vitória na guerra de longo prazo. Viva com discernimento, avaliando as escolhas e trocas que está ou não disposto a fazer para construir a vida que deseja.

Você tem as ferramentas. Tem a informação. Só falta um elemento...

Você quer dar um salto de fé?

AGRADECIMENTOS

SIR ISAAC NEWTON é detentor da famosa frase: "Se eu vi além, foi por me apoiar sobre os ombros de gigantes." Compartilho desse sentimento: este livro só foi possível pela amável compreensão e o apoio de uma longa lista de gigantes incríveis que me ofereceram seus ombros. Gostaria de dedicar um momento para reconhecê-los aqui, embora as palavras nunca façam jus à minha gratidão.

Em primeiro lugar, minha esposa, Elizabeth, que é sem dúvida a pessoa mais incrível que tive o prazer de conhecer. Ao longo desse processo, ela foi uma interlocutora, parceira de debates intelectuais, a voz da verdade e diretora criativa (suas habilidades de design inclusive contribuíram para a bela capa, o que me deixou emocionado!). Ainda mais impressionante, ela fez tudo isso sendo uma mãe presente e amorosa para o nosso filho, Roman. Acredito muito que a escolha de quem será seu parceiro na vida é a decisão mais importante de todas — bem, todos os dias me considero abençoado por ela ter me escolhido.

Meu pai e minha mãe, que aliaram suas altas expectativas a um forte apoio, uma combinação que sempre me permitiu aspirar a alcançar novos patamares, amplificar meu impacto e sonhar alto. O amor deles é o fundamento de tudo na minha vida, e sou eternamente grato por isso.

Minha irmã, Sonali, que sempre foi um ótimo exemplo e me mostrou o que era possível. Depois de anos afastados pela diferença de idade, nos encontramos na mesma fase da vida, e mal posso esperar para ver nosso relacionamento continuar florescendo (Bloom, nosso sobrenome, que significa "florescer" em inglês!) nas próximas décadas.

Minha segunda família, os Gordon — Mary, Steve, Mara e Samantha —, cujo apoio a Elizabeth, Roman e a mim é inabalável.

Minha equipe, que tornou este livro possível. Blake Burge, meu canivete suíço, que nunca assumiu uma tarefa sem positividade e gosto pelo trabalho. É o tipo de cara que você sempre vai querer ao seu lado. Matt Schnuck, um parceiro e amigo de ideias, que leu e revisou grandes partes deste livro e ajudou a criar o planejamento para ampliar seu impacto. Christian DiMonda, que criou os estilos visuais bonitos e simples que melhoraram as palavras ao longo do texto. A OffMenu Design, minha parceira de design, que criou o belo site e os recursos on-line do livro. Hunter Hammonds, Lucas Gabow, Holly Felicetta, Jess Barber, Sy Santos e Shane Martin, que contribuíram cada um de sua maneira única.

Meus mentores, conselheiros e amigos, que sempre me fizeram pensar mais alto, mas me mantiveram com os pés no chão ao longo do caminho.

Meus colaboradores, incluindo Susan Cain, Arthur Brooks, Ramit Sethi, Ben Bruno e Nick Maggiulli, por terem sido tão generosos com seu tempo e suas ideias. A experiência de vocês trouxe mais riqueza à qualidade deste livro e às ações trazidas pelos seus guias.

Todas as pessoas incríveis que me deram o privilégio de poder contar suas histórias, dos que foram nomeados — Alexis Lockhart, Erik Newton, Dave Prout, Rohan Venkatesh, Hank Behar, Phyllis Behar, Dan Go, Vicki Landis, Kevin Dahlstrom, Greg Sloan, Marc Randolph e Bryan Johnson — até aqueles que preferiram permanecer anônimos. As centenas, talvez até milhares, de conversas trouxeram uma incrível alegria e sabedoria para a minha vida e para as páginas deste livro. Fico emocionado por poder compartilhar suas histórias.

Minha editora, Mary Reynics, que foi a parceira perfeita para esse empreendimento. Em todas as etapas do processo, seu pensamento crítico e sua pressão avaliativa aumentaram a qualidade do resultado. Quando nos conhecemos durante o processo de negociações para o livro, em 2022, senti que faríamos uma grande parceria — e eu estava certo. Ela é especial.

Minha agente literária, Pilar Queen, que acreditou nas minhas ideias desde o início. Quando nos conhecemos, ela disse "Olha, vou ser sincera com você", e meu coração parou, esperando o que viria a seguir. Então ela falou "Eu amei", e meu coração se encheu de confiança. Sua crença significava tudo para mim naquele momento, assim como agora.

E, por fim, a todos vocês, meus leitores, que me dão energia para escrever todos os dias. Considero a maior honra do mundo ter a oportunidade de fazer isso para viver, e não menosprezo esse fato. Obrigado por me dar esta grande oportunidade. Obrigado, obrigado, obrigado.

Sahil Bloom, dezembro de 2024, Nova York

NOTAS

PRÓLOGO: A JORNADA DE UMA VIDA

1. DE LA FONTAINE, J. "The Astrologer That Tumbled into a Well", em DENIS, C., *Fábulas Selecionadas* (TONSON, J.; Tonson, R.; DRAPER, S., 1754).

CRIANDO A VIDA DOS SEUS SONHOS

1. BROOKS, A. C. "How to Buy Happiness", *The Atlantic*, 15 abr. 2021. Disponível em: https://www.theatlantic.com/family/archive/2021/04/money-income-buy-happiness/618601/.
2. PINSKER, J. "The Reason Many Ultrarich People Aren't Satisfied with Their Wealth", *The Atlantic*, 4 dez. 2018. Disponível em: https://www.theatlantic.com/family/archive/2018/12/rich-people-happy-money/577231/.
3. ELKINS, K. "Warren Buffett Simplifies Investing with a Baseball Analogy", *CNBC*, 2 fev. 2017. Disponível em: https://www.cnbc.com/2017/02/02/warren-buffett-simplifies-investing-with-a-baseball-analogy.html.

RIQUEZA DE TEMPO

1. O conjunto de dados que descobri foi uma compilação criada pelo Our World in Data, um site especializado em visualização de dados, que utilizou a "Pesquisa American Time Use" de 2009 a 2019 e criou uma visualização ampla da forma como gastamos nosso tempo ao longo do curso da vida. Eles segmentaram os gráficos por tempo com família, amigos, parceiros, filhos, colegas de trabalho e sozinhos. Veja ORTIZ-OSPINA, E.; GIATTINO, C.; ROSER, e M. "Time Use", Our World in Data, 29 fev. 2024. Disponível em: https://ourworldindata.org/time-use.
2. URBAN, T. "The Tail End", *Wait but Why* (blog), 11 dez. 2015. Disponível em: https://waitbutwhy.com/2015/12/the-tail-end.html.

3. FERRISS, T. "Sam Harris (#342)", *The Tim Ferriss Show* (podcast), 31 out. 2018. Disponível em: https://tim.blog/2018/10/31/the-tim-ferriss-show-transcripts-sam-harris-342/.
4. DATTANI, S. *et al.* "Life Expectancy", Our World in Data. Disponível em: https://ourworldindata.org/life-expectancy.
5. LEROY, S. "Why Is It So Hard to Do My Work? The Challenge of Attention Residue When Switching Between Work Tasks", Organizational Behavior and the Human Decision Processes 109, nº 2 (jul. 2009): 168–81.
6. NEWPORT, C. "A Productivity Lesson from a Classic Arcade Game", *Cal Newport* (blog), 6 set. 2016. Disponível em: https://calnewport.com/a-productivity-lesson-from-a-classic-arcade-game/.
7. "Three-Quarters of Parents Too Busy to Read Bedtime Stories", *Telegraph*, 27 fev. 2009. Disponível em: https://www.telegraph.co.uk/women/mother-tongue/4839894/Three-quarters-of-parents-too-busy-to-read-bedtime-stories.html.
8. VOHRA, R. "The State of Your Inbox in 2021: Email Burnout and Browsing in Bed", *Superhuman* (blog), 20 abr. 2021. Disponível em: https://blog.superhuman.com/the-state-of-your-inbox-in-2021/.
9. SEPPÄLÄ, E. "Three Science-Based Reasons Vacations Boost Productivity", *Psychology Today*, 17 ago. 2017. Disponível em: https://www.psychologytoday.com/us/blog/feeling-it/201708/three-science-based-reasons-vacations-boost-productivity.
10. WHILLIANS, A. "Time for Happiness", *Harvard Business Review*, 4 jan. 2019. Disponível em: https://hbr.org/2019/01/time-for-happiness.
11. ANDREESSEN, M. "Pmarca Guide to Personal Productivity", *Pmarchive*, 4 jun. 2007. Disponível em: https://pmarchive.com/guide_to_personal_productivity.html.
12. FERRISS, T. "James Clear, Atomic Habits", *The Tim Ferriss Show* (podcast), 6 jan. 2023. Disponível em: https://tim.blog/2023/01/06/james-clear-atomic-habits-transcript/.

RIQUEZA SOCIAL

1. SMITH, E.E. "Social Connection Makes a Better Brain", *The Atlantic*, 29 out. 2013. Disponível em: https://www.theatlantic.com/health/archive/2013/10/social-connection-makes-a-better-brain/280934/.
2. MILLER, M. "What Makes a Good Life?", *Six Seconds* (blog), 19 abr. 2021. Disponível em: https://www.6seconds.org/2021/04/19/harvard-grant-study/.

3. MURTHY, V.H. "Our Epidemic of Loneliness and Isolation", U.S. Surgeon General's Advisory, 2 maio 2023. Disponível em: https://www.hhs.gov/sites/default/files/surgeon-general-social-connection-advisory.pdf.

4. KANNAN, V.D.; VEAZIE, P.J. "US Trends in Social Isolation, Social Engagement, and Companionship — Nationally and by Age, Sex, Race/ Ethnicity, Family Income, and Work Hours, 2003–2020", *SSM Population Health* 21 (mar. 2023): 101331. Disponível em: https://doi.org/10.1016/j.ssmph.2022.101331.

5. BUECKER, S. *et al.* "Is Loneliness in Emerging Adults Increasing over Time? A Preregistered Cross-Temporal Meta-Analysis and Systematic Review", *Psychological Bulletin* 147, nº 8 (ago. 2021): 787–805. Disponível em: https://doi.org/10.1037/bul0000332.

6. KANNAN; VEAZIE. "US Trends in Social Isolation".

7. COX, D. A. "Men's Social Circles Are Shrinking", Survey Center on American Life, 29 jun. 2021. Disponível em: https://www.americansurveycenter.org/why-mens-social-circles-are-shrinking/.

8. GALLUP; META. "The Global State of Social Connections", Gallup.com, 27 jun. 2024. Disponível em: https://www.gallup.com/analytics/509675/state-of-social-connections.aspx.

9. KUPRIYANOV, V. "2021 Study: Do People Actually Regret Moving?", *Hire a Helper* (blog), 3 jun. 2021. Disponível em: https://blog.hireahelper.com/2021-study-do-people-actually-regret-moving/.

10. PRINGLE, E. "The 'Great Resignation' Is Now the 'Great Regret'", *Fortune*, 9 fev. 2023. Disponível em: https://fortune.com/2023/02/09/great-resignation-now-great-regret-gen-z-wish-they-had-not-quit-old-job/.

11. JOBS, S. "You've Got to Find What You Love", *Stanford Report*, 12 jun. 2005. Disponível em: https://news.stanford.edu/stories/2005/06/youve-got-find-love-jobs-says.

12. DE FELICIS, J. "What Is a Walking Moai? (and How It Can Improve Your Health, Your Social Life, and Your Productivity)", *Blue Zones*, jun. 2023. Disponível em: https://www.bluezones.com/2023/06/what-is-a-walking-moai/.

13. ZITNER, A. "America Pulls Back from Values That Once Defined It, WSJ-NORC Poll Finds", *The Wall Street Journal*, 27 mar. 2023. Disponível em: https://www.wsj.com/articles/americans-pull-back-from-values-that-once-defined-u-s-wsj-norc-poll-finds-df8534cd.

14. KARMA, R. "Transcript: Ezra Klein Show with Cecilia Ridgeway", *The New York Times*, 13 set. 2022. Disponível em: https://www.nytimes.com/2022/09/13/podcasts/ezra-klein-show-cecilia-ridgeway.html.

15. VON RUEDEN, C. "How Social Status Affects Your Health", *The New York Times*, 12 dez. 2014. Disponível em: https://www.nytimes.com/2014/12/14/opinion/sunday/how-social-status-affects-your-health.html.

16. MARMOT, M. G. et al. "Health Inequalities Among British Civil Servants: The Whitehall II Study", *The Lancet* 337, nº 8754 (8 jun. 1991): 1387–93. Disponível em: https://pubmed.ncbi.nlm.nih.gov/1674771/.

17. HOLT-LUNSTAD, J. et al. "Social Relationships and Ambulatory Blood Pressure: Structural and Qualitative Predictors of Cardiovascular Function During Everyday Social Interactions", *Health Psychology* 22, nº 4 (2003): 388–97. Disponível em: https://doi.org/10.1037/0278-6133.22.4.388.

18. GRANT, A. "Your Most Ambivalent Relationships Are the Most Toxic", *The New York Times*, 28 maio 2023. Disponível em: https://www.nytimes.com/2023/05/28/opinion/frenemies-relationships-health.html.

19. DUNN, J. "When Someone You Love Is Upset, Ask This One Question", *The New York Times*, 7 abr. 2023. Disponível em: https://www.nytimes.com/2023/04/07/well/emotions-support-relationships.html.

20. CATMULL, E.; WALLACE, A. *Creativity, Inc.: Overcoming the Unseen Forces That Stand in the Way of True Inspiration* (Nova York: Random House, 2014).

RIQUEZA MENTAL

1. SAKAKI, M.; YAGI, A.; MURAYAMA, K. "Curiosity in Old Age: A Possible Key to Achieving Adaptive Aging", *Neuroscience and Biobehavioral Reviews* 88 (maio 2018): 106–16. Disponível em: https://doi.org/10.1016/j.neubiorev.2018.03.007.

2. KASHDAN, T. B.; ROSE, P.; FINCHAM, F. D. "Curiosity and Exploration: Facilitating Positive Subjective Experiences and Personal Growth Opportunities", *Journal of Personality Assessment* 82, nº 3 (jun. 2004): 291–305. Disponível em: https://doi.org/10.1207/s15327752jpa8203_05.

3. CHU, L.; TSAI, J. L.; FUNG, H. H. "Association between Age and Intellectual Curiosity: The Mediating Roles of Future Time Perspective and Importance of Curiosity", *European Journal of Ageing* 18, nº 1 (27 abr. 2020): 45–53. Disponível em: https://doi.org/10.1007/s10433-020-00567-6.

4. ZIEGLER, M. et al. "Openness as a Buffer against Cognitive Decline: The Openness-Fluid-Crystallized-Intelligence (OFCI) Model Applied to Late Adulthood", *Psychology and Aging* 30, nº 3 (1 jan. 2015): 573–88. Disponível em: https://doi.org/10.1037/a0039493.

5. "The Right Outlook: How Finding Your Purpose Can Improve Your Life", *Blue Zones*, ago. 2011. Disponível em: https://www.bluezones.com/2011/08/the-right-outlook-how-finding-your-purpose-can-improve-your-life/.

6. ALIMUJIANG, A. et al. "Association between Life Purpose and Mortality among US Adults Older Than 50 Years", *JAMA Network Open* 2, nº 5 (24 maio 2019): e194270. Disponível em: https://doi.org/10.1001/jamanetworkopen.2019.4270.

7. BATES, C. "Is This the World's Happiest Man? Brain Scans Reveal French Monk Found to Have 'Abnormally Large Capacity' for Joy — Thanks to Meditation", *Daily Mail*, 31 out. 2012. Disponível em: https://www.dailymail.co.uk/health/article-2225634/Is-worlds-happiest-man-Brain-scans-reveal-French-monk-abnormally-large-capacity-joy-meditation.html.

8. WONG, M. "Stanford Study Finds Walking Improves Creativity", *Stanford Report*, 24 abr. 2014. Disponível em: https://news.stanford.edu/2014/04/24/walking-vs-sitting-042414/.

9. HILLMAN, C. H. et al. "The Effect of Acute Treadmill Walking on Cognitive Control and Academic Achievement in Preadolescent Children", *Neuroscience* 159, nº 3 (31 mar. 2009): 1044–54. Disponível em: https://doi.org/10.1016/j.neuroscience.2009.01.057.

10. CHENG, M. et al. "Paired Walkers with Better First Impression Synchronize Better", *PLoS ONE* 15, nº 2 (21 fev. 2020): e0227880. Disponível em: https://doi.org/10.1371/journal.pone.0227880.

11. COLMENARES, A. M. et al. "White Matter Plasticity in Healthy Older Adults: The Effects of Aerobic Exercise", *NeuroImage* 239 (1 out. 2021): 118305. Disponível em: https://doi.org/10.1016/j.neuroimage.2021.118305.

RIQUEZA FÍSICA

1. MCGONIGAL, J. "Mental Time Travel Is a Great Decision-Making Tool — This Is How to Use It", Ideas.ted.com (10 mar. 2022). Disponível em: https://ideas.ted.com/mental-time-travel-is-a-great-decision-making-tool-this-is-how-to-use-it/.

2. ISAACSON, W. "The Inspiration Behind Leonardo da Vinci's Vitruvian Man", Medium.com (30 out. 2017). Disponível em: https://medium.com/s/leonardo-da-vinci/the-inspiration-behind-leonardo-da-vincis-vitruvian-man-974c525495ec.

3. GAGE, T. B.; DEWITTE, S. "What Do We Know About the Agricultural Demographic Transition?", *Current Anthropology* 50, nº 5 (1 out. 2009): 649-55. Disponível em: https://doi.org/10.1086/605017.
4. "The Olympic Games", History.com, 12 jun. 2024. Disponível em: https://www.history.com/topics/sports/olympic-games.
5. POPOVA, M. "The Science of Working Out the Body and the Soul: How the Art of Exercise Was Born, Lost, and Rediscovered", *Marginalian*, 10 maio 2022. Disponível em: https://www.themarginalian.org/2022/05/10/sweat-bill-hayes/.
6. "The Olympic Games", History.com, 12 jun. 2024. Disponível em: https://www.history.com/topics/sports/olympic-games.
7. GLOBAL WELLNESS INSTITUTE. "What Is the Wellness Economy?", disponível em: https://globalwellnessinstitute.org/what-is-wellness/what-is-the-wellness-economy/. Acesso em: jul. 2024.
8. REIMERS, C. D.; KNAPP, G.; REIMERS, A. K. "Does Physical Activity Increase Life Expectancy? A Review of the Literature", *Journal of Aging Research 2012* (1 jul. 2012): 1-9. Disponível em: https://doi.org/10.1155/2012/243958.
9. "Exercising More Than Recommended Could Lengthen Life, Study Suggests", Harvard T. H. Chan School of Public Health, 29 jul. 2022. Disponível em: https://www.hsph.harvard.edu/news/hsph-in-the-news/exercising-more-than-recommended-could-lengthen-life-study-suggests/.
10. HUBERMAN, A. "Stretching Protocols to Increase Flexibility and Support General Health", *Huberman Lab* (podcast), 27 jul. 2022. Disponível em: https://hubermanlab.com/stretching-protocols-to-increase-flexibility-and-support-general-health/.
11. "Sleep Facts and Stats", CDC Sleep, 15 maio 2024. Disponível em: https://www.cdc.gov/sleep/data-research/facts-stats/?CDC_AAref_Val=https://www.cdc.gov/sleep/data_statistics.html.
12. "Are You Sleeping Enough? This Infographic Shows How You Compare to the Rest of the World", World Economic Forum, 16 ago. 2019. Disponível em: https://www.weforum.org/agenda/2019/08/we-need-more-sleep.
13. FERRISS, T. "Dr. Andrew Huberman — the Foundations of Physical and Mental Performance, Core Supplements, Sexual Health and Fertility, Sleep Optimization, Psychedelics, and More (#660)", *The Tim Ferriss Show* (podcast), 10 mar. 2023. Disponível em: https://tim.blog/2023/03/10/dr-andrew-huberman-transcript/.

14. MANDSAGER, K. *et al.* "Association of Cardiorespiratory Fitness with Long-term Mortality among Adults Undergoing Exercise Treadmill Testing", *JAMA Network Open* 1, nº 6 (19 out. 2018): e183605. Disponível em: https://doi.org/10.1001/jamanetworkopen.2018.3605.
15. Andrew Weil, M.D. "The 4-7-8 Breath: Health Benefits & Demonstration." DrWeil.com. Disponível em: https://www.drweil.com/videos-features/videos/the-4-7-8-breath-health-benefits-demonstration/.

RIQUEZA FINANCEIRA

1. TWAIN, M. "Observations by Mark Twain", 1869. Disponível em: https://cdnsm5-ss12.sharpschool.com/UserFiles/Servers/Server_520401/File/Departments/Curriculum%20&%20Instruction/ELA/Non-Fiction%20Texts/Observations%20by%20Mark%20Twain.pdf.
2. GETLEN, L. "Meet the World's Richest Man Who Changed Christianity", *The New York Post*, 26 jul. 2015. Disponível em: https://nypost.com/2015/07/26/meet-historys-richest-man-who-changed-christianity/.
3. STEINMETZ, G. *The Richest Man Who Ever Lived: The Life and Times of Jacob Fugger*: Nova York: Simon and Schuster, 2015.
4. STEINMETZ. *The Richest Man Who Ever Lived*.
5. STRAUSS, I. E. "The Myth of the Barter Economy", *The Atlantic*, 26 fev. 2016. Disponível em: https://www.theatlantic.com/business/archive/2016/02/barter-society-myth/471051/.
6. "The History of Money", *NOVA*, PBS, 25 out. 1996. Disponível em: https://www.pbs.org/wgbh/nova/article/history-money/.
7. LANCHESTER, J. "The Invention of Money", *The New Yorker*, 29 jul. 2019. Disponível em: https://www.newyorker.com/magazine/2019/08/05/the-invention-of-money.
8. LANCHESTER. "The Invention of Money".
9. FERRISS, T. "Morgan Housel — The Psychology of Money, Picking the Right Game, and the $6 Million Janitor (#576)", *The Tim Ferriss Show* (podcast), 5 mar. 2022. Disponível em: https://tim.blog/2022/03/05/morgan-housel-the-psychology-of-money-transcript.
10. MAGGIULLI, N. "S&P 500 DCA Calculator", *Of Dollars and Data* (blog), 2024. Disponível em: https://ofdollarsanddata.com/sp500-dca-calculator/.
11. MAGGIULLI, N. "The Return on Hassle Spectrum", *Of Dollars and Data* (blog), 25 jul. 2023. Disponível em: https://ofdollarsanddata.com/return-on-hassle/.

ÍNDICE REMISSIVO

7 hábitos das pessoas altamente eficazes, Os (Covey), 102
A arte do "não", 119–120
A origem (filme), 367
A origem das espécies (Darwin), 276
Academia Nacional de Medicina dos Estados Unidos, 288
acompanhamentos criativos, 191-192
adaptação hedônica, 316, 318
afirmação, palavras de, 175
ajudar, ouvir ou abraçar (método), 166, 182-183
akrasia, 109
alavancagem, definição, 50
álcool, sono e, 307
Alexandre, o Grande, 26
Alice através do espelho (Carroll), 75
Alice no País das Maravilhas (Carroll), 75
alto estresse, 308
ambientes alinhados ao seus valores, 184-189
amigos, tempo gasto com, 66-69, 145-146, 156-159, 167-169
amplitude, como pilar de riqueza social, 156, 159-60, 170-173, 184-201, 205-206
Andreessen, Marc, 105
antimetas, 48-50, 52-55, 92, 131, 206, 233, 262, 293, 312, 340, 365
ao falar em público, 200-201
apoio, como pilar da riqueza social, 158
Apollo 13 (filme), 38-40
Apple, 220
Aquiles, 274
arco de vida, 53-54
Ardil-22 (Heller), 315
Arete, conceito de, 215
Aristóteles, 255, 275
Arjuna, 215
arquétipo do guerreiro, 274-275
"Arrependimento pelo meu velho roupão" (Diderot), 202
As cinco linguagens do amor: Como expressar um compromisso de amor a seu cônjuge (Chapman), 175
Asculum, 27
Associação Americana do Coração, 283
atenção concentrada, 87, 89-90
atenção dispersa, 87-88
atenção, como pilar da riqueza de tempo, 84, 86-89, 92, 95-118, 128, 130
atividade física (veja movimento)
atividades que criam energia, 240
atividades que drenam energia, 240, 243
Attia, Peter, 283

Aurélio, Marco, 296
Austrália, 324

baixo estresse, 308
Baldridge, Mitchell, 360
Banco da Inglaterra, 326
bancos de reserva fracionária, 326
Bankman-Fried, Sam, 316
Behar, Hank, 209-210, 213, 224, 227
Behar, Phyllis, 209-210, 213, 224-225, 227
Berkshire Hathaway, 51
Bezos, Jeff, 218, 317
"Bhagavad Gita", 215, 224
Big Leap, The (Hendricks), 242
bilionários de tempo, 84-85
bilionários, 325-27
biofluidos, testagem, 280
bloqueio, 177-178
bloqueio de tempo, 121-122
Boa vida, Uma (Schulz e Waldinger), 156, 170
Bock, Arlie, 142
Bolt, Usain, 276
Brooks, Arthur C., 23, 167
Brooks, David, 186
Bruno, Ben, 299, 302
Buda (Siddhartha Gautama), 214, 217
Budismo, 73, 154-55, 215, 227-228
Buettner, Dan, 221-222
Buffett, Warren, 51-52, 85, 88, 97, 225, 334, 336
buscas de alta competência, 240, 243
buscas de baixa competência, 240, 243
Butler, Robert, 223

caçadores-coletores, 141, 273-274
Cada vez mais forte (Brooks), 167
cafeína, sono e, 306-307
Cain, Susan, 234
calendário de energia, 92, 95-96, 128, 131
caminhada rápida, 233, 255-56
caminhadas, 197, 255-56, 298, 306
Caminho do Meio, 215
Campbell, Patrick, 337
Candy, John, 320
carboidratos, 287, 295, 304
    fontes de, 303
Carlos I, rei da Espanha, 321
Carroll, Lewis, 75
carta do seu futuro eu, 56-59
casamento (*ver* família, tempo gasto com; parceiro, tempo gasto com)
Catarina, a Grande, 202
Catmull, Ed, 193
César, Júlio, 272
cevada suméria, 324
Chapman, Gary, 175
China, 74, 324-325
Chronos, 80
ciência de dados, como meta-habilidade, 351
Circulation (revista médica), 283
civilizações maias, 73
classe social, 143
Clear, James, 50, 124
colegas de trabalho, tempo gasto com, 67-69, 146
Comitê Olímpico Internacional, 276
Como conhecer bem uma pessoa (Brooks), 186
Como ficar rico (Sethi), 343
compra por impulso, 346, 363
conchas de cauri, 324
conexão, necessidade de 140-141, 145

consciência, como pilar da riqueza de tempo, 84-86, 90, 92-102, 128, 130
conselhos de carreira, 340, 347-349
Construa a vida que você quer (Brooks), 167
contato visual, conversação e 186
Continue a comprar (Maggiulli), 335, 354
controle, como pilar da riqueza de tempo, 84, 89-90, 92, 116-130
conversas, 166, 184–187, 189-190
Copa do Mundo (2022), 50-51
correções do curso, 55-56
cortisol, 290
Coubertin, barão Pierre de, 276
Covey, Stephen, 102
crescer no amor, 166, 174-179
crescimento, como pilar da riqueza mental, 221, 224-228, 245-254, 261
crianças, tempo gasto com, 66, 68-69, 149-152, 167-168
criatividade, 234, 236
Criatividade S.A. (Catmull), 193
Cristianismo, 275
críticas, 177
CrossFit, 277
Cuddy, Amy, 200
culturas indianas, 73
curiosidade, 210-212, 232
curva de esquecimento de Ebbinghaus (EFC), 248-49

Dahlstrom, Kevin, 267-268
Darwin, Charles, 276
Darwin vai às compras: Sexo, evolução e consumo (Miller), 160, 161
Davi (Michelangelo), 273
Davidson, Richard, 228

Dawkins, Richard, 218
De architectura (Pollio), 272
De arte gymnastica (A arte do exercício) (Mercuriale), 275
defensividade, 177-178
delegação autônoma, 117-118
delegação direta, 117-118
delegação eficiente, princípios, 116-118
delegação semiautônoma, 117-118
delinquência juvenil, 142
Departamento de Estatísticas do Trabalho dos Estados Unidos, 64
desafio de trinta dias, 293-295, 312-312
desafio de Sísifo, 316
design, como meta-habilidade, 350-351
desprezo, 177-178
dharma, 214-215, 342
dia do pensamento, 233, 253-254
DiCaprio, Leonardo, 367
Diderot, Denis, 202, 204
dieta (*ver* nutrição)
Dieta Atkins, 277
dieta carnívora, 277
dieta cetogênica, 277
dieta de South Beach, 277
dieta vegana, 277
Dillard, Annie, 239
dinheiro em papel, 325-27
dinheiro, origem, 323-27
distinção, 218-219, 222
dívida do cartão de crédito, 343, 352
Dívida: Os primeiros 5.000 anos (Graeber), 324
divórcio, 176-177
Dodson, John, 308
Drucker, Peter, 16
Dunbar, Robin, 141-42, 159
Duncan, Graham, 84-85

duração da reunião, 108
Dweck, Carol, 225-226

East Rock Capital, 84
Ebbinghaus, Hermann, 248
economia de troca, 323–324
Economist, The, 107
Efeito Rainha de Copas, 75-177
efeito holofote, 198, 200
efeito *Yes-Damn*, 119
Egito (Antigo), 73-74, 324
Einstein, Albert, 74, 80, 336
Eisenhower, Dwight D., 102
Elli, 73
elogios, 169, 175
engenharia de software, como meta-habilidade, 351
"Enjoy Yourself (It's Later Than You Think)" (canção de Lombardo), 63, 70
entradas e saídas, 88-90, 100, 113, 230, 278
envelhecimento
  relacionamentos e, 143
  (*ver também* riqueza física)
equilíbrio entre vida profissional e pessoal, 151
Escola Peripatética de Filosofia, 255
Escola de Economia de Londres, 324
escrita
  como meta-habilidade, 351
  invenção, 324
escuta, 186
  níveis de, 190-191
escuta do "eu", 190
escuta do "nós", 190
escuta do "você", 190
espaço, como pilar da riqueza mental, 221, 227-230, 253-258, 261

espaço-tempo, 74
Espada de Dâmocles, 155
Esparta, 274
espectro do retorno sobre o incômodo, 340, 360-361
esportes, 50-51, 276-277
estímulo do nervo vago, 290
estresse
  eliminação de, 199, 201, 308-309
  estados de, 308
estresse ideal, 308
estudo da NeuroImage, 255-56
Estudo de Harvard sobre o Desenvolvimento de Adultos, 143-144, 156
Estudo Grant, 142-143
eudaemonia, 215
Evolution, Medicine, and Public Health (revista científica), 161
excluir tarefas, 102
exercício (*ver* movimento)
exercício de visualização, 15, 36
expectativa de vida, 158, 216, 236, 238, 274
expectativas definidas, 116-117
experiência compartilhada, como pilar da riqueza social, 158
expressões faciais, conversação e 186

Faculdade de Direito de Harvard, 142
"falácia da chegada", 13
família, tempo gasto com, 65, 68-69, 82-83, 138, 147-148, 151-152, 156, 169, 368
Feld, Brad, 180
Feldman, Jack, 309
felicidade, 167-168, 228
Fernández, Enzo, 50
Feynman, Richard, 245

Filosofia estoica, 71
Flint, Mike, 97
Fontaine, Jean de la, 13
Forbes, 316
Fortune, 146
Frankl, Viktor, 228
Franklin, Benjamin, 121-122, 225, 334
Friends: Understanding the Power of Our Most Important Relationships (Dunbar), 159
frugalidade, 343-44
Fugger, Jakob, 321-323, 327
fundos de emergência, 343, 352
fundos de índice, 344, 361
Fundos de investimento imobiliário (FIIs)/Real Estate Investment Trusts (REITs), 356-357
futebol, 50-51

Galpin, Andy, 284
Gandhi, Mahatma, 227
Gates, Bill, 225, 253, 317
genética, 143
Genghis Khan, 325
gênio, zona do, 242-244
geração de renda, 318, 330-331, 337-338, 347-351, 364-365
gerenciamento de despesas, 330-331, 337-338, 352-53, 364-66
gestos, falando em público, 200–201
"Girl on Fire" (Keys), 199
Global Wellness Institute, 277
Glueck, Eleanor, 142-143
Glueck, Sheldon, 142-143
Go, Dan, 265-266
gorduras, 287, 295, 304
   fontes de, 303
Gottman, John, 176-177

Graeber, David, 324
Graham, Benjamin, 334
Grande Depressão, 326
Grande Renúncia de 2021, 146
Grant, Adam, 171
Grant, W.T., 142
Grécia (Antiga), 74, 80, 109, 141, 155n, 215, 274-77
guia antinetworking, 166, 184-192
guia da riqueza de tempo, 91-129
   a arte do não, 92, 119-120
   calendário de energia, 92, 95-96
   criadores de energia, 92, 128-129
   delegação eficiente, 92, 116-118
   estado de fluxo, 92, 113-15
   estratégia de fichas, 92, 105-106
   exercício das duas listas, 92, 97-102
   Lei de Parkinson, 92, 107-108
   Matriz de Eisenhower, 92, 102
   reinicialização total, 92-94
   sistema de antiprocrastinação, 92, 109-110
   tipos de bloqueio e tempo profissional, 92, 121-127
guia da riqueza financeira, 338-66
   como definir a vida suficiente, 340--342
   conselhos de carreira, 340, 347-349
   espectro do retorno sobre o incômodo, 340, 360-361
   Estratégias para a riqueza financeira que eu gostaria de saber aos 22 anos
   investimentos em si mesmo, 340, 362--363
   melhores ativos de investimento, 340, 354-359
   meta-habilidades para um futuro de alta renda, 340, 350-351

guia da riqueza física, 291-309
    desafio de trinta dias, 293, 294-295, 312
    dieta do bom senso, 293, 302-305
    movimento: plano de treinos, 293, 299-301
    nove regras para dormir, 293, 307--311
    protocolos de respiração, 293, 308--309
    rotina matinal, 293, 296-298
guia da riqueza mental, 230-260
    caminhada rápida, 233, 255-56
    dia do pensamento, 233, 253-254
    estratégias para saber aos 22 anos, 233-236
    mapa de buscas, 233, 239-244
    método da repetição espaçada, 233, 248-49
    método do diário 1-1-1, 233, 259-260
    método socrático, 233, 250-252
    poder do ikigai, 233, 237-238
    ritual de desativação, 233, 257-258
    Técnica Feynman, 233, 245-247
guia da riqueza social, 165-204
    ajudar, ouvir ou abraçar (método), 166, 182-183
    conversação, 166, 184-187
    estratégias para saber aos 22 anos, 233-236
    grupo de confiança, 166, 193
    guia antinetworking, 166, 184-192
    guia para falar em público, 166, 196--201
    Jantar da Vida, 166, 180-181
    mapa de relacionamentos (exercício), 166, 170-173, 206
    regras para crescer no amor, 166, 174-179

testes de status, 166, 202-204
guia para falar em público, 166, 196-201
Guilherme de Occam, 40

Hábitos atômicos (Clear), 50, 124
Haise, Fred, 38
Hanks, Tom, 39, 46
Harris, Sam, 69
Harvard Business School, 23, 79, 334
Harvard College, 142
Heh (Deus), 73
Heller, Joseph, 315, 320
Hendricks, Gay, 242
hidratação, 288, 295, 297-298, 302
hinduísmo, 73, 214-215
Hitchens, Christopher, 40
hobby, zona de, 242-244
Holmes, Cassie, 89, 119
Holmes, Elizabeth, 316
Homem mais rico de todos os tempos, O (Steinmetz), 321
Homem Vitruviano (Leonardo da Vinci), 272-273
honestidade, como pilar da riqueza social, 158
hora de acordar, 296, 298, 306
Horas mais felizes (Holmes), 89, 119
Hot Yoga, 277
Housel, Morgan, 162, 334
Howard, Ron, 38
Huberman Lab (podcast), 290
Huberman, Andrew, 290

Idade das Trevas, 273
Idade Média, 275
idioma, 141
ikigai, 216, 237-238, 262
Imaginável (McGonigal), 268

incas, 141
Indianapolis Colts, 270
indústria da saúde e bem-estar, 277-278
inflação da expectativa, 331-332, 353
inflação de estilo de vida, 332, 353
ingestão calórica, 287, 303-304
ingestão de água, 288, 295, 297-298, 302
Inside Tracker, 305
inteligência, 143, 226
Interestelar (filme), 75
interruptor dimmer (conceito), 52, 54
intimidação, 109, 112
invenção do personagem, 198-199, 201
investimento de longo prazo, 320, 330, 332-333, 335, 337-338, 354-361, 364, 366
ioga, 285
Irsay, Jim, 270
isolamento social, 145, 147

jainismo, 73
Jamaica abaixo de zero (filme), 320
Jantar da Vida, 166, 180-181
Jobs, Steve, 154, 220-221, 317
jogo da lava, 200-201
Jogos Olímpicos, 275-77
Johnson, Bryan, 279-282
Journal of Aging Research, 283
Journal of Personality and Social Psychology, 89
Journal of the American Medical Association, 223
juros compostos, 333-336, 346

Kairos, 80, 89
Keys, Alicia, 199
Kierkegaard, Søren, 255

Krasnow, Mark, 309
Krishna, 215
Kublai Khan, 325

Lado doce da melancolia, O (Cain), 234
lagom, 317, 341-342
Lanchester, John, 325
Landis, Vicki, 138
Lao Tzu, 26
Leão X, Papa, 321
Lei de Parkinson, 107-108, 126
Lei de Yerkes-Dodson, 308
Leonardo da Vinci, 272-273, 275
Leroy, Sophie, 78
Lewis, C.S., 164
Lídios, 325
linguagem corporal, conversação e 186
linguagens do amor, 175-176, 182
Lista de "Evitar a todo custo", 97-98, 100
Lista de prioridades, 98-100
lista de tarefas, 105-106
listas, 92, 97-100
Lloris, Hugo, 50
local cerimonial de Pueblo Bonito, 141
Lockhart, Alexis, 63-64, 69
Lombardo, Guy, 63, 70
longevidade, 221-223, 280
Lovell, Jim, 38-39
Luck, Andrew, 270-271
Luther, Martin, 321
Lynch, John, 119

macronutrientes, 287-288, 295, 303-304
Magalhães, Fernão de, 321
Maggiulli, Nick, 335, 355
mais apto, sobrevivência do, 276
manter um diário, 233, 259-260

mão invisível, 78
mapa de buscas, 233, 239-244
mapa de relacionamentos (exercício), 166, 170-173, 206
Marrison, Warren, 74
Martínez, Lautaro, 50
massagem terapêutica, 290, 301
Matriz de Eisenhower, 102-105, 116
McConaughey, Matthew, 75
McGonigal, Jane, 268
Mead, Margaret, 140
medição do tempo, 73-74
meditação, 228, 281
medos, 56
memento mori, conceito de, 71-72
memorização, 196-197
mentalidade de crescimento, 226-228
mentalidade fixa, 226–228
mentalidades, 226-228
mercado de ações, 334-335, 344, 354-355, 361
Mercuriale, Girolamo, 275
Mesmo de sempre, O (Housel), 334
Messi, Lionel, 50-52, 88
meta-habilidades para um futuro de alta renda, 340, 350-351
metas, 48-50, 52-55, 103, 131, 206, 262, 312, 365
Método 4-7-8, 309
método da repetição espaçada, 233, 248-49
método do diário 1-1-1, 233, 259-260
Michelangelo, 273, 275
micronutrientes, 288, 304
Mileto, Tales de, 13
Milionário mora ao lado, O (Stanley), 329
Miller, Geoffrey, 160-161

Mindset: A nova psicologia do sucesso (Dweck), 226
Mohenjo Daro, 141
Money for Couples (Sethi), 343
movimento, 269, 273-274, 275, 281-285, 294-301, 311
movimento humanista, 273, 275
Munger, Charlie, 49, 176, 332
Murthy, Vivek, 145
Musk, Elon, 225, 317

National Geographic, 221
navalha da vida
  exemplos de, 45-46
navalha de Hanlon, 40
navalha de Hitchens, 40
navalha de Occam, 40
navalhas, 39-40
Netflix, 41
networking, 184
neuroplasticidade, 234
New York Times, The, 167, 171, 186, 283
New Yorker, The 51, 325
Newport, Cal, 79, 113, 257-258
Newton, Aubrie, 135-38
Newton, Erick, 135-38
Newton, Sir Isaac, 74, 86, 88
NeXT, 220
Nobre Caminho Óctuplo, 215
Nolan, Christopher, 75, 367
normalidade, estado de, 218-219
Norton, Michael, 24
notas bancárias, 326
notificações de telefone e e-mail, 78-79, 138
número de Dunbar, 141

nutrição, 31, 269, 280-282, 286-289, 294-298, 302-305, 311

O poder dos quietos: Como os tímidos e introvertidos podem mudar um mundo que não para de falar (Cain), 234

o teste do "agora mesmo", 119, 120
Okinawa, 158, 216, 237-238
orçamento, 331, 352-53, 366
orientação, 194
Os 5 tipos de riqueza (ver riqueza financeira; riqueza mental; riqueza física; riqueza social; riqueza de tempo)
Outlive (Attia), 283
"ouvinte reativo", 186, 190

pandemia da covid-19, 86, 145-146
parceiro, tempo gasto com, 67-69, 167, 174-181
Pareto, Vilfredo, 278
Parkinson, Cyril Northcote, 107
pedras no sapato, 56
Peloton, 277
pensamento futuro, 268
pensamento futuro episódico (EFT), 268
pequenas empresas e startups, 357-358
perfil das tarefas, 116
pergunta maçaneta, 184-186
pergunta sinal de "pare", 184-185
perguntas
　envolventes, 189-190
　maçaneta, 184-186
　método socrático e, 250-252
　sinal de "pare", 184-185
perguntas envolventes, 189-190
perigo, zona de, 242-244

Pes, Giovanni, 222
Pesquisa Americana de Uso de Tempo, 64, 69
pesquisa global do sono da Philips, 289
Pesquisa WSJ-NORC, 159
pessoas da primeira fila, 135, 137, 158
peste bubônica, 86
Phelps, Michel, 276-277
pilates, 285
Pirro, rei de Épiro, 26-28, 48
Pixar Animation Studios, 193, 220
placar da riqueza, 34-37, 91, 130-131, 165, 205-206, 232, 261-262, 292, 311-312, 339-340, 364-365, 368
Platão, 13, 275
Plutarco, 274
pobreza de tempo, 79
Pollio, Marcus Vitruvius, 272
Polo, Marco, 325
Popova, Maria, 275
Por que nós dormimos (Walker), 289
Poulain, Michel, 222
poupança, 341, 343, 346, 352
povo Tsimane, 161
presentes, 175
princípio de Pareto, 278
problemas de gente rica, 337
processamento de e-mails em lote, 107-108
procrastinação, 109-110
produtividade, 102-107, 257
produtos geradores de renda, 358-359
ProfitWell, 337
profundidade, como pilar da riqueza social, 156-159, 170-182, 205-206
Projeto Blueprint, 280
propósito, como pilar da riqueza mental, 221-224, 234, 237-244, 261

propriedade como investimento, 355-356, 361
proteínas, 287-288, 295, 302, 304
  fontes de, 303
protocolos de respiração, 293, 308-9
Prout, Dave, 82-84
Psicologia financeira, A (Housel), 162, 334

Randolph, Marc, 41-43
Ravikant, Naval, 108, 162, 204
recessão de amizades, 145
recuperação, 282, 289-291, 294-295, 301, 307-311
Reddit, 147
Reddy, Vimala Pawar, 144-146
Reforma Protestante, 321
regra 80/20, 278
regra do jantar de terça-feira, 41-42
relacionamentos (*ver* filhos; colegas de trabalho; família; amigos; parceiros)
relacionamentos ambivalentes, 170-173, 206
relacionamentos de apoio, 170-171, 206
relacionamentos humilhantes, 170-173, 206
relacionamentos sociais nucleares, 170-172, 206
relatividade, teoria da, 74, 80
Relógio atômico, 74
relógio de quartzo, 74
relógios de água, 74
relógios de areia, 74
relógios de sol, 74
Relojoeiro cego, O (Dawkins), 218
Renascença, 273, 275
reserva para tempos difíceis, 352
resíduo de atenção, 78

retenção de memória, 248-49
retornos de feedback, infinitos, 117
Revolução Agrícola, 274
Ricard, Matthieu, 227-228
Ridgeway, Cecilia, 160-161
Riqueza das nações, A (Smith), 324
riqueza de tempo, 28, 69, 337, 362, 368
  definição, 29-30
  doze sistemas para, 92
  exemplo de arco de vida e, 53-54
  pilares centrais, 83-90, 130
  questionário do placar da riqueza, 34-37
riqueza financeira, 28, 78, 129, 368
  cinco níveis da, 336, 338
  definição, 31
  exemplo de arco de vida e 53-54
  pilares centrais, 330-331, 337, 339-362, 363
  questionário do placar da riqueza, 36-37
riqueza física, 28, 129, 267-271, 273, 278, 291, 337, 362, 368
  definição, 30-31
  exemplo de arco de vida e, 53-54
  pilares centrais, 282-291, 311
  questionário do placar da riqueza, 36-37
riqueza mental, 28, 210-213, 219-261, 337, 362, 368
  definição, 30
  exemplo de arco de vida e 53-54
  pilares centrais, 221-230, 261
  questionário do placar da riqueza, 34-37
riqueza social, 28, 129, 135-165, 337, 362, 368
  definição, 30

exemplo de arco de vida e, 53-54
pilares centrais, 155-165, 205
profundidade e amplitude, fundamentos, 135
questionário do placar da riqueza, 34-37
ritmo circadiano, 290-291, 296
ritual de desativação, 233, 257-258
Rockefeller, John D., 230, 316, 327
roda do tempo (*kalachakra*), 73
Roma (Antiga), 26-27, 48, 71, 74, 141, 272, 275-77
Roosevelt, Franklin Delano, 327
rotina matinal, 293, 296-298
royalties, 358
Rumi, 31

satisfação na vida, 143, 211
Se eu soubesse aos 20 (Seeling), 250
Schulz, Marc, 156, 170
Seelig, Tina, 250
seleção natural, teoria da, 276
semana do pensamento, 253
Sêneca, 47, 85, 198
sentidos, sequência de inicialização e, 114-15
sequência de inicialização, 114-15
serviço, atos de, 175
Sethi, Ramit, 343
Sigismundo, Arquiduque, 321
sikhismo, 73
Silicon Valley Bank, 326
sinais vitais, verificação, 280
síndrome do impostor, 349
sistema antiprocrastinação, três etapas, 109-112
sistemas cerebrais, 211, 228, 234, 248--49

sistemas de alta alavancagem, 50, 52-55, 131, 156, 206, 262, 312, 365
sistemas, definição, 50
Sivers, Derek, 120
Sloan, Greg, 149-151
Sloan, Katherine, 151
Smith, Adam, 323-324
Sobre a brevidade de vida (Sêneca), 85
sociedades agrárias, 274
solidão, 138, 143-147
sono, 281, 289-291, 293-295, 301, 306--307
sozinho, tempo gasto, 69
Spencer, Herbert, 276
Standard Oil, 230
Stanley, Thomas, 329
status
  atribuído, 156, 160-64, 196-205
  definição, 160
status adquirido, 162-64, 202-203, 204
status atribuído, como pilar da riqueza social, 156, 160-64, 196-205
Status Game, The (Storr), 160
Steinmetz, Greg, 321
Stonehenge, 141
Storr, Will, 161
storytelling, como meta-habilidade, 350
suficiente, 315, 316
surf, 54-55
suspiro fisiológico, 199, 309-310
Swigert, Jack, 38

"Tail End, The" (Urban), 69-70
tamanho do cérebro, 141-42
Taranto, 26
tarefas, importantes e urgentes, 102
técnica de respiração do leão, 309

Técnica Feynman, 233, 245-247
tecnologia do relógio, 73-74
tempo
   adoração, 73, 75
   Chronos e *Kairos*, 80, 89
   compreensão, 74-75
   medição, 73-75
   paradoxo, 85
   passagem, 64-65
   quatro tipos de tempo profissional, 122-127
tempo de consumo, 124–126
tempo de criação, 122-123, 123-126
tempo de gerenciamento, 122-123, 123--126
tempo de idealização, 124-126
tempo de qualidade, 175
tempo futuro, 212
tempo livre, felicidade e, 89
tempo newtoniano, 74
tempo profissional, tipos de, 122-127
terapia a quente e frio, 290, 301
terras agrícolas, 357
teste da nova oportunidade, 120
teste do status atribuído, 203-204
"Think Different", campanha publicitária da Apple, 317
Thompson, Derek, 347
Thor (Deus), 73
Tim Ferriss Show, The (podcast), 84
Time Smart (Whillans), 79
títulos (finanças), 355
toque físico, 175-176, 182
Toy Story (filme), 87-88
trabalho duro, 348-349
Trabalho focado (Newport), 113
trabalho profundo, 113-15
treinamento aeróbico cardiovascular, 283, 286, 300
treinamento anaeróbico cardiovascular, 283, 286, 300-301
treinamento cardiovascular, 283-284, 311
treinamento de estabilidade, 285
treinamento de flexibilidade, 285
treinamento de força, 283-285, 297, 300, 311
treinamento Zona 2, 283, 300
treinamento Zona 5, 283, 300
Troia (filme), 71
Turquia, 325
Twain, Mark, 12, 316, 348b

Universidade da Califórnia, Berkeley, 289
Universidade da Califórnia, Los Angeles, 309
Universidade da Carolina do Norte, 119
Universidade da Columbia, 225, 334
Universidade da Geórgia, 329
Universidade de Harvard, 209-210, 224, 227
Universidade de Hong Kong, 255
Universidade de Stanford, 160, 220, 225, 250, 255, 270, 290, 309
Universidade do Estado da Geórgia, 329
Universidade Duke, 119
Universidade Estadual da Califórnia, Fullerton, 284
Urban, Tim, 69-70, 109
Uruk, 324
uso de redes sociais, 145

Vaillant, George, 142-143
valor, criar e receber, 347-348
Van Valen, Leigh, 76

Vanderbilt, Cornelius, 316
vendas, como meta-habilidade, 350
Venkatesh, Rohan, 153-55
vida suficiente, 318-320, 340-342
vikings, 73
Vishnu (Deus), 215
vitaminas e minerais, 288, 304
vitória de Pirro, 27, 49, 316
VO_2 máximo, 300
Vonnegut, Kurt, 315, 320

Waldinger, Robert, 143-144, 156, 170
Walker, Matthew, 289
Watanabe, Ken, 367
Whillans, Ashley, 79
Wilkinson, Andrew, 49
Winfrey, Oprah, 225
Writing Life, The (Dillard), 239

Yerkes, Robert, 308

Zauberman, Gal, 119
zonas azuis, 222-23
Zonas Azuis: A solução para comer e viver como os povos mais saudáveis do planeta (Buettner), 222
Zoroastrismo, 73
Zuckerberg, Mark, 317
Zurvan (Deus), 73

🌐 intrinseca.com.br

𝕏 @intrinseca

f editoraintrinseca

📷 @intrinseca

♪ @editoraintrinseca

▶ intrinsecaeditora

1ª edição	JULHO DE 2025
impressão	LIS GRÁFICA
papel de miolo	LUX CREAM 60 G/M²
papel de capa	CARTÃO SUPREMO ALTA ALVURA 250 G/M²
tipografia	NEW CALEDONIA LT STD